Hans-Peter Rodenberg (Hg.)

Trump –
Politik als Geschäft

Hans-Peter Rodenberg (Hg.)

T R U M P –
Politik als Geschäft

LIT

Umschlagbild:
Donald Trump-Caricature by DonkeyHotey (2017)
https://www.flickr.com/photos/donkeyhotey/31846341194/
Photo Attribution by PhotosForClass.com

Bibliografische Information der Deutschen Nationalbibliothek
Die Deutsche Nationalbibliothek verzeichnet diese Publikation in der Deutschen Nationalbibliografie; detaillierte bibliografische Daten sind im Internet über http://dnb.d-nb.de abrufbar.

ISBN 978-3-643-13789-0 (broschiert)
ISBN 978-3-643-33789-4 (PDF)

Verlagskontakt:
Fresnostr. 2 D-48159 Münster
Tel. +49 (0) 2 51-62 03 20
E-Mail: lit@lit-verlag.de http://www.lit-verlag.de

Auslieferung:
Deutschland: LIT Verlag, Fresnostr. 2, D-48159 Münster
Tel. +49 (0) 2 51-620 32 22, E-Mail: vertrieb@lit-verlag.de

E-Books sind erhältlich unter www.litwebshop.de

INHALT

Zu diesem Band

Nach den ersten 100 Tagen seiner Amtszeit verkündete Donald Trump, er sei der erfolgreichste Präsident, den die USA in ihrer Geschichte je erlebt hätten. Wie zu erwarten war, schlug ihm von Seiten der Presse und von seinen Kritikern blanker Hohn entgegen. Tatsächlich ist die Liste der Vorwürfe lang, die bereits seinen Wahlkampf und Amtsantritt begleiteten – Großmaul, Lügner, Manipulator, ein unberechenbarer und gefährlicher Egomane an der Spitze der größten Atommacht der Welt. Der 46. US-Präsident wird vor allem als eines gesehen, als Populist, der dem Volk nach dem Munde redet, dessen augenblickliche Wünsche aufgreift und zu erfüllen verspricht, kurzum, jemand, der die den Tagesaufregungen übergeordneten Aufgaben und Notwendigkeiten des Staatsamtes, das er wahrnehmen soll, hinter kurzfristigen Zielen zurückstellt.

Einen Rückblick auf diese ersten hundert Tage wirft der US-amerikanische Germanist Russell Berman im Wiener *Standard* in dem Beitrag: „Trump, der pragmatische Populist“. In seinem Artikel verweist er darauf, dass sich in Trumps gegenwärtigem Handeln allen Befürchtungen zum Trotz nach dem ersten Einlösen von Wahlkampfversprechen ein deutlicher Pragmatismus abzeichne.

Die nachfolgenden Aufsätze und Stellungnahmen, die teils speziell für den Band geschrieben wurden, wollen aus den unterschiedlichsten Perspektiven etwas Ruhe in diese allgemeine Hysterie um Donald Trump bringen. Gemeinsame Grundlage ist neben Äußerungen in der Presse Trumps Buch *Great Again: How to Fix Our Crippled America* (dt. *Great Again – wie ich Amerika retten werde*), das Trump im November 2015 während des Wahlkampfes veröffentlichte und in dem sich bereits viele der Maßnahmen vorformuliert finden, die er zur Zeit umsetzt. Zum einen wird gern vergessen, dass auch die Lichtgestalt der US-Politik, John F. Kennedy, zu Anfang ihrer Amtszeit nicht gerade durch ein konsistentes Vorgehen glänzte. Zum anderen tun wir gut daran, das Phänomen Donald Trump in die augenblicklich beobachtbare politische Dynamik der westlichen Industriestaaten einzuordnen und ihm so seinen Überraschungseffekt zu nehmen. Wenn gut die Hälfte der Wähler in den USA Trump ihr Vertrauen ausgesprochen hat, dann sind sowohl die Person als auch das, wofür sie steht, ernst zu nehmen.

Der Eröffnungsaufsatz versucht aus kulturhistorischer Perspektive das Phänomen Trump in ursprünglich calvinistische, dann aber als Besitzindividualismus säkularisierte US-amerikanische Traditionen der Bevorzugung von Geschäftsleuten oder zumindest sehr wohlhabender Bürger für politischen Führungsämter einzuordnen. Geschäftsleute genossen und genießen in den USA großes Ansehen, weil unterstellt wird, dass die Strategien und Erfolgsrezepte des Geschäftslebens im Prinzip auch für die Politik gelten. Ähnlich greift auch der Soziologe Manfred Prisching auf Trumps Äußerungen während des Wahlkampfs und in seinem Buch *Great Again* zurück. Ihm geht es dabei darum, zu zeigen, dass den scheinbar erratischen, inkonsistenten Äußerungen Trumps bei genauerem Hinschauen durchaus erkennbare ideologische Prämissen zugrunde liegen, deren Neoautoritarismus bzw. Populismus sich zudem deutlich von den oft damit in Zusammenhang gebrachten Tendenzen in Europa unterscheidet.

Die folgenden zwei Aufsätze untersuchen aus politikwissenschaftlicher Perspektive die innen- und außenpolitischen Ziele Trumps sowie deren Hintergründe und Folgen. Es sorgte besonders in Europa für Irritation, dass Trump in Äußerungen und Verhalten den traditionellen Konfrontationskurs in Bezug auf den ehemaligen weltpolitischen Rivalen Russland verließ. Der europäische Blick, so Erich Weedes Argumentation, sei jedoch zu sehr von moralischen Prämissen dominiert, sodass darüber die tatsächliche gesunkene Wirtschaftsstärke sowie Schlagkraft der militärischen Streitkräfte Russlands aus dem Blick verloren werde. Von daher sei es nur konsequent, wenn Trump in Revision der Außenpolitik der USA als Hauptrivalen China und Hauptstörfaktor den Islamismus.

Die Folgen der von Trump eingeleiteten Wende für die von seinem Vorgänger Barack Obama durchgesetzten oder eingeleiteten Maßnahmen und deren Hintergründe beleuchtet Heinz Gärtner. So sei der Wahlerfolg Trumps mitnichten allein mit den wirtschaftlichen Verlierern innerhalb der Bevölkerung der USA der Globalisierung zu erklären. Vielmehr spiele vor dem Hintergrund der demografischen Entwicklung in den USA die Angst der weißem Mehrheit, zur Minderheit zu werden, eine wesentliche Rolle.

Mit den wirtschaftspolitischen Zielen Trumps setzt sich der Volkswirtschafter Dirk Meyer auseinander. Insbesondere interessieren ihn dabei die möglichen Auswirkungen der von Trump geforderten Schutzzölle, der Abschottung von Einwanderung und die angestrebte Deregulierung in den Bereichen Banken, Energie und Umwelt. Sein Fazit: kurzfristig mögen diese Maßnahmen tatsächlich durchaus erfolgreich sein, langfristig hingegen werden sie unerwünschte und schwer kalkulierbare Kosten verursachen, die sich allerdings erst nach der Amtsperiode Trumps zeigen werden. Ergänzt werden diese Überlegungen durch die Ausführungen von Frank Schäffler, dem Gründer der wirtschaftsliberalen Denkfabrik „Prometheus", der die politischen Kosten restriktiver Positionen zum Freihandel analysiert.

Die Medien haben bei Donald Trump von Anbeginn eine polarisierende Rolle gespielt – in Bezug auf ihre dezidierte, teils sogar überzogen positive oder negative Haltung zu Trumps Person und Äußerungen, zum anderen aber auch in Bezug auf dessen eigene überbordende Phantasie, die in ihrem Verfolgungswahn an Paranoia grenzt. Aber es gibt auch besonnene Stimmen. Die zwei abgedruckten Interviews erschienen in der *Süddeutschen Zeitung* und im Magazin *Der Spiegel*. Thomas Frank ist Historiker, politischer Analyst und Kolumnist für *Harper's Magazine*. In dem Interview mit Matthias Kolb, das während des Wahlkampfs 2016 erschien, analysiert er die wachsende soziale Ungleichheit in den USA, die Politikverdrossenheit der Amerikaner und die Fehler der US-Demokraten als wesentliche Faktoren für den Wahlerfolg Trumps. Das Interview mit Henry Kissinger erschien, kurz bevor das Gremium der Wahlmänner die Wahl Trumps zum 46. Präsidenten der USA bestätigte. In ihm warnt der ehemalige Außenminister der USA vor voreiligen Schlüssen zur zukünftigen Politik des „Rebellen" Trump und plädiert dafür, erst einmal abzuwarten.

Bei allen erratischen Äußerungen Donald Trumps, von seinen berüchtigten Kommentaren per Twitter bis hin zu den jüngsten, angeblich brisanten Indiskretionen gegenüber Russlands Außenminister Sergej Lawrow ist nicht zu verkennen, dass es ihm mit genau diesem unbekümmerten Auftreten in der Öffentlichkeit gelang, einen derart großen Teil der US-amerikanischen Wählerschaft zu überzeugen, dass sie ihn in das höchste Staatsamt der USA wählten. Dies zeichnet Marco Althaus für seine Analyse des Wahlkampfs nach. Trump, dies wurde hierzulande zumeist übersehen, führte einen „einfachen, preiswerten'"Wahlkampf, indem er das lieferte, was Fans und Medien wollten, Kontroversen, Konfrontation und Provokation. Das links-liberale Magazin „New Republic" titelte deshalb „Danke, Trump!". Die Kommunikationswissenschaftlerin Nina Walzer setzt sich kritisch mit den kommunikativen Strategien auseinander, mit denen es dem Milliardär Trump gelang, sich als Alternative zum politischen Establishment in Washington zu etablieren und als Stimme des einfachen Mannes zu präsentieren.

Abschließend stellt sich die Frage, ob wir in Deutschland – und das gilt wohl auch in Europa – einen angemessenen Blick auf Trump und die amerikanischen Entwicklungen geworfen haben. Guter Journalismus zeichnet sich durch die Trennung von Nachrichten und Meinungen aus. Daran kann man Zweifel haben. Der fast schon stereotypisch negativen Haltung der Medien während des Wahlkampfes wendet sich der Chefredakteur der *Basler Zeitung*, Markus Somm, in seinem Artikel zu. Sein Vorwurf: Die konsequente Berichterstattung beispielsweise der *New York Times* gegen Trump möge ihr etliche Leser zugetrieben haben, tatsächlich jedoch habe sich deren Berichterstattung in einer pauschalen Antihaltung erschöpft, anstatt kritisch und sachlich auf die Argumente Trumps einzugehen.

Die gleiche Frage stellt sich auch in Hinblick auf Wissenschaft und Politik. Schließlich hat der amerikanische Historiker Lichtman seit 1984 alle Präsidentschaftwahlen richtig vorausgesagt. Man hätte es also wissen können.

Hamburg, im Mai 2017
Der Herausgeber

Trump, der pragmatische Populist

Russell A. Berman

Der Rechtsstaat besteht noch, es werden keine Bücher verbrannt, und der Kongress steht auch noch in Washington, D.C.: Die ersten 100 Tage des neuen US-Präsidenten waren gar nicht so schlecht, wie sie von manchen nun gemacht werden.

Der polarisierte Diskurs um Donald Trump versperrt leicht den Blick auf die eigentlichen politischen Entwicklungen. Trumps Kritiker, die gerne mit Faschismusvergleichen operieren, konzedieren nur ungern, dass sich ihre schlimmsten Prophezeiungen nicht erfüllt haben: Der Rechtsstaat besteht noch, Bücher werden nicht verbrannt, und der Kongress ist in keinem Reichstagsbrand untergegangen. Die Vorhersage deutete auf Weltuntergang – aber nach hundert Tagen herrscht immer noch Alltag.

Es geht nicht nur um die bekannte Diskrepanz zwischen überhitzter Wahlkampfrhetorik und prosaischer Welt, sondern auch darum, dass sich beim Phänomen Trump eine Verschiebung abzeichnet. Im November siegte der populistische Kandidat. Im Jänner hielt er eine Vereidigungsrede, deren Elitekritik gegen die Normen der politischen Kultur verstieß. Nun aber, Ende April, zieht eine Normalität ein. Statt eines Bürgerschrecks finden wir im Weißen Haus einen Pragmatiker, der sich mit den Sachzwängen des Amtes abfinden muss.

Diese Wende gilt besonders im außenpolitischen Bereich. Kandidat Trump segelte unter der Fahne von „America first", unter dem Primat des nationalen Interesses bei einer Abkehr von internationalen Bindungen. In der Tat nahm er eine Verschlechterung der Beziehungen zu Mexiko in Kauf, ebenso wie er dem Freihandelsabkommen für den pazifischen Raum einen letzten Stoß versetzte. In beiden Punkten erkennt man die Erfüllung von Wahlversprechen. Es sind allerdings die

Überraschungen, die wichtiger sind. Im Wahlkampf kritisierte er Japan und China scharf, in den vergangenen Monaten gelang es ihm aber, anscheinend erfolgreiche Beziehungen zu Shinzo Abe und Xi Jinping aufzubauen, zum Teil als notwendige Komponenten einer multilateralen Strategie gegen die nordkoreanische Gefahr. Das ist auf jeden Fall nicht der Isolationismus, den seine Gegner ihm unterstellt haben.

Die Abkehr von einer ideologischen Abschottung ist nirgends sichtbarer als in Trumps Europapolitik. Der Kandidat verwarf die Nato als veraltet und er denunzierte die EU, worauf ihm eine Nähe zu den Rechtspopulisten Le Pen und Orbán angekreidet wurde. Von der Nato-Kritik wenigstens hat er sich inzwischen emphatisch distanziert – weil es ihm gelang, von Angela Merkel die Zusage eines erhöhten Verteidigungshaushalts zu gewinnen; weil er die Rolle der Nato im Kampf gegen den Terrorismus erkannt hat; aber gewiss vor allem deshalb, weil er Russland zunehmend als Problem versteht.

Gerade darin liegt die größte außenpolitische Wende. Der Kandidat schien darauf zu setzen, Russland als Bündnispartner zu gewinnen und erklärte sogar eine gewisse Sympathie für Putin. Somit stellte Trump die US-Version eines „Putinverstehers“ dar, weshalb die Demokraten immer noch darauf insistieren, dass Trump nur durch subversive russische Einmischung die Wahl gewinnen konnte. Für diesen Vorwurf gibt es keinen stichhaltigen Beweis, aber die Verschwörungstheorie bietet letzten Endes eine tröstende Erklärung für Clintons Verlust, den ihre Anhänger immer noch nicht verschmerzen können.

Es gibt jedoch ein Kernversprechen seines Wahlkampfes, das der Außenpolitiker Trump erfüllt. Trotz isolationistischer Neigungen hat er zugleich darauf gepocht, dass der Abbau des Militärs, den Obama unternommen hatte, korrigiert werden müsse und auch darauf, dass die Vereinigten Staaten bereit sein müssten, ihre Macht nach außen zu projizieren. Daher rührt etwa der Angriff auf den syrischen Flughafen als Antwort auf die Verwendung von Chemiewaffen durch die Assad-Regierung. Das Einsetzen dieser geächteten Vernichtungsmittel war nicht nur ein Verstoß gegen internationale völkerrechtliche Verpflichtungen, sondern auch ein Wortbruch Assads gegenüber Washington. Gerade deshalb musste Trump ein Zeichen setzen: Sein „America first"-Versprechen bedeutet auch den Willen, Stärke zu zeigen – eine klare Abgrenzung von der Obama-Regierung.

Auch in der Innenpolitik hat Trump Erfolge verbuchen können. Der Wichtigste ist die Ernennung des konservativen Richters Neil Gorsuch zum Höchstrichter auf Lebzeiten. Der 49-jährige Jurist wird die Rechtsprechung langfristig mitbestimmen. Es dürften sich allerdings Kritiker beschweren, dass Trump mit der Wahl von Gorsuch seine eigenen antielitären Einstellungen aufgab. Von den neun Richtern studierten fünf in Harvard, drei in Yale und einer an der Columbia. Gorsuch gehört zu den Harvardianern, ist also nicht unbedingt ein bodenständiger Mann des Volkes.

Angesichts der Immigrationskritik Trumps macht sein Innenminister nun Ernst mit der Abschiebung illegaler Einwanderer, die Verbrechen begehen. Eine Niederlage für Trump gab es bei seinen zwei Versuchen, die Einwanderungsbestimmungen per Verordnung zu verschärfen. In beiden Fällen haben richterliche Entscheidungen deren Inkrafttreten verhindert. Hier fällt auf, dass trotz der immer noch kursierenden Beschreibungen von Trump als Möchtegerndiktator gerichtliche Interventionen respektiert wurden. Auch der Quereinsteiger muss sich mit den Bedingungen des Rechtsstaats und den demokratischen Spielregeln abfinden.

Trumps wichtigste bisher erlittene Niederlage betrifft die fehlgeschlagene Gesundheitsreform. Obwohl sie einen Kernpunkt im republikanischen Wahlkampfprogramm bildete, stellte sich heraus, dass die innerparteilichen Spannungen zu groß waren, um ein Reformgesetz zu verabschieden. Trotz dieses Rückschlags scheint jedoch Trump bereit, das kontroversielle Thema wieder anzupacken, in der Hoffnung, doch noch einen Deal machen zu können, bevor er zum eigentlichen Preis, einer Steuerreform, gelangen kann. Denn nur über die anvisierte Steuerreform kann Wachstum angekurbelt und damit die Chancen für seine Stammwähler verbessert werden. Das ist der Populismus, den er eigentlich meint.

Making America great again! – Politik als Geschäft

Hans-Peter Rodenberg

Entsetzen in Inland und Ausland über den 45. Präsidenten der USA, der raubeinig gleich in den ersten Wochen seiner Amtszeit per „executive order“, also präsidialem Dekret, regiert, scheinbar umstandslos missbeliebige Mitglieder seines Kabinetts feuert und Nordstrom, Sears und andere Kaufhäuser angreift, weil sie nicht die Schmuck- und Damenmodekollektion seiner Tochter Ivanka vertreiben wollen. Aber ist Donald Trump wirklich so ein außergewöhnliches Phänomen für die USA?

1. Der Geschäftsmann

Donald John Trump wurde 1946 als viertes von fünf Kindern eines Immobilienunternehmers geboren, der sein Vermögen mit dem Bau von Mietskasernen in den New Yorker Stadtteilen Brooklyn, Queens und Staten Island gemacht hatte und wuchs in dem New Yorker Stadtteil Queens auf. Nach Klagen seiner Lehrer über sein Benehmen verließ er im Alter von 13 Jahren die nahe gelegene High School und wurde von seinem Vater in die New York Military Academy geschickt, ein Privatinternat mit vormilitärischer Ausbildung.

Nach seinem Abschluss studierte Trump Wirtschaftswissenschaft an der Fordham University, einer von Jesuiten gegründeten Hochschule in New York, dann mit Blick auf Übernahme des väterlichen Imperiums Immobilienwirtschaft an der konservativen Wharton School in Philadelphia, zu deren Zöglingen schon der spätere Großinvestor

Warren Buffet oder der Pepsi Cola-Manager und nachmalige Apple-Vorstandsvorsitzende John Sculley gehörten. Eine ganz normale Karriere eines Sprösslings aus wohlhabendem Hause also. Dazu passte auch, dass Trump sich aus Krankheitsgründen zurückstellen ließ, als er 1968 zum Dienst in der U.S. Army einberufen werden sollte und damit ein Einsatz in Vietnam drohte.

Schon vor seinem Eintritt ins eigentliche Berufsleben hatte sich Donald Trump als Unternehmer gesehen, als erfolgreicher, versteht sich. Laut Matt Viser vom *Boston Globe* war er noch während seines Studiums mit einem – noch väterlichen – Kapital von rund 2 Millionen US Dollar als „real estate developer“ aktiv und nach eigenen Angaben hatte er kurz danach bereits seine ersten zehn Millionen US-Dollar verdient. Bereits 1971 stand er auf diese Weise an der Spitze eines Mischkonzerns namens Trump Organization. Drei Jahre später übernahm er die Gesamtführung der Firma seines Vaters, deren Wert zu diesem Zeitpunkt 200 Millionen US-Dollar betrug.

Sein Milliardenvermögen baute er jedoch mit Käufen in der Immobilien- und Unterhaltungsbranche auf. Geschickt wusste er dabei im Gegenzug für Investitionen Steuernachlässe für sich herauszuhandeln. Mitte der 1970er Jahre befand sich die Stadt New York am Rande des Bankrotts und suchte verzweifelt nach Investoren, um den Niedergang zu stoppen. Mit einer Millionenanleihe von seinem Vater und der Hyatt-Hotel-Gruppe renovierte Trump 1977 daraufhin das Commodore Hotel (das heutige Grand Hyatt New York) neben der Grand Central Station, das nicht mehr rentabel war und erhielt einen Steuernachlass auf 40 Jahre – eine Geschäftpraxis, die Trump auch später bei Immobilieninvestitionen beibehielt.

Trump erkannte, dass es in der heutigen Mediengesellschaft überaus vorteilhaft für Geschäfte war, den eigenen Namen zu einer Marke zu machen. Eine wesentliche Stellung kam dabei „signature buildings“ wie dem *Trump Tower*, Ecke Fifth Avenue und 56. Straße in Manhattan zu, in dessen drei obersten Etagen Trump mit Familie sowohl residiert als auch seine Unternehmen leitet. 1999 ließ er zwischen der 47. und 48.

Straße and der United Nations Plaza den *Trump World Tower* errichten, eines der höchsten und teuersten Wohnhäuser der Welt. Ähnlich hatte er 1996 in Manhattans Financial District das markante Art Déco-Gebäude der Bank of Manhattan angemietet, umgebaut und in *Trump Building* umbenannt. Bereits 1991 wies der Architekturhistoriker Johann N. Schmidt darauf hin, dass Trumps „krampfhafter“ Drang, sich mittels „wirtschaftlicher Potenz dem Ego entsprechende Denkmäler zu setzen“, bruchlos in ein politisches Klima passte, „in dem unverhüllte Profitgier als schick und zeitgemäß angesehen wurde.“

Neben New York verfügen mittlerweile Chicago, Las Vegas, Honolulu, Vancouver und Toronto über einen *Trump International Hotel and Tower.* Man fühlt sich unwillkürlich an den Spruch des Gangsters Tony Camonte in Howard Hawks Film *Scarface* erinnert: „I'm gonna write my name all over this town with big letters!“ Neben den Hotels und Geschäftshäusern mit Trumps Namen stehen Luxushotels, wie der umgenutzte Old Post Office Pavilion in Washington D.C. oder das *Mar-A-Lago Beach Club and Resort* in Palm Beach in Florida. Viele dieser Bauprojekte wurden von Skandalen und gerichtlichen Auseinandersetzungen begleitet. Aber selbst wenn Trump vor Gericht eine Niederlage einstecken musste, deutete er diese meist publizitätsträchtig in einen Sieg um, ähnlich wie er geschäftliche Misserfolge als Beweis seiner „toughness“ und seiner Fähigkeit, auch Niederlagen wegzustecken, propagiert.

Trumps Geltungsbedürfnis machte jedoch nicht vor dem Stadtbild halt. In Zusammenarbeit mit NBC trat Trump von Anfang 2004 bis Mitte 2015 in der Reality-Show „The Apprentice“ als Moderator auf, in der zwei konkurrierende Teams jeweils kaufmännische Fähigkeiten zeigen mussten. Dem Sieger zu Ende der Staffel winkte ein Einjahresvertrag mit einem Gehalt von 250.000 US Dollar in einem der Unternehmen Trumps. Überraschenderweise wurde die Sendung mit einer Einschaltquote von über 20 Millionen Zuschauern ein durchschlagender Erfolg, der Trump enorme Popularität einbrachte. Dessen Kommentar „You're fired!“, wenn eines der Mitglieder des Verliererteams die

Show verlassen musste, wurde in den US-Medien zu einer etablierten Redewendung.

Unübersehbar ist Trumps Drang, den eigenen Erfolg sichtbar zu machen, indem er sich mit „Schönen und Reichen" umgiebt. Bereits 1999 hatte er seine eigene Model-Agentur gegründet, die heute etwa 300 Models vertritt, darunter so bekannte Namen wie die Schauspielerinnen Ali McGraw, Isabella Rosselini oder das Supermodel Tatjana Patitz. Drei Jahre später kaufte Trump einen Anteil an der „Miss Universe"-Organisation, die die jährlichen „Miss Universe"-, „Miss USA"- und „Miss Teen USA"-Schönheitswettbewerbe veranstaltet. Allerdings kündigte ihm die Miteigentümerin NBCUniversal im Juni 2015 nach seinen abfälligen Äußerungen über mexikanische Einwanderer die Zusammenarbeit bei den Miss-Wahlen auf. Trump verkaufte daraufhin im September 2015 seinen Anteil an die Künstleragentur William Morris (WME/IMG).

Zu dieser Welt des Erfolgs passt auch, dass Trumps Partnerinnen in die Kategorie der „trophy wife" fallen, also begehrenswerte Frauen, die ob ihrer Schönheit, Herkunft oder ihres Reichtums willen wesentlich dazu dienen, den Erfolg des Mannes auch im sexuellen Bereich zu unterstreichen. 1977–1990 war Trump mit dem tschechisch-österreichischen Model Ivana Marie Zelníčková liiert. Auf sie folgte die amerikanische Schauspielerin Marla Maples und 2005 heiratete Trump das slowenische Model Melania Knauss, die die Titelseite so bekannter Modemagazine wie *Vogue*, *Vanity Fair*, *Harper's Bazaar*, *Elle* oder *Sports Illustrated* geziert hatte. Ähnlich wie sein Vater ihn in das Immobiliengeschäft eingeführt hatte, war es für Trump selbstverständlich, die Familie in seine Unternehmen zu integrieren. So sind Trumps Kinder in führenden Positionen im Familienunternehmen tätig.

Man mag diese Aktivitäten als typisches *nouveau-riche*-Gebaren abtun, aber sie zeigen den Umfang des Geltungsbedürfnisses von Trump, sein Buhlen um Anerkennung, hinter dem, so ist anzunehmen, eine gehörige Portion Minderwertigkeitsgefühle stehen dürfte, trotz seiner Herkunft aus einer wohlhabenden Familie, trotz seines selbst erworbenen Reichtums. Es mag zur Sozialisation vieler amerikanischer Männer dazu gehören, dass sie immer wieder zeigen müssen, dass sie die Besten, Erfolgreichsten, Allwissenden, kurzum „Winner“ sind, eine Eigenschaft, die schon Hemingway persönlich oft unerträglich machte, aber hier sprengt sie alle Dimensionen. Es ist von Trump als maßlosem Narzissten gesprochen worden, der droht, den Bezug zur Realität beim Flirten mit sich selbst zu verlieren. Betrachtet man sein bisheriges Amtsgebaren als Präsident der USA, kann man sich des Eindrucks nicht erwehren, dass hier der Punkt getroffen worden ist.

2. Erfolg als Auserwähltheit – eine Tradition

Die Gleichsetzung von geschäftlichem Erfolg und moralischer Superiorität ist eine uramerikanische kulturelle Eigenart. Der Calvinismus der Gründerväter sah den Menschen als von Sünde durchdrungen an – hier unterschied er sich nicht von den Vorstellungen der katholischen Kirche des 16. Jahrhunderts. Anders als dort jedoch, konnte es für die Anhänger des Calvinismus keine diesseitige Vergebung der Sünden des einzelnen Menschen etwa durch die mit den Gnade gebenden Sakramenten ausgestatteten Vertreter der päpstlichen Amtskirche geben. Der von Adam und Eva begangene Frevel setzte sich nach der Vertreibung aus dem Paradies unweigerlich und unentrinnbar in der menschlichen Spezies fort. Als Erbsünde bestimmte er den Menschen in allen Teilen seines Wesens durch Verderbtheit und Verfälschung seiner Natur, die ihn unter Gottes Zorn stellte und die Werke des Fleisches als aktive Macht und Wille zum Bösen erzeugte.

Als die Puritaner nach Amerika übersetzten, brachten sie diese Überzeugungen mit. Ausgerichtet darauf, einen Staat zu errichten, der sich allein auf Gottes Gebote bezog und sich deswegen allein an der biblischen Überlieferung – verstanden als Gottes Wort – orientierend, sahen sie im biblischen Volk Israel und dessen Schicksal die Vorbeschreibung ihres Wirkens in den Kolonien. Erlösung durch Gottes Gnade konnte ihrer Überzeugung nach nur einigen wenigen von Gott Erwählten zuteil werden. Auch wenn Gottes Wirken grundsätzlich unergründbar war, tat er doch in göttlicher Gnade seinen Heilsplan in so genannten „Providenzen“ kund. Als eine von diesen wurde ein erfolgreiches Leben gedeutet, das wiederum als Vorbild für gottgefälliges Handeln durch harte Arbeit dienen konnte. Max Weber hat beschrieben, wie Protestantismus, internalisierte Arbeitsethik und Aufstieg des Kapitalismus sich gegenseitig bestärkten. Mit der Säkularisierung mündete dies in den USA allmählich in die Vorstellung, dass geschäftlicher Erfolg mit moralischer Güte gleichzusetzen war.

Eine wichtige Funktion kam dabei exemplarischen Biografien zu, die innerhalb der US-amerikanischen Literatur eine eigene Literaturgattung bilden. Beginnend mit dem berühmten *Private Life of the Late Benjamin Franklin* von 1793 bis zu den heutigen Ratgebern à la „Wie man reich wird“, geschrieben von erfolgreichen Geschäftsleuten, zieht sich eine lange Folge autobiografischer Darstellungen als Vorbild für das Handeln anderer durch die US-amerikanische Populärkultur. Wie sehr sich auch Donald Trump, der der New Yorker Gemeinde presbyterianischen Marble Collegiate Church angehört, die christliches Gedankengut mit der Ideologie des „positive thinking“ verknüpft, in dieser Tradition eines vorbildlichen Lebens sieht, zeigt die stattliche Zahl von bis heute immerhin einem guten Dutzend Büchern, die er unter seinem Namen veröffentlichen ließ und die Ratschläge aus der Verhandlungs- und Geschäftspraxis geben. *The Art of the Deal* von 1987 stand ein Jahr lang auf der Bestsellerliste der *New York Times*.

In diesem Kontext sind auch Trumps Wahlkampfslogans „America first!“ und „Make America great again!“ zu sehen. Man mag argumentieren, dass jegliches Nationalgefühl darauf aus ist, die eigene Gruppe oder das eigene Gemeinwesen als Leistung zu sehen, die mit Stolz erfüllt. Die Gründungsväter Amerikas wollten jedoch nicht nur der religiösen Verfolgung entkommen, sie wollten auch den Feudalstaaten Europas ein ideales Gemeinwesen entgegensetzen. In Anlehnung an die Prophezeiung des Ezechiel im Alten Testament der Bibel zur Wiedererrichtung des Heiligen Tempels schrieb der zweite Gouverneur der Massachussetts Bay Company, John Winthrop, von einem „New Jerusalem“, einer „City upon the hill“. Er begründete damit das, was als amerikanischer Exzeptionalismus und Milleniarismus bekannt geworden ist – die Vorstellung, dass das amerikanische Gemeinwesen auserwählt sei, Vorbildcharakter für die Menschheit zu haben und seine Werte und Normen auszubreiten.

Eine US-amerikanische Dominanz des Weltgeschehens wurde aus dieser Perspektive als gegeben und wünschenswert angesehen. Mit seinem Slogan appelliert Trump direkt an dieses Bewusstsein der Auserwähltheit und verspricht zugleich, die derzeit gestörte Dynamik von Kapitalismus und gesellschaftlicher Utopie wieder zu heilen. Denn tatsächlich erleben die USA eine Sinnkrise. Zwar sind sie immer noch die unbestritten größte militärische Macht, aber sie werden ideologisch längst nicht mehr als Überbringerin und Garant von Demokratie und Freiheit gesehen, also dem, was einmal nicht nur in den Augen des Westens ihre politische, kulturelle und militärische Dominanz legitimierte.

3. Die Welt, wie Trump sie sieht

Die Presse gibt sich oftmals überrascht von Trump und seinem Verhalten. Tatsächlich brachte Trump im November 2015 während des Wahlkampfes um die Präsidentschaftskandidatur das Buch *Great Again: How to Fix Our Crippled America* (dt. erschienen als „Great Again – wie ich Amerika retten werde) heraus. Auf 200 Seiten legt er darin dar, wie er sich die politischen Maßnahmen für das Land vorstellt. Bereits in der Einleitung wird der Haupttenor des Buches deutlich: Die Ära des politischen Establishments sei vorbei, es gelte mit geschäftsmäßiger Härte vorzugehen, für die das etablierte Washington zu weich gewesen sei. Und unnachgiebiger Vorstandsvorsitzender dieser neuen Aktiengesellschaft Amerika wird Donald Trump sein, denn Amerika „braucht jemanden, der nachweislich in der Wirtschaft erfolgreich war, der etwas von Größe versteht, jemanden, der uns zu dem Maß an Vorzüglichkeit zurückführt, für das wir einst standen und der uns erklärt, was zu tun ist."

Tatsächlich liest sich das Nachfolgende wie der Bericht einer Unternehmensberatung: Bestandsaufnahme – Analyse der „Fehlerursachen" – Aktion. Stilistisch gibt Trump sich dabei als „angry white male", also als Angehöriger jener sich bedroht fühlenden Bevölkerungsschichten, aus denen sich seine Wähler zu großen Teilen rekrutierten. Dabei schreibt er, wie er spricht, auch dies dürfte seinem Publikum gefallen haben, mit klaren Ansagen und Handlungsvorschlägen direkt an den Leser. Tenor: Hier spricht der Geschäftsmann, der das Unternehmen USA aus den roten Zahlen führen will. Und wie das puritanische Ethos vom Erfolgreichen forderte, Gutes an die Gemeinde zurückzugeben, so tut er dies selbstverständlich uneigennützig, denn finanziell ist er als Milliardär unabhängig. Er tue es allein für sein Land und seine Mitbürger, versichert Trump mehrmals.

Es ist das alte Credo des amerikanischen Besitzindividualismus, dem schon die Gründerväter der USA wie George Washington, Thomas Jefferson, James Madison oder Patrick Henry folgten – allesamt reiche Plantagenbesitzer oder Geschäftsleute, bei denen demnach die politischen Geschäfte am besten aufgehoben sind, weil sie die Zeit dafür haben, da sie wegen ihres Wohlstandes keiner Erwerbsarbeit mehr nachgehen müssen. Entsprechend inszeniert sich Trump in seinem Buch als Inbegriff dessen, was ihr Land im Bewusstsein der Amerikaner einst groß gemacht hat. Die alten Pioniertugenden werden beschworen: Ehrgeiz, Zähigkeit, Standfestigkeit und der schlitzohrige Geist des Yankee-Kaufmanns, die in Trumps Selbstsicht seinen wirtschaftlichen Erfolg begründet haben und mit denen er nun als Präsident das Land wieder groß machen will.

Entsprechend wendet sich Trump zu Beginn der meist nicht mehr als zehn Seiten langen Kapitel in der Regel mit einem oder mehreren Beispielen aus seinem Leben an den Leser, bevor er auf das jeweilige Politikfeld eingeht. Gleich das erste Kapitel ist Programm. Amerika sei zu nachgiebig, mache anderen Nationen zu viele Zugeständnisse. So sei ein Unternehmen nicht zu führen. Barack Obamas Außenminister John Kerry habe sich vom Iran betrügen lassen und damit Israel verraten. Die Aufnahme von Flüchtlingen aus Syrien gleiche gar einer Einladung an den IS, Amerika „von innen heraus zu zerstören." Kurzum, es gehe darum, Amerika wieder eine Regierung zu geben, die den Willen habe zu „gewinnen" und nach seinen eigenen Maximen zu führen. Amerika müsse wieder – und hier beschwört Trump den oben erwähnten religiösen Milleniarismus – die „Stadt auf dem Hügel" werden.

Mit leichter Hand überspielt Trump dabei, dass es die USA waren, die mit dem Irak-Krieg das ohnehin fragile Gleichgewicht im Nahen Osten störten und sowohl der Aufstieg des IS als auch die Flüchtlingskatastrophe damit in unmittelbarem Zusammenhang stehen. Gleichzeitig wird die erwähnte Kritik am Iran-Vertrag und an der Flüchtlingsproblematik rhetorisch mit einer Denunziation der politischen Klasse im US-Kongress verbunden, die auf das uramerikanische Misstrauen gegenüber Washington als politischem Zentrum abhebt. Anstatt sich auf ihre genuine Aufgabe zu besinnen, „unser Land zu schützen und unsere Bevölkerung an die erste Stelle zu stellen", gäben die Politiker im Kongress zwar Versprechungen ab, täten jedoch nichts, schafften es nicht einmal, den jährlichen Haushalt zu verabschieden. Wegfallen lässt Trump, dass bei den internationalen Verhandlungen mit dem Iran Kerry nicht alleine verhandelte, sondern die Europäer sowie Russland und China für ein gemeinsames Vorgehen gewinnen musste.

Es grenzt an volksverhetzende Demagogie, wenn Trump sich in seiner Kritik am politischen Establishment der USA die Verarmungsängste vieler Amerikaner angesichts von Schuldenkrise und der wachsenden Kluft zwischen Arm und Reich zunutze macht und auf die „gewaltige Schuldenlast" verweist, die „unseren Kindern und möglicherweise noch unseren Enkelkinder vor die Füße geworfen" werde und daran die Bemerkung anschließt, das Land bedürfe jetzt „gewiefter Geschäftsleute mit Managementerfahrung" und gesunden Menschenverstandes. Denn wer ein solcher sei, macht er im nächsten Satz unmissverständlich klar: er selbst.

Anschließend teilt Trump Schläge gegen die vermeintlich verlogenen und voreingenommenen Medien aus, denen er sich als Garant der Aufrichtigkeit entgegenstellt, der die Dinge beim Namen nenne. Dies zeige der Erfolg der Sendungen, bei denen er mitgewirkt habe. Und wenn er dabei einmal nicht politisch korrekt gewesen sei, so dann, weil er dazu keine Zeit gehabt habe, da es Wichtigeres gäbe, wie beispielsweise die für die USA unvorteilhaften Handelsbeziehungen zu China, zu Russland, zu Mexiko oder zum Iran. Auch hier werden tatsächliche Geschehnisse rhetorisch in einen anderen Kontext gebracht, so dass Trump selbst als der eigentlich den Überblick Habende dasteht. Anstatt sich um die wichtigen Fragen zu kümmern, versuche man ihn persönlich anzugreifen. Diese Seitenhiebe gegen eine vermeintlich gegen ihn als Person hetzende Presse setzen sich durch das gesamte Buch fort. In der Realität sollten sie ihr Gegenstück im Februar 2017 in der Ausladung von Reportern angesehener Medien wie der *New York Times*, CNN oder der BBC bei Pressekonferenzen des Weißen Hauses finden.

Ebenfalls durch Trumps Buch zieht sich die geschickte Vermischung von Tatsachen und persönlicher Selbsterhöhung, berechtigter Kritik an politischen Missständen und populistische Ausbeutung der Ängste des amerikanischen Lesepublikums unter Verdrehung oder Außerachtlassung von Ursache und Wirkung. Dabei mutet es etwas skurril an, wenn Trump einerseits keine Gelegenheit auslässt, auf seine Erfahrung als kapitalistischer Unternehmer zu verweisen, dann aber wieder unter Missachtung jeglicher ökonomischer Logik impliziert, dass eine Kohle- oder Stahlindustrie in den USA wieder eine Zukunft hätte, so man nur die heimische Industrie unterstützen wolle, etwa in dem Kapiteln zur Energie- und Wirtschaftspolitik (Kap. 6, 8 und 12).

Für hochkomplexe Zusammenhänge werden so scheinbar auf der Hand liegende, einfache Lösungen angeboten, die jedoch eines voraussetzen: ein Durchregieren Trumps, ungehindert durch demokratische Kompromissfindung und Abwägung. Trump gibt dabei nicht vor, als erster die Probleme erkannt zu haben, aber betont mit fast monotoner Gleichmäßigkeit, dass das politische Establishment nur reden würde, während er offen die Wahrheit sage und darum handeln könne. Immer wieder appelliert er dabei an die Ängste des Mittelstandes. Sie, die ehrlichen, hart arbeitenden Menschen, würden vergessen.

Nicht zufällig befasst sich eines seiner ersten Kapitel mit der Einwanderung (Kap. 3). Illegale Einwanderung sei der Beweis für das Fehlen einer konsequenten Regierungspolitik. „Ich bin nicht gegen Immigration", versichert Trump unter Verweis auf seine eingewanderten direkten Vorfahren, behauptet dann aber: „Wir sind das einzige Land weltweit, dessen Einwanderungssystem die Bedürfnisse anderer Nationen oberhalb unserer eigenen Bedürfnisse platziert." Auch wenn es sich bei der „absoluten Mehrheit ... um ehrliche, anständige, hart arbeitende Leute handelt, die hierherkamen, um sich und ihren Kindern ein besseres Leben aufzubauen", befänden sich unter den vielen illegalen Mexikanern „auch einige ziemlich üble Gestalten", Vergewaltiger, Drogenhändler, Schmarotzer, die das Sozialsystem ausnutzten.

Tatsächlich sinkt die Zahl der in die USA ohne offizielle Genehmigung Zugewanderten seit Jahren. Laut Erhebungen des renommierten Pew Research Center lag die Zahl der „unauthorized immigrants" 2006 bei 12,2 Millionen, 2014 waren es nur noch etwa 11,1 Millionen Menschen. Psychologisch mag es zunächst verständlich sein, dass die amerikanische Mittelklasse extrem sensibel reagiert, nachdem sie sich trotz Erholung der Börsen nach der Bankenkrise von 2008 weiter in ihrem Lebensstandard einschränken muss und von daher illegale Zuwanderer als unnötige Konkurrenz ablehnt. Trump schießt jedoch weit über das Ziel hinaus, wenn er schreibt: „Wir werden unser Land verlieren!" Trump unterschlägt zudem, dass es gerade skrupellose Geschäftsleute wie er im Finanz- und Versicherungssektor waren, die die Bankenkrise wesentlich mitverursacht haben.

Seine Ausführungen zur amerikanischen Außenpolitik (Kap. 4) überschreibt er „Kämpfen für den Frieden". Diese, vor allem die Verteidigungspolitik, sei ziellos, so Trump, und müsse endlich wieder allein den Interessen der USA dienen. Argumentativ steht dabei deutlich Paul Kennedys The *Rise and Fall of the Great Powers* (dt. Aufstieg und

Fall *der großen Mächte*) von 1987 Pate. Wie bei Kennedy wird als einer jener Staaten, der von dem Schutz Amerikas profitiere, aber nicht in gleichem Maße zurückgebe, ausdrücklich Deutschland genannt. „Wir verteidigen Deutschland. Wir verteidigen Japan. Wir verteidigen Südkorea. Das sind mächtige und wohlhabende Nationen. Wir bekommen nichts von denen. Es ist Zeit, das alles zu ändern." Ähnlich hatte sich Trump bereits 1990 in einem *Playboy*-Interview geäußert.

Es gelte zudem, das Militär zu stärken. Amerika müsse seine Stärke zeigen. Zudem sei dies wirtschaftlich sinnvoll, da die Schiffe, das Gerät von amerikanischen Arbeitern gebaut werde und so ermöglicht werde, „echtes Geld in das System zu pumpen und Tausenden Menschen wieder Arbeit zu geben." Bezahlt werden solle dies durch jene Länder, die davon abhängig wären, dass Amerika sie beschütze. Neben Deutschland, Japan und Korea werden insbesondere die arabischen Staaten genannt, die durch ihr Öl über genug Vermögen verfügen würden. Auch hier wird heruntergespielt, dass es die USA waren, die im Nahen Osten eingriffen, um ihnen genehme Regimes oder „Freiheitsbewegungen" zu stützen.

Zugleich wird China zum neuen Hauptfeind stilisiert. China möge zwar in absehbarer Zeit die USA als größte Handelsmacht ablösen, aber, so Trump, es sei wirtschaftlich genauso abhängig von den USA wie umgekehrt und dies müsse zum Vorteil Amerikas genutzt werden. Es ginge darum, China daran zu erinnern, dass es „kein gutes Geschäftsgebaren" sei, „seinen besten Kunden zu übervorteilen." Gezählt seien die „Tage, in denen sie uns mit protektionistischer Politik und Cyber-Diebstahl über den Tisch ziehen konnten." Vor allem gelte es, China gegenüber Stärke zu zeigen. In der Außenpolitik gehöre dazu ein starkes Militär, das seine Angehörigen, vor allem die Veteranen, die ihre Leben für das Land riskiert hätten, gut versorge und respektiere. Die USA müssten modernste, stärkste und mobilste Militärmacht der Welt bleiben.

Militärische Tugenden wie Disziplin, Ehrlichkeit, Aufrichtigkeit und Willen zu führen, sollen auch das Bildungssystem in den USA wieder in die oberen Ränge der Weltliste führen (Kap. 5). In diesem

Zusammenhang beklagt er das schwache Abschneiden der Vereinigten Staaten im Vergleich zu anderen westlichen Industrieländern trotz hoher Ausgaben für das Bildungssystem. Die derzeitige Schulpolitik, die durch „Political Correctness" die Kinder zu „Versagern" mache und das Niveau des Lehrplans auf den kleinsten gemeinsamen Nenner herunterschraube, müsse durch hohe Ansprüche, Härte und Förderung von Konkurrenz ersetzt werden. Das größte Übel sei, Eltern keine freie Wahl der Schule zu erlauben, ein weiteres Hindernis die zu mächtigen Lehrergewerkschaften. Überhaupt sei Bildung von eminenter Bedeutung für die Zukunft Amerikas und es müsse allen Leistungswilligen ermöglicht werden, zu studieren, ohne sich zu überschulden – interessante Bemerkungen aus dem Munde eines Mannes, der nicht müde wird, gerade die akademischen Eliten anzugreifen.

Dies mag soweit wie ein einfacher konservativer Aufruf zur Rückkehr zu den alten Prinzipien anmuten. Abstrus wird es jedoch, wenn Trump seine Vorstellungen zur Energiepolitik darlegt (Kap. 6). „Jede Menge heiße Luft" für ihn. Der Klimawandel sei schlicht Einbildung: Die schwersten Tornados hätten die USA „in den 1890er Jahren" gehabt, die meisten Wirbelstürme „in den 1860er und 1870er Jahren". Es sei ein Irrtum, dass der Mensch Auslöser der Klimaveränderung sei. Interessanterweise relativierte Trump im November 2016 nach der Wahl diese Bemerkung in einem Interview mit der *New York Times* zum Teil. Er werde Klimaschutzabkommen genau prüfen und sei ihnen gegenüber offen. Wichtiger sei die Frage, was der Klimawandel US-amerikanische Unternehmen koste und wie er deren Wettbewerbsfähigkeit beeinflusse.

In seinem Buch schreibt er stattdessen, es gäbe wichtigere Probleme wie beispielsweise die Abhängigkeit von der OPEC, die es zu „zerschlagen" gelte. Die USA verfügten über ausreichende Energiereserven und müssten nicht auf alternative Energiegewinnung wie Solarzellen oder Windräder zurückgreifen. Es ist amüsant zu lesen, wie Trump seinen gerichtlichen Disput mit der schottischen Regierung, die einen Offshore-Windpark vor seinem Golfplatz bei Aberdeen bauen wollte, zur wirtschaftlichen Heldentat und zum Kampf gegen die ästhetische Verschandlung der Landschaft umdeutet. Aber, so schließt Trump das Kapitel, man solle zudem nicht vergessen, dass das verpönte Fracking in North Dakota, Pennsylvania und Ohio einen Wirtschaftsboom ausgelöst und mehr Arbeitsplätze geschaffen habe, sodass die Arbeitslosigkeit „geringer als praktisch überall sonst im Land" gewesen sei. Dies ist pure Klientelpolitik, denn Trumps Nähe zur Ölindustrie ist bekannt.

In dieser Art geht es weiter. So beschreibt Trump, wie das Gesundheitssystem aus seiner Sicht bürokratisch und damit noch schlechter geworden sei und „Obamacare" zurückgenommen werden müsse, da sie zu überhöhten Preisen führe und einseitig die Versicherungskonzerne begünstige (Kap. 7). Stattdessen solle Konkurrenz unter den Versicherungen die Kosten für Bedürftige verringern und die Qualität verbessern. Die Sozialversicherung sei effizienter zu gestalten und Verschwendung einzudämmen. Weiter geht er auf die immer maroder werdende Infrastruktur des Landes ein, die bröckelnden Brücken und schlechten Interstate Highways, die anfälligen Stromnetze und heruntergekommenen Flughäfen (Kap. 12), aber es bleibt bei dem Verweis auf den alles regelnden Markt und unternehmerische Prinzipien – schließlich verstehe er etwas vom Bauen.

Etliche der Positionen in seinem Buch fallen in den traditionellen Rahmen der republikanischen Partei. So überrascht es nicht besonders, dass er eine Verschärfung des Waffenrechts ablehnt, da sie nicht geeignet sei, Gewalttaten zu verhindern (Kap. 11) und sich als dezidierter Patriot und Vertreter traditioneller amerikanischer Werte gibt (Kap. 10, 13). Zwar befürwortet er eine freie Marktwirtschaft, tritt jedoch im Rahmen seines Credos „America First" für eine unverhohlen protektionistische Position ein. US-amerikanische Unternehmen mögen doch bitte ihre ausländischen Produktionsstätten zurückverlagern, als Anstoß dient das Prinzip Zuckerbrot und Peitsche: Steuererleichterungen für willige Unternehmen, anderenfalls hohe Strafzölle für Importe.

Ein Gebiet, in dem sich Trump teilweise von den gängigen Positionen der Republikaner absetzt, ist die Steuer- und Finanzpolitik

(Kap.16). Die Mittelschicht, so schreibt Trump, solle entlastet, Reiche dagegen stärker besteuert werden – mit einem Spitzensteuersatz von 33 Prozent für Großverdiener. Bei einem Jahreseinkommen unter 25.000 US-Dollar gänzliche Befreiung von der Einkommenssteuer durch entsprechende Freibeträge. Bei der Unternehmenssteuer dagegen bleibt Trump im konservativen Spektrum: Senkung von 35 auf 15 Prozent als Anreiz für ein stärkeres Wirtschaftswachstum und damit auch mehr Arbeitsplätze sowie Stärkung der US- Konzerne im internationalen Wettbewerb. Durch die Mehreinnahmen werde binnen weniger Jahre ein ausgeglichener Bundeshaushalt erreicht.

4. Der Held der „Neuen Unzufriedenheit“

Wie passt Trumps Buch nun in die politische Landschaft der USA? Es ist die Perfidie seiner Methode, dass, wenn es an den Gegenentwurf geht, er mit Lösungen aufwartet, die eher die Wut jener Schichten der US-Bevölkerung aufnehmen, die zu den Verlierern des infrastrukturellen Wandels zählen, als dass sie politischer Voraussicht gehorchen. Dabei besetzt er zwar konservative Positionen, lässt diese jedoch vor allem als überfällige Rebellion gegen das politische Establishment erscheinen, das abgewirtschaftet habe. Trump geriert sich als „Anti-Politiker“. Mit Erfolg, denn nach verschiedenen Einschätzungen traf er damit genau den Nerv jener ursprünglich „schweigenden Mehrheit“, die sich in den letzten Jahrzehnten in den USA zunehmend spektakulär zu Wort meldet.

Dieses neue, rechte „fringe establishment“ speist sich nicht nur aus Angehörigen des unteren Endes der Einkommens- und Bildungsskala, sondern auch aus dem unteren Mittelstand. Es sind jene Amerikaner, die sich in einer globalisierten Wirtschaft als Verlierer zurückgefallen und im kulturellen Wandel von Frauenemanzipation über Gleichstellung von ethnischen Minderheiten bis zur Anerkennung der Homosexuellenehe ihrer Privilegien beraubt sehen. Ihnen bietet sich Donald Trump mit der immerwährenden, großsprecherischen Betonung seines

„selfmade"-Reichtums, seinem zur Schau gestellten, penetranten Machogehabe, seiner populistischen Kumpanei als positive Identifikationsfigur an. In seiner ungenierten Geschmacklosigkeit, seinen simpel gehaltenen Lösungen scheint er einer von ihnen zu sein, nur eben, dass er es geschafft hat. Bei ihm hoffen sie auf Verständnis. Wie der Publizist Ward Baker feststellte, wurden gerade Trumps einfache Sprache und seine propagierte Unkorrumpierbarkeit von seiner Wählerschaft als Zeichen von Authentizität, Unabhängigkeit und Stärke gesehen und trugen zum Vertrauen in seine Führungskompetenz bei.

Durch die rhetorische Distanzierung von offenem Rassismus und Frauenfeindlichkeit und durch scheinbar „unideologische" Lösungen unterläuft Trump alle Vorwürfe aus dieser Richtung, ohne rechte Positionen aufgeben zu müssen. Viele seiner Gedankengänge sind ja taktisch so angelegt, dass die erste Reaktion des amerikanischen Lesers Zustimmung sein muss. Allein, es bleibt bei der Benennung der Probleme. Trumps Antworten beschränken sich darauf, zu versichern, dass er das politische Problem lösen werde, indem er die Prinzipien erfolgreichen Unternehmertums anwende, denn an seinem Geschäftserfolg sei augenscheinlich, dass er diese beherrsche. Zudem kenne er erfolgreiche Geschäftsleute und die lasse er in Zukunft die „Deals" für das Land machen. Am Schluss steht jeweils die Versicherung, ab sofort hieße das Ziel „gewinnen".

Das Kabinett, das Präsident Trump bisher um sich versammelt hat, repräsentiert nach Schätzungen ein Nettovermögen von geschätzten 9,5 Milliarden US-Dollar. Dies entspricht in etwa dem Gesamteinkommen des einkommensschwächsten Drittels der US-amerikanischen Bevölkerung. Sein Versprechen, erfolgreiche Geschäftsleute um sich zu versammeln, hat Trump also gehalten. Aber wie sich in den ersten Monaten nach dem Amtsantritt zeigte, war es mit dem Regieren allerdings dann doch nicht ganz so einfach. In seinem Kapitel zur Wirtschaft hatte Trump noch gegen die „linksgerichteten Kritiker" polemisiert. Glaube man ihnen, könne nur der Sozialismus das Land weiterbringen und man bräuchte „einen Präsidenten, der sich die Regeln zurechtbiegt, wie er sie gerade benötigt. Kann er den Kongress nicht dazu bringen, etwas zu tun, müsste er per Exekutivorder regieren". Ironie der Geschichte: Kaum, dass er als Präsident der USA eingeschworen war, tat Trump genau dies. Der Geschäftsmann als Politiker, Führerbefehl statt Demokratie.

Literatur

Biography.com: *Donald Trump: Business Leader, Reality Television Star. U.S. President (1946-).* http://www.biography.com/people/donald-trump-9511238#synopsis. 20.3.2017.

Dan Knopf: *Embarrassment of Riches: Trump's first 17 cabinet-level picks have more money than a third of American households combined.* [Dec 15, 1916]. https://qz.com/862412/trumps-16-cabinet-level-picks-have-more-money-than-a-third-of-american-households-combined/. 4.4.2017.

Jens Manuel Krogstad, Jeffrey S. Passel & D'Vera Cohn: *5 facts about illegal immigration in the U.S.* Pew Research Center. [Apr 27, 2017]. http://www.pewresearch.org/fact-tank/2016/11/03/5-facts-about-illegal-immigration-in-the-u-s/. 24.3.2017

Rafi Letzter: *Trump tells New York Times there is ‚some connectivity' between humans and climate change.* Business Insider. Nov 22, 2016. http://www.businessinsider.com/trump-climate-change-new-york-times-2016-11?IR=T. 3.4.2017.

Johann N. Schmidt: *Wolken-Kratzer. Ästhetik & Konstruktion.* Köln, Dumont Buchverlag, 1991.

Donald Trump: *Great Again: Wie ich Amerika retten werde.* Kulmbach: Plassen Verlag, 3. Auflage, 2016.

The Trump Organization: *Donald Trump. Biography.* http://www.trump.com/biography/. 20.3.2017.

Matt Wiser: *Even in College, Trump was brash.* The Boston Globe. Aug 28, 2015. https://www.bostonglobe.com/news/nation/2015/08/28/donald-trump-was-bombastic-even-wharton-business-school/3FO0j1uS5X6S8156yH3YhL/

Wikipedia-Stichwort *Donald Trump.* https://de.wikipedia.org/wiki/Donald_Trump. 20.3.2017.

Wikipedia-Stichwort *Donald Trump*. https://en.wikipedia.org/wiki/Donald_Trump. 20.3.2017.

Sam Wilkin: *How Donald Trump got rich*. Business Insider. March 26, 2016. http://www.businessinsider.de/how-donald-trump-got-rich-2016-3?r=US&IR=T. 27.3.2017

Die geistige Welt des Trumpismus

Manfred Prisching

Donald Trump ist der Mann der erratischen, spontanen, inkonsistenten Bemerkungen, bei Auftritten, Telefongesprächen und in Twitter-Notizen. Das hat manche zu der Idee geführt, es stecke kein ideologisches „System“ hinter seinen Äußerungen; und sie ist (nach der ersten Schrecksekunde nach den Wahlen) mit der Erwartung verbunden worden, die Person werde das Amt nicht mit politischem Wollen angehen, sondern Trump werde sich (in Erkenntnis seiner mangelnden politischen Informiertheit und Erfahrung) von seiner Umgebung, auch von einer kompetenten Administration, beraten, lenken und allenfalls einbremsen lassen. Schon nach den ersten Wochen im Amt hat sich hingegen der Eindruck verbreitet, dass dies nicht der Fall sei. Schließlich hat er schon in seinem Buch geschrieben, dass man durchschlagskräftig agieren müsse, mit großer Geschwindigkeit: „In den ersten 100 Tagen der nächsten Regierung müssen mehr echte Erfolge erzielt werden als während der acht Jahre Obama.“ (117) Ich beziehe mich in den Zitaten, die ohne Erläuterung Seitenzahlen in Klammern präsentieren, auf das Buch von Donald Trump: *Great Again* (2016). Es wurde nach der Ankündigung seiner Präsidentschaft publiziert, gewissermaßen als Grundlage für seinen Wahlkampf. Es ist ein schlecht geschriebenes Buch, aber vermittelt durchaus den authentischen Flair der Person. Man sollte die Aussagen dieses Buches ernst nehmen und nicht den Fehler begehen, zu meinen, dass dies bloß Wahlkampf-Marketing sei, aber mit den wahren Intentionen des Autors nichts zu tun habe – derartige Fehler sind bekanntlich in der Geschichte schon mit anderen Büchern passiert. Die Erwartung, dass sich der Amtsinhaber ganz anders darstellen würde als der Wahlkämpfer, war jedenfalls aus zumindest drei Gründen falsch.

Erstens ist Trump kein politischer Stratege – und in diesem Sinne nicht einmal ein politischer Opportunist, der in gezielter Weise Elemente in den Wahlkampf streut, die er selbst nicht ernst nimmt. Die Hoffnung politischer Kommentatoren, dass er sich als „unauthentisch“ erweisen würde, wurde widerlegt. Er ist vielmehr, wie er ist. Er meint im Allgemeinen ernst, was er sagt – auch wenn sich die Inhalte schon kurze Zeit später geändert oder umgekehrt haben können.

Zweitens hat Trump (in recht unkonventioneller und ungenierter Weise) die meisten Plätze auf den obersten politischen Etagen mit Vertrauensleuten (und Verwandten) besetzt, die, wie man im Rückgriff auf ihre Aussagen und Schriften belegen kann, durchaus ähnlich denken wie er. Die wesentlichen Berater verfügen über ein ähnliches Weltbild. Manche Kommentatoren verlassen sich auf die wenigen erfahrenen Mitglieder in der Regierung, die – jenseits der präsidentiellen Show – „wirkliche“ Politik machen würden; aber das amerikanische politische System ist sehr stark auf den Präsidenten konzentriert.

Damit sind wir beim dritten Punkt: Trump handelt nicht nur situativ, er hat sehr wohl ein „Weltbild“. Das ist, sagt er, eine „Politik der Realität“, „die nur ein erfolgreicher Geschäftsmann wie ich entwickeln kann.“ (118) Sein Weltbild ist ein Kompositum aus verschiedenen Elementen, die sich nicht konsistent ineinander fügen, aber es handelt sich durchaus um ein Gebilde, welches man als „Ideologie“ bezeichnen kann. Man nimmt es nur dann nicht als solche wahr, wenn man allzu sehr in den klassischen Kategorien denkt, insbesondere in den herkömmlichen politischen Links-Rechts-Kategorien. Diesen Fehler begehen selbst scharfe Kritiker, die mit Faschismus und ähnlichen Zuordnungen operieren. Es handelt sich aber um ein neues Gebilde: Der neue Autoritarismus (wie er ja auch in verschiedenen Ländern Europas sein Haupt erhebt) hat ein ganz anderes Design, ein anderes Kompositum von Inhalten, ein anderes Erscheinungsbild als die klassischen Autoritarismen (mit ihren Fahnen und Fackelmärschen, ihrer spezifisch realistischen Kunst und Architektur, mit ihrer Rhetorik und ihren Phrasen).[1] Die Äußerungen von Donald Trump im Laufe des letzten Jahres rechtfertigen es, den Trumpismus zu den autoritären Entwicklungen zu rechnen; schließlich gibt es kaum ein Prinzip einer rechtsstaatlich-liberalen Demokratie, welches von Trump nicht schon offen attackiert worden ist. Aber die neuen Autoritarismen treten nicht in den alten (roten oder braunen) Gewändern auf, sondern in neuen Dekorationen und in neuer ideologischer Zusammensetzung. Man darf allerdings erwarten, dass die amerikanischen Institutionen zu größerem Widerstand fähig sind als die türkischen.

Donald Trump ist zwar das ausgeprägteste (und in globaler Hinsicht möglicherweise das gefährlichste) Beispiel dieser neuen Ideologie, aber die europäischen Bewegungen weisen (in Variationen) durchaus ähnliche Grundausrichtungen auf. Indizien für das weltanschauliche Arrangement, mit dem wir es zu tun haben, mag man beim Blick darauf finden, wer die Wahl Donald Trumps mit Begeisterung aufgenommen hat: einige osteuropäische Staaten, die derzeit ihre Systeme in autoritäre zurückverwandeln; Putins Russland, das ja schon für die US-Wahl tatkräftige Hilfe geleistet hat, und einige westeuropäische autoritäre Bewegungen. Sie haben die „Ähnlichkeit" im Denken, die Geistesverwandtschaft, aber auch die Brauchbarkeit für die je eigenen Zwecke erkannt bzw. gespürt. Die Zeitschrift *Foreign Policy* gibt am 29.03.2017 ein Beispiel: „Trump's Silence on Russia's Corruption Protests Shows Just How Big Putin Won". Die militärische Aufrüstung der USA wird, wie ein anderer Kommentator schrieb, ergänzt durch Trumps „einseitige moralische Abrüstung" gegenüber Putin (*Foreign Policy* 07.02.2017). – Es wäre aber auch nicht angemessen, die Unterschiede zwischen der ame-

[1] Der Unterschied der neuen Autoritarismen zu den Großideologien wie Nationalsozialismus und Stalinismus lässt sich allein schon daran festmachen, dass die alten Ideologien darauf beharrt haben, eine wissenschaftliche Grundlage für ihre politischen Vorhaben zu besitzen; während die Neoautoritären und Trumpisten Wissenschaftler und Experten verachten. Doch es scheint zuweilen auch für Sozialwissenschaftler und Kommentatoren zu gelten, was man den Militärs vorwirft: Sie ziehen immer die Lehren aus dem letzten Krieg, während die Spielregeln in der Zwischenzeit schon ganz andere geworden sind.

rikanischen und der europäischen Situation zu übersehen, also einfach den Trumpismus mit dem europäischen Neoautoritarismus gleichzusetzen. Mentalität und Identität in den USA sind doch so sehr von der europäischen Situation unterschieden, dass man die amerikanischen Besonderheiten in Rechnung stellen muss. In Europa würde man beispielsweise mit der Ankündigung, die allgemeine Krankenversicherung abzuschaffen, keine Begeisterung auslösen. Auch die Person des Donald Trump ist nicht einfach mit Marine Le Pen, Geert Wilders oder Jaroslaw Kaczynski gleichzusetzen. – Wir haben es also mit einer Überlagerung von drei besonderen „Sinnwelten" zu tun: erstens mit dem weltanschaulichen Gebilde des Neoautoritarismus/Populismus mit seinen Nuancierungen, zweitens mit den kulturellen Besonderheiten der USA im Vergleich zu Europa und drittens mit der Persönlichkeit Donald Trumps. Trumps Weltmodell beruht auf diagnostischen und normativen Elementen: Wie ist die internationale und nationale Szenerie beschaffen? Was sind die großen Herausforderungen? Wie wollen wir leben? Was ist Amerika?

Nationalismus

„Ich glaube fest daran, dass die Interessen der amerikanischen Bürger immer an erster Stelle stehen müssen. Immer!" (127) *America first!* Es ist eine klare nationalistische Perspektive. Sie bedeutet eine Abwendung von der amerikanischen Politik des letzten halben Jahrhunderts und vom bisherigen Konsens der amerikanischen Parteien. Erstens haben sich die Vereinigten Staaten als Schutzherr einer freien Welt verstanden, auch im Sinne eines missionarischen Auftrags – auch jenseits der USA sollte die Welt ein bisschen besser gemacht werden. Zweitens waren die USA bislang der *Wilsonianischen* Idee verpflichtet, dass auch Amerika nur sicher sein kann, wenn die Welt insgesamt liberal und demokratisch ist – und dass es deshalb im Interesse Amerikas liegt, demokratische Bewegungen in aller Welt zu unterstützen (Ninkovich 1999). Trump hat sich hingegen in eine besonders restriktive Form der *Jacksonianischen*

Tradition begeben (Pessen 1985): Die Welt geht uns nicht notwendig etwas an (Mead 2004). Die Vorstellung einer „westlichen Welt" mit gemeinsamen Interessen und erforderlicher Zusammenarbeit gehört nicht in das Weltbild von Trump. Die anderen mögen sich auch um sich selbst kümmern; wir kümmern uns um uns. Wenn man ein Geschäft machen will, dann muss man das Beste für sich herausholen, und der „beste Deal" für mich kann nicht der beste Deal für dich sein. Die USA haben Europa seit dem Zweiten Weltkrieg gestützt, nicht zuletzt als Gegenpol gegen die kommunistische Welt, aber nun richtet sich das Interesse auf das eigene Land. Man kann auch Deals machen mit allen Staaten, die dem amerikanischen Interesse dienlich sind. „Damit wir in einem Konflikt eingreifen, müssen unsere nationalen Interessen direkt bedroht sein." (52)

Amerikas Machtverlust in einer multipolaren Welt (Ferguson 2005) wird als Verunsicherung spürbar; denn in der Tat sind die USA nicht mehr die hegemoniale Weltmacht, der „Weltpolizist". Doch Obamas Versuch einer kooperativen Weltpolitik in einem neuen geostrategischen Umfeld wird als Schwäche begriffen. Einer solchen Strategie hält man die alten Slogans entgegen: „The greatest country on earth". „Make America great again". De facto handelt es sich um das einfache Rezept von wirtschaftlicher Stärke und militärischer Abschreckung.

Anti-Internationalismus: Nationalismus heißt Unabhängigkeit, Stärke, Autonomie – und nicht die Einbindung in internationale Organisationen und Vertragswerke. Man wird durch eine solche Einbindung von anderen abhängig. Trump macht lieber *bilaterale Deals*, im unmittelbaren Kontakt mit Leuten, mit denen er an einem Tisch sitzen kann, nicht in den diplomatischen Verflechtungen von Organisationen. Win-win-Situationen von staatlichen Beziehungen werden in diesem Weltbild nicht wahrgenommen, es handelt sich um *Business* (entweder der eine oder der andere hat einen Vorteil, und jene Partei, die den größten Vorteil hat, soll in Zukunft Amerika sein). Außenpolitik wird insgesamt nicht als diplomatisches, sensibles Beziehungsgefüge gesehen, sondern als „Geschäft". Trump versieht die Außenpolitik an einer wichtigen

gewürdigt. Im Hinblick auf das westliche Sicherheitssystem ist es sicher nicht falsch, dass die bisherigen Verhältnisse für die Europäer eine billige Variante gewesen sind – sie hatten die Chance, im westlichen System ein wenig „Freerider“ zu spielen und wesentliche Kosten an die USA zu überwälzen. Aber Trump dürfte sich nicht im Klaren sein, welche enorme Bedeutung dieses Verteidigungsbündnis für die osteuropäischen Länder besitzt, die, was aus ihrer Geschichte verständlich ist, ein großes Misstrauen gegenüber den russischen Expansionsbestrebungen hegen.[2] Da auch NATO und Europäische Union in der gegenwärtigen amerikanischen Perspektive irgendwie vermischt werden, erscheint es fraglich, ob gegenüber einem („sinnlosen“) Gebilde wie einem gemeinsamen „Europa“ volle Solidarität in Bedrohungssituationen erwartet werden kann. Für Russland ist die Entwicklung günstig: Zum einen driften die großen Blöcke USA und Europa auseinander, zum anderen ist auch Europa geschwächt – das verschafft Russland eine stärkere Position, als es seine prekäre wirtschaftliche Situation hergeben würde.

Das Weltmodell: In der Trumpschen Sicht geht um den großen Kampf der USA gegen den Islam. Der Islam ist die große und existenzielle Herausforderung für die USA. Der Islamismus muss vom Erdboden vertilgt werden – aber die Bedrohung wird nicht auf Jihadisten beschränkt, sondern auf den ganzen Islam bezogen.[3] In der Sicht der USA geht es um die Eroberung der westlichen Welt, die politische Attacke versteckt sich hinter einer Religion – und das ist ja nicht ganz unrichtig. Mit mangelnden Kenntnissen in der gegenwärtigen Regierung hat es wohl zu tun, dass Unterschiede (und Feindschaften) im

---

2 Dass viele dieser Länder allerdings auch ihre Einbindung in die Europäische Union mehr oder minder als Einbahnstraße verstehen (Einbahnstraße im Sinne zuverlässig fließenden Nettotransfers in die eigenen Länder), die keine solidarisch-kooperativen Leistungen erfordert, ist im Hinblick auf ihre Bedrohung durch den großen Ex-Bruder besonders eigenartig.

3 Ähnliche Vorstellungen hat vor einiger Zeit F. William Engdahl vorgelegt – in ein wenig verschwörungstheoretischer Weise: Schon deshalb werde der Terror auch nach Europa getragen, damit die ganze westliche Welt im Kampf gegen den Islam vereint sei (Engdahl 2014).

Nahen Osten nicht wahrgenommen werden, sondern die Region als ganze als aggressiver Akteur gegen den Westen betrachtet wird. Paradoxerweise sind beim Versuch Trumps, die Grenzen für viele muslimische Staaten gänzlich zu schließen, gerade jene sieben (oder sechs) Staaten einbezogen worden, deren Staatsangehörige noch keinen einzigen Terroranschlag in den USA durchgeführt haben – während Saudi-Arabien, als das entscheidende Herkunftsland für Terroristen, unbehelligt blieb, ebenso wie Ägypten und andere Länder, die nicht nur als politische Verbündete gelten, sondern in denen auch der Trumpsche Konzern wirtschaftliche Interessen hat. Muslime in den Vereinigten Staaten gelten der Administration ohnehin als „fünfte Kolonne" (auch wenn viele von ihnen aus der islamischen Welt geflüchtet sind), deshalb wird mit einer Registrierung aller Muslime innerhalb der Vereinigten Staaten spekuliert.[4] Solche Äußerungen und Maßnahmen der amerikanischen Regierung in den ersten Wochen sind deshalb auch vom Islamischen Staat mit Freude aufgenommen worden, weil sich für sie die USA endlich so darstellen, wie sie von den Islamisten immer geschildert worden sind – als grundsätzliche Feinde der muslimischen Welt und als Heuchler in Bezug auf Freiheiten und Menschenrechte.

---

[4] Abby Phillip und Abigail Hauslohner: Trump on the future of proposed Muslim ban, registry: ‚You know my plans', Washington Post 22. 12. 2016. „Trump has long called for a temporary ban on Muslims entering the United States and has expressed openness to a registry of Muslims already in the country." – „Questions over the idea of creating a database of Muslim immigrants are coming up as President-elect Donald Trump forms his new administration. A Trump surrogate defended the idea on Fox News, saying the treatment of Japanese Americans during WW II was ‚precedent'." https://www.washingtonpost.com/news/post-politics/wp/2016/12/21/trump-on-the-future-of-proposed-muslim-ban-registry-you-know-my-plans/?utm_term=.fc123b600196. – The Guardian: „As a candidate, Trump did not specifically campaign on the need for a Muslim registry. But when Trump was asked, on multiple occasions, if he favored a broader Muslim registry, he both declined to rule it out while signaling potential support for the idea. Trump also called for a database for Syrian refugees coming to the US, and on 20 November was widely perceived as embracing a broader Muslim registry in the wake of the terrorist attacks in Paris." https://www.theguardian.com/us-news/2016/nov/27/donald-trump-muslim-registry-policy-possibility.

Das Verhältnis zu anderen Nationen ist in den ersten Wochen der Amtszeit des amerikanischen Präsidenten – nicht zuletzt wegen seines Unwissens – weitgehend ungeklärt geblieben. Die Auffassung bezüglich Israel und Palästina ist unklar – sonderbare Bemerkungen über die Verlegung der amerikanischen Botschaft durften als unausgegoren eingestuft werden. Das Verhältnis zum Iran wird sich erst weisen, aber die enorme politische Leistung des Atomvertrages mit dem Iran wird wohl vom Tisch gewischt werden. Gewisse Korrekturen hat es im Verhältnis zu China und Taiwan gegeben, vielleicht auch nur durch situative Unkenntnis diplomatischer Gepflogenheiten. Das Verhältnis zu Nordkorea schwankt zwischen klassischer Besorgnis und Kriegsdrohung. Japan wird unterstützt.

In Bezug auf Russland, welches, wie sich Schritt für Schritt herausstellt, für Trump Wahlkampfhilfe geleistet hat, sind allerdings pragmatische Korrekturen erforderlich. Denn das könnte auch für das amerikanische Denken problematisch sein: eine tatsächlich nachgewiesene Kooperation mit dem Weltherrschaftskonkurrenten, dem Feindbild im Kalten Krieg, dem Diktator und Kriegstreiber, dem Akquisiteur der Krim; nur um innenpolitisch-parteipolitische Ziele durchzusetzen. Die Trump-Leute waren naiv zu glauben, dass dies geheim bleiben könnte, und Putin könnte sich getäuscht haben, wenn nunmehr eine bewusste, neuerliche Korrektur der US-Linie (eine gewisse Absetzbewegung von Russland) vonnöten ist. Nach der Einreise-Blamage und nach der Obamacare-Blamage ist die Russland-Connection ein dahinflackerndes Thema. *The American Interest* (16.2.2017) schreibt: Confusion at the Top. Und: The Curious World of Donald Trump's Private Russian Connections. *The Nation* (16.2.2017) schreibt (unter Bezug auf Michael Flynns Rücktritt)): What did President Trump know and when did he know it? *The Washington Post* (15.2.2017): Donald Trump's White House is on the verge of a raging fire over Russia allegations. *New York Times* (16.2.2017): Time for Congress to investigate Mr. Trump's ties to Russia. Und so geht es weiter.

Politik der Stärke

Für Trump sind amerikanischer Exzeptionalismus (Lipset 1997) und amerikanische Machtausübung verbunden mit der starken Stellung Amerikas. Er baut auf materielle (wirtschaftliche und militärische) Stärke, nicht auf „soft power" (Nye 2004). Trump hält die liberale internationale Ordnung für einen amerikanischen Nachteil: „Meine Herangehensweise an die Außenpolitik beruht auf einem starken Fundament: von einer Position der Macht aus agieren. Und das bedeutet, wir müssen das stärkste Militär der Welt unterhalten, und zwar das mit Abstand stärkste." (48) Das ist ein deutlicher Unterschied zur europäischen Weltsicht, die auf das Voranschreiten von Vereinbarungen, Kooperationen und Einbindungen setzt – Robert Kagan hat schon vor mehr als einem Jahrzehnt festgestellt: Die Amerikaner sind vom Mars[5] und die Europäer von der Venus (Kagan 2004). Das hat natürlich mit Stärke zu tun: Ein Empire verlässt sich auf eigene Kraft; wenn es mit der eigenen Macht nicht so gut steht, argumentiert man lieber auf der Ebene von Recht, Völkerrecht, Verhandlungen, Kooperation.

Amerikas Unverantwortlichkeit: Amerika ist für die westliche Welt nicht verantwortlich, auch nicht für andere Länder – in der Trumpschen Perspektive wird Amerika nicht zu seinen eigenen Lasten die Schutzmacht des Westens sein: „Wenn andere Länder davon abhängig sind, dass wir sie beschützen, sollten sie dann nicht auch bereit sein, dafür zu zahlen, dass wir dazu imstande sind?" (50) Mit dieser machtvollen Position geht eine gewisse Rücksichtslosigkeit, auch gegenüber den Verbündeten, einher, mit Äußerungen, die erkennen lassen, dass man sich durch bisherige Vereinbarungen im Grunde nicht gebunden fühlt.

Militärische Stärke: Wenn Amerika militärisch wesentlich stärker sein will als alle anderen Staaten, bedeutet das Ausweitung der Streit-

---

5 Man kann das als eine positive Beschreibung des spezifisch amerikanischen Geistes sehen, denn wenn wir der Beschreibung Martin van Crevelds folgen, dann ist es die gesamte westliche Geisteshaltung, die mittlerweile zur Unfähigkeit, militärisch zu handeln, geführt hat (van Creveld 2016).

kräfte und Ausbau der Atomwaffen. Auch der Krieg wird als Möglichkeit zur Fortsetzung der Politik mit anderen Mitteln gesehen – auch ein großer Krieg. Beeindruckend war die rhetorische Frage Trumps: Wozu hat man Atomwaffen, wenn man sie nicht einsetzt? Nun sind die USA ohnehin – mit großem Abstand – die größte Militärmacht, aber verschiedene militärische Aktionen haben gezeigt, dass man auch einen derartigen Apparat unter modernen Bedingungen nicht überschätzen darf. Trump scheint sich dieser Beschränkungen nicht bewusst zu sein, seine Vorstellung ist ganz einfach: ein „wirklich mächtigeres Militär" (19) aufbauen, das sich allen Widersachern entgegenstellen kann. Seine Kritik an der amerikanischen Iran-Politik zeigt diese Überschätzung am besten: „Ich hätte die Sanktionen verschärft, bis die Bedingungen so furchtbar gewesen wären, dass die iranische Führung um eine Vereinbarung gebettelt hätte. [...] Ich hätte mich nicht mit weniger begnügt als einem vollständigen Abbau sämtlicher Atomanlagen, der Zerstörung all ihrer Zentrifugen und dem Zugeständnis, wann und wo auch immer Inspektionen vornehmen zu können." (57)

Die Karte der nationalen Sicherheit passt zum amerikanischen Menschenbild der Stärke (man denke an das Waffenproblem und die Gewaltsamkeit in Amerika), zur Geschichte der bewaffneten Durchsetzungsfähigkeit (der Wilde Westen, Cowboys und Indianer), zur allgemeinen Verehrung von „heroes". Der Vorwurf der Schwäche (gegenüber Kommunisten oder Islamisten) war schon immer ein wirkungsvoller politischer Vorwurf. Präsidenten können sich der Erwartung nicht entziehen, „furchtlose Kriegsherren" sein zu müssen, und dies noch in einem Überbietungswettbewerb. Obamas „Vorsicht" ist heftig kritisiert worden. Gerade unter amerikanischen Verhältnissen bietet es sich an, einerseits Ängste zu dramatisieren, andererseits die Bewältigung aller Unsicherheiten zu versprechen, im Einklang mit dem Image des „mächtigsten Mannes der Welt".

Angstunternehmer: Die neuen „Angstunternehmer" (Bude 2014) sind auch für Europa zur politischen Kategorie geworden, die Stichwortgeber und Nutznießer von Angst. Dabei geht es zuerst darum, Unsicherheit in Angst zu verwandeln, mögliche in wirkliche Risiken umzudeuten. Dann geht es um Radikalisierung, um die Inszenierung einer „Politik der moralischen Panik", um Hysterisierung: drohende Vernichtung von außen, Unterwanderung von innen. Und schließlich geht es um das Verlangen nach „totaler Sicherheit", welches durch neue Führerschaft gewährleistet werden soll. Von Orban bis Erdogan ist das ein aktuelles Rezept. Die Zeitschrift *Foreign Policy* stellt lapidar fest: „Turkey Is a Dictatorship Masquerading as a NATO Democracy" (29.03.2017).

Volk und Führer

Die Bezugnahme auf die eigene Nation geht, in den USA wie in Europa, von der *Fiktion eines homogenen Volkes* aus. Das ist für die USA eine überraschende Wendung, denn dieses Homogenitätsargument gehört eher zum politischen Repertoire europäischer Bewegungen. Zu den amerikanischen Ritualen gehörte bisher die Beschwörung einer *republikanischen* Einheit, zu der Menschen aus aller Welt, mit allen Religionen und Ethnien, zusammengefunden haben. Es ist deshalb gerade für die amerikanische Szene ein neuer Akzent, der mit dieser „Volkseinheit" gesetzt wird, aus der sich zugleich die Legitimation eines Führers ergibt. Trump: „Ich? Ich spreche für das Volk." (119)

Der Führer: Der Verweis auf das bisherige (politische) Durcheinander ist die Grundlage für den durchschlagskräftigen Führungsanspruch: „Dieses Durcheinander erfordert dringend eine führende Hand. Gebraucht wird jemand mit gesundem Menschenverstand und Geschäftssinn." (9) „Wir brauchen nicht noch mehr politische Rhetorik, wir brauchen mehr gesunden Menschenverstand." (18) Da waren „immer zahlreiche ‚Experten', die mein Scheitern prognostizierten." (18) „Glauben Sie mir: Ich weiß, wie die Dinge laufen." (115) „Ich denke in großem Maßstab." (163) „Ich denke immer in großen Maßstäben." (194) „Ich habe Dinge geschafft, die niemand sonst geschafft hat." (193)

Die Volksnähe des Führers: Es ist ein klassisches Modell: Der charismatische Führer hat immer recht. Der Führer kommt aus dem Volk, er ist/denkt so wie alle, er weiß, was die Menschen wollen. Er ist ihnen nahe. Aber auch das Volk ist ihm nahe. Deshalb sind die skurrilen Streitigkeiten im Anschluss an die Inaugurationsfeier, ob es denn wohl (gegen alle fotografische und administrative Evidenz) die meisten Menschen (im Vergleich zu Obama) gewesen seien, die daran teilgenommen haben, durchaus keine Arabeske am Rande. Schon im Buch verweist Trump immer wieder auf die „Menschenmengen, die mich sehen wollten" (10); mehrmals kommt er darauf zu sprechen, dass bei der Fernsehdebatte 24 Millionen Zuschauer eingeschaltet hätten, was wohl ohne ihn nicht der Fall gewesen wäre (11, 175). Und: „Die Menschen applaudierten." (11) „Ich gebe den Menschen, was sie brauchen und was sie verdienen zu hören." (22) „Ich habe in den vergangenen Monaten mehr gut besuchte Pressekonferenzen abgehalten als jeder andere kann. Ich ziehe immer eine große Presseschar an." (175)

Antiformalismus: Der Führer kann sich über Formalitäten (Recht) hinwegsetzen, weil er im Interesse des Volkes das Richtige tut. Der Führer ist das Recht. „Ich spiele nicht nach den üblichen Regeln des Establishments." (19) „Wir können keine Zeit damit verschwenden, politisch korrekt zu sein." (22) „Ich zerbreche mir nicht den Kopf, ob ich politisch korrekt bin." (159) „Ich werde auch künftig das sein, was ich all die Jahre schon war: der lauteste Cheerleader für Amerika." (159) Die Überschätzung der eigenen Person kollidiert mit der institutionellen Logik einer liberal-rechtsstaatlichen Demokratie, sie verrät Unverständnis für *checks and balances* sowie Fremdheit gegenüber der Rechtsstaatlichkeit. Dass sich auch die Regierung an Gesetze halten muss, wird offenbar als Ärgernis gesehen. Die Justiz ist eine andere „herrschende Macht", deren Botmäßigkeit sicherzustellen wäre – was, nach den Ereignissen der ersten Wochen, offenbar nicht so leicht gelingt. (Bei Erdogan wird dies bewerkstelligbar: Da es um den Kampf gegen terroristische Gruppen geht, verrät auch ein Gerichtsurteil, welches nicht dem Willen der Regierung entspricht, dass bei dem betreffenden Richter offensichtlich Sympathie für besagte Gruppen vorliegt – was jeden Richter selbst zum Objekt rechtlicher Verfolgung machen kann. Die amerikanische Justiz dürfte resistenter sein.) Nur der Führer kann sich über rechtsstaatliche Beschränkungen hinwegsetzen, ja sogar über menschenrechtliche und völkerrechtliche Einschränkungen – so hat sich Trump auch nach Amtsantritt nochmals für *waterboarding* (und schlimmere Formen der Folter) ausgesprochen, und er hat die Wiedereinrichtung von geheimen Gefängnissen in anderen Ländern in die Wege geleitet.

Tabubrüche: Ungeniertheiten im sprachlichen Verhalten werden akzeptiert und applaudiert, auch wenn dabei gängige Grenzen überschritten werden. Die konformistische (politisch korrekte) Sprache wird von vielen Menschen (nicht immer zu Unrecht) als Lächerlichkeit angesehen. Auch Äußerungen über die sexuelle Zugänglichkeit von Frauen, wenn diese mit berühmten oder reichen Männern konfrontiert sind, haben Trump nicht geschadet – viel eher haben viele Leute, denen die ganzen „Gendereien" auf die Nerven gehen, beifällig genickt, im Konsens, dass es in Wahrheit doch ohnehin so sei, wie es der Kandidat gesagt hat. Auch über Kehrtwendungen und offenkundige Unwahrheiten scheint sich die amerikanische Wählerschaft bislang hinwegzusetzen. Es macht nichts, wenn die Geheimdienste in der einen Woche attackiert werden, in der nächsten Woche aber eine Art von „Liebeserklärung" folgt.[6] Die öffentliche Deklaration des „Postfaktischen" und der „alternativen Fakten" wird aber wohl in die politische Ideengeschichte

---

6 Diese Geschichte gehört auch zu den Anekdoten, an denen – für die zukünftige Geschichtsschreibung – die *Unzivilisiertheit* des Donald Trump erläutert werden wird. Es war sein erster großer Auftritt vor den Geheimdiensten, in denen er (ganz im Gegensatz zu vorher) sein Wohlwollen zum Ausdruck gebracht hat, vor allem aber hat er in dieser wesentlichen Rede, vor einer Gedächtniswand, auf der der Opfer gedacht wird, die für Amerika ihr Leben lassen mussten, vor allem seinen Ärger darüber zum Ausdruck gebracht, dass die Medien angeblich die Besucherzahl bei seiner Inauguration falsch berichtet hätten. Nicht nur ein Beispiel für das, was seine Pressesprecher als „alternative Tatsachen" formulieren sollten, sondern auch eine lächerliche Angerührtheit, die in Anbetracht von Zeit und Ort der Rede als höchst unpassend erscheinen musste.

eingehen (Hochschild und Einstein 2015). Wenn die Pressesprecherin darüber spekuliert, dass Trump möglicherweise durch das Mikrowellengerät ausspioniert worden sein könnte, ist die Grenze zur Lächerlichkeit überschritten.

Der Führer setzt sich über lächerliche Angriffe genauso hinweg wie über formalistische Erfordernisse. Er weiß schließlich auch um die Werbewirksamkeit dieser Äußerungen: „Also gebe ich manchmal, um meine Meinung zu verdeutlichen, unerhörte Kommentare ab und gebe ihnen – Lesern und Zuschauern –, was sie wollen. Ich bin ein Geschäftsmann, der eine Marke verkaufen will." (25) Es läuft nur über die Medien: „Dank des Images, das ich mir in den Medien erschaffen habe, konnte ich eine der größten Luxusmarken der Welt aufbauen. Die Menschen kaufen meine Wohnungen, kaufen meine Marke, spielen auf meinen Golfplätzen, denn sie wissen: Wenn mein Name dran steht, muss es Spitzenqualität sein." (26f.) „Ich habe keine Angst davor, ganz genau das zu äußern, woran ich glaube." (109) Die persönliche Bekundung von Stärke erzeugt Folgebereitschaft: „Ich mache keine Versprechen, die ich nicht halten kann. Ich drohe nicht, wenn ich meinen Worten nicht auch Taten folgen lassen kann. Glauben Sie bloß nicht, Sie könnten mich herumschubsen." (162) Dass die derart beschworene starke Führungsgestalt in der wichtigen Frage Obamacare an der eigenen Partei scheitert, weil eine wesentliche Gruppe eben nicht deal-orientiert, sondern fundamentalistisch-kompromisslos eingestellt ist, hat schon etwas Skurriles.

Person und Ambiente

Trump hat sich nie herumschubsen lassen. Der amerikanische Traum ist die Erzählung von den unbeschränkten Möglichkeiten – vom Tellerwäscher zum Millionär. Wenn man sich nur der *hard work* verpflichtet und nach den Regeln spielt, dann wird man (in puritanischer Tradition) belohnt (Huntington 2004; Cullen 2004). Dass dieser amerikanische Traum geglaubt wird, hat wohl die Amerikaner auch mit jener extremen Ungleichheit versöhnt, die dieses Land zu einem Ausnahmefall unter den entwickelten Ländern macht. Große Einkommen sind attraktiv, wenn man die Chancen intakt wähnt, irgendwann auch in dieser monetären Etage anzukommen. „Am wichtigsten", sagt Trump, „ist es, dass wir den American Dream neu beleben und unser Land den Millionen Menschen zurückgeben, die so hart für so wenig Lohn gearbeitet haben." (189) Wenn man sich nicht in einer postfaktischen Welt wohl fühlt, sondern Realitäten wahrnehmen kann, ist es allerdings immer schwerer, sich in diesen Traum von den unbegrenzten Möglichkeiten „hineinzuträumen" (Ehrenreich 2005; Newman 1993; Prisching 1999).

Trump mag eine kitschige Persönlichkeit sein, auch in der Selbstinszenierung seiner selbst und seiner Familie – es sind Bilder, die einer skurrilen Fernseh-Seifenoper entsprungen sein könnten.[7] Aber er versteht sich als Verkörperung des amerikanischen Traums, und ein wesentlicher Teil der Wählerschaft sieht dies auch so. Unter europäischen Verhältnissen wäre es nicht so einfach, sich mit skurriler Selbstbezogenheit als Vorbild darzustellen und wiederholt mit seinen Milliarden zu brüsten. „Ich bin reich. Ich will sagen: Ich bin wirklich reich. Ich habe mehr Geld verdient, als selbst ich es jemals erwartet hätte – und meine Ziele waren durchaus sehr hochgesteckt." (97) „Sie können mir glauben: Ich weiß, wie man einen Golfplatz – und einen Golfschläger – dazu nutzen kann, Geschäfte zu machen." (99) „Ich habe erfolgreich

[7] Im Übrigen sind die berühmten Serien über die politischen Systeme in Amerika und Großbritannien, wie etwa das *House of Cards*, in Verlegenheit – und darüber wird diskutiert. Der Regisseur dieser Serie sagt in einem Interview: „Trump ist noch verrückter als Francis Underwood." (Bildzeitung vom 16.02.2017). Das hat der Guardian allerdings schon im Vorjahr gewusst: How the reality of Trump's America outpaced House of Cards (Guardian 16.03.2016). Es ist der Fall eingetreten, dass die Wirklichkeit alle Fiktionen überholt hat, ja dass man sich selbst in fiktionalen Darstellungen niemals getraut hätte, Verhältnisse oder Entwicklungen zu schildern, wie sie sich nunmehr in der Realität abspielen, weil diese von den Zuschauern als allzu unglaubwürdig erachtet worden wären. Es könnte sein, dass mit dem Eintritt in die Trumpsche Erfahrung dieser Jahre diese erfolgreichen Serien ihr Ende gefunden haben.

eine der angesehensten Marken der Welt aufgebaut und sie steht für alles, was ich tue und was ich bin." (160) „Überall auf der Welt baute ich Gebäude und Golfplätze, meine TV-Show war in den Top Ten und meine Familie ist großartig." (172) „Ich bin der reichste Präsidentschaftskandidat der Geschichte. Ich bin der einzige Milliardär, der je kandidiert hat." (174) Solche Aussagen kann man sich in einem europäischen Wahlkampf schwer vorstellen. Der Schriftsteller Daniel Kehlmann, der in den USA lebt, fährt eine Woche nach der Wahl mit einem aus Nigeria stammenden Taxifahrer, der ihm erklärt, dass alle Kandidaten verbrecherisch seien. Auf den Einwand, dass Hillary Clinton wenigstens keine Rassistin sei, kommt die Antwort: „No, they are all the same." Aber dann erzählt er mit Begeisterung, wie unglaublich reich dieser Trump sei. Von seinem mehrfachen Bankrott hat er nichts gehört, aber der unglaubliche Reichtum bringt ihn wiederholt dazu, vor Aufregung aufs Lenkrad zu klopfen. So reich! Die Identifikation mit dem Reichtum – jeder kann alles werden – funktioniert noch immer, obwohl die empirischen Wirtschafts- und Sozialdaten diesen Anspruch nicht erhärten.

Auch diverse Widersprüchlichkeiten haben bislang nicht geschadet – etwa der Umstand, dass es als paradox empfunden wurde, wenn der Kandidat darüber geschimpft hat, dass man nicht ausländische Waren kaufen solle, aber seine Wahl-Accessoires (etwa die rote Baseball-Kappe) aus China stammten.[8] Ein Journalist hat sich im Trump-Hotel umgesehen und fast gar keine Produkte gefunden, die in Amerika produziert wurden.[9] Und Trump ist seit Jahrzehnten der erste Präsident,

---

8 Trump, so wurde vermutet, würde sagen, er hätte eben keine Alternativen gehabt – was allerdings falsch ist, denn Baseballkappen bringen die Amerikaner trotz Deindustrialisierung noch zustande.

9 *Business Insider-Website* 28.01.2017: Trump's ‚buy American' policy directly conflicts with how his own hotels operate. *Mirror* vom 30.01.2017: Donald Trump's flagship hotel rooms are crammed with products made OUTSIDE America. *Washington Post* vom 26.08.2016: How many Trump products were made overseas? Here's the complete list. „Trump has a long history of outsourcing a variety of his products and has acknowledged doing so. When asked during a Republican

der seine Steuererklärung nicht veröffentlicht hat. Mittlerweile fließen beträchtliche Steuergelder in seinen Golfclub, in dem er sich gerne aufhält.

Das Rätsel der Persönlichkeit

Daniel Kehlmann stellt – gewissermaßen aus literarischer Perspektive – eine Paradoxie fest: Im Normalfall gewinnen Personen an Menschlichkeit, wenn man sich mit ihnen befasst, und je mehr man über eine Person weiß, desto besser versteht man sie. Donald Trump hingegen habe die bemerkenswerte Eigenschaft, dass er unmenschlicher wird, je mehr man über ihn weiß. „Sieht man ihn von Weitem, scheint es da noch ein komplexes Wesen zu geben, das Pläne schmiedet, sich verstellt, Taktiken anwendet und ein verborgenes Seelenleben beherbergt. Nähert man sich ihm aber, indem man etwa Reportagen und Bücher über ihn liest [...] und indem man Leute befragt, die ihm begegnet sind, so löst sich all das auf wie eine optische Täuschung, und es ist einem, als habe man es mit einer Person zu tun, die eben das nicht ist: eine Person." (Kehlmann 2017)

Viele Beobachter scheinen mit der Gestalt des amerikanischen Präsidenten überfordert zu sein, sie wissen einfach nicht, was sie zu diesem Phänomen, das alle bisherigen Kategorien über den Haufen wirft, sagen sollen. Nate Silver sagt: „Donald Trump is the world's greatest troll."[10] Auch aus der Terminologie pathologischer Erscheinungen bedient man

primary debate in Miami why voters should trust that Trump „will run the country differently from how you run your businesses," he answered: „Because nobody knows the system better than me. ... I'm a businessman. These are laws. These are regulations. These are rules. We're allowed to do it. ... I'm the one that knows how to change it." Trumps Textilien kommen aus China, Bangladesch, Honduras, Vietnam, Indien, Indonesien, Südkorea. Haushaltsgeräte kommen aus der Türkei, China, Deutschland und Slowenien. Der Hotelbedarf wird gedeckt in China, Taiwan und Südkorea.

10 https://fivethirtyeight.com/features/donald-trump-is-the-worlds-greatest-troll/ (16.2.2017)

sich kräftig, weil man nicht weiß, wie man sonst bestimmte Aussagen und Verhaltensweisen interpretieren sollte. Beobachter sind irritiert, wie sie mit Trumps Aggressivität umgehen sollen: Einerseits seine Freude an der Erniedrigung nach unten (*The Apprentice*) – autoritär fixierte Persönlichkeiten sprechen auf Autoritäten an, sie wollen eine Lizenz dafür, die Schwachen niederzumachen. Andererseits seine Verachtung von Eliten, denen er doch selbst angehört – ein Insider spielt den Outsider, der das Gesetz in die eigene Hand nimmt (eine traditionelle Figur in amerikanischen Erzählungen). Doch vor seiner aggressiven Geringschätzung ist niemand gefeit. Beobachter wissen auch nicht, warum ihm die Nachweise seiner Unfähigkeit, seine Lügen, seine Aggressivität überhaupt nicht schaden – seine Wähler schätzen diese Ungeniertheit und Brutalität. Jeder andere Politiker wäre längst aus dem Getriebe katapultiert, wenn er hinsichtlich einer schärfer nachfragenden Journalistin meint, dass sie vermutlich Menstruationsprobleme habe[11]; oder wenn er den Versuch unternimmt, einen körperbehinderten Journalisten lächerlich zu machen, indem er unkoordinierte Körperzuckungen imitiert.[12] Im vorliegenden Fall zuckt man mit den Schultern und sagt, Trump sei eben ein „Alphatier".

Die dunkle Triade

Eine vergleichsweise systematische Beschreibung kann man unter Rückgriff auf das psychiatrische Konzept der „dunklen Triade" (Paulhus und Williams 2002) liefern. Das Konzept der beiden kanadischen Psychologen Delroy L. Paulhus und Kevin M. Williams hat unter auffälligen Patienten empirisch eine häufige Kombination der drei Eigenschaften Narzissmus, Machiavellismus und Psychopathie gefunden. Damit

---

11 *The Telegraph* (14.2.2017): Donald Trump says Megyn Kelly's tough questioning was due to menstruation.

12 *Die Welt* (27.11.2015): Dieser Trump überschreitet jede rote Linie: Auf offener Bühne hat der republikanische Präsidentschaftskandidat Donald Trump einen behinderten Journalisten nachgeäfft. *Der Standard* (27.11.2015): Trump macht sich über behinderten Journalisten lustig.

soll nicht behauptet werden, dass diese Psychopathologie bei Trump tatsächlich in klinischer Ausprägung vorliegt; aber es gibt immer eine Spannweite von psychischer Gesundheit bis zur Krankheit, und was in dem vorliegenden Krankheitsbild beschrieben wird, ist eine Konstellation von Eigenschaften, die auch unterhalb der Krankheitsschwelle als eine Art von Persönlichkeitsbeschreibung brauchbar ist.

Narzissmus bedeutet: Selbstherrlichkeit, Selbstbezogenheit, Eitelkeit, Arroganz. Machthunger, Anspruchshaltung, Selbstüberhöhung. Empfindlichkeit gegen Kritik. Erlebnishunger und Extraversion. Grandiosität. Dominanzverhalten. Erzwingung des Überlegenheitsgefühls durch Demütigung von Menschen in ihrer Umgebung. Die anderen sind dazu da, EGO zu bewundern; er verdient etwas Besseres; Ruhm steht ihm zu. Eine Fassade von Erfolg und Selbstbewusstsein. Narzissten sind charismatisch, sie können auch charmant sein. – Trump im Original: „Ich liebe knifflige Herausforderungen. Niemand reagiert besser als ich, wenn ich erfahre, dass etwas angeblich unmöglich ist. Was andere Menschen als furchtbares Problem ansehen, ist für mich eine großartige Herausforderung." (147) „Die glücklichsten Menschen, die ich kenne, sind diejenigen, die tolle Familien und echte Werte haben. Ich kenne mich da aus. Ich weiß, wovon ich rede." (152) „Auch Religion spielt eine große Rolle dabei, ob man glücklich ist." (152) „Ich arbeite ständig." (153) – Und zum Charme: „Ich bin in Wahrheit ein echt netter Kerl, glauben sie mir." (11) „Ich bin ein netter Kerl. Doch, wirklich." (109)

Machiavellismus bedeutet: Der Zweck heiligt die Mittel, wenn eigene Ziele durchgesetzt werden sollen. Neigung zur gefühllosen Manipulation der anderen, im Bedarfsfall setzt sich die Person über alle moralischen und gesetzlichen Grenzen hinweg, greift zu Täuschung und Lüge. Es liegt Zielorientierung vor. Die Fassade des ehrbaren Menschen wird lange und erfolgreich aufrechterhalten. – Donald Trump im Original: „Wenn ich sage, dass ich ein Gewinner bin, ist das kein Angeben. Ich habe Erfahrung darin, zu gewinnen. Das nennen wir Führungskraft." (23) „Ich habe eine wunderbare, bildschöne Frau. Ich besitze Milliarden

Dollar. Meine Kinder sind hochintelligent und versierte Manager [...] Auf meinem Schreibtisch türmen sich potentielle Großprojekte." (27) Nur Berufspolitiker brauchen Meinungsforscher, Trump nicht: „Aber es gibt keinen zweiten wie mich. Niemanden." (94) „Vom Geschäftemachen versteht niemand mehr als ich." (96)

Psychopathie bedeutet: Die anderen werden bloß als Objekt gesehen. Rücksichtslosigkeit, Kaltblütigkeit, Impulsivität, emotionale Kälte, Gefühllosigkeit, antisoziales Verhalten. Risikofreude und Impulsivität, Unfähigkeit zu langfristigen Zielen und zum strategischen Arbeiten. – Trump im Original: „Die Marke ‚Trump' steht weltweit wie kaum eine andere für Qualität und Vorzüglichkeit." (10) „Ich kenne mich aus mit komplexen Themen und weiß, wie man alle für einen Erfolg nötigen Elemente zusammenbringt." (11) „Ich weiß, wovon ich spreche." (17) „Meine Erfolgsgeschichte ist allgemein bekannt." (18) Das Volk strömt ihm zu, weil es weiß: „Donald Trump baut Gebäude. Donald Trump entwickelt großartige Golfplätze. Donald Trump tätigt Investitionen, die Arbeitsplätze schaffen. Und Donald Trump schafft Arbeitsplätze für legale Einwanderer und alle Amerikaner." (19) „Ich bin ein sehr erfolgreicher Geschäftsmann." (23) Eine kurze Zeitlang hat es auch eine Trump University gegeben, allerdings wurden die Untersuchungen wegen Betrugs erst während des Wahlkampfs durch die Bezahlung von 25 Millionen Dollar eingestellt.

Menschen, die dieser Triade entsprechen, neigen zu Habgier und Verlogenheit, es sind soziale Raubtiere, sagen die Psychologen. Aber sie sind durchsetzungsfähig. Auf kürzere Sicht sind es durchaus erfolgreiche Menschen, gerade in kompetitiven Umfeldern. Sie sind auch in der Partnerwerbung erfolgreich. Aber Zivilisiertheit ist ihnen fremd: also Rücksichtnahme; anderen Personen Raum lassen; ihnen nicht absichtlich schaden; seine Ziele nicht vor alles andere stellen und ohne Rücksicht auf Verluste durchsetzen. – Trump im Original: „Es ist wichtig zu gewinnen. Es ist wichtig, der Beste zu sein." (20) Nun ja, gewonnen hat er die Wahlen, gegen alle Voraussagen. Die Diskussion darüber, was das bedeutet, ist im Gange.

Anti-Immigration

Kehren wir von der Person zu den programmatischen Elementen zurück. Die Fixierung auf die Nation bedeutet, dass Grenzen zu markieren, in vielen Fällen dicht zu machen sind. Die Politik der Abschottung, die Vision des Containers, ist auch Herzstück der europäischen Neoautoritären: nationale Gemeinschaftlichkeit. Das traditionelle (erfolgreiche) Gefüge wieder herstellen: das eigene Land wieder zurückerobern. Das ist auch in der amerikanischen politischen Rhetorik ein neuer Aspekt, da sich doch die USA als Einwanderungsland verstanden haben – und de facto ihre starke intellektuell-wissenschaftliche Position nicht zuletzt durch Braindrain aus anderen Ländern, ihren bequemen Alltag durch billige Dienstkräfte gesichert haben. Auch für die Zukunft soll nun eine andere Politik gelten: Man müsse, sagt Trump, das alte amerikanische Prinzip beseitigen, dass Kinder, die in Amerika geboren werden, amerikanische Staatsbürger sind: „die Praxis der sogenannten Staatsbürgerschaft kraft Geburt und die Praxis der ‚Ankerkinder'" (43).

In den USA wie in Europa sind es sowohl ökonomische als auch politische Gründe, die in der „heißen" Migrationsfrage eine Rolle spielen: Arbeitsplätze für Inländer, Wiederherstellung von staatlicher Souveränität, Gewährleistung alltäglicher Sicherheit. Vor allem aber geht es diesseits und jenseits des Atlantiks um die Vertrautheit der Mehrheitsbevölkerung mit ihrem Milieu. Wenn die „Fremden" immer mehr werden, in der Schule und im Supermarkt, im Schwimmbad und in der Straßenbahn, dann fühlt man sich nicht mehr zu Hause. Andere Faktoren kommen dazu. Die Einwanderung senkt die Löhne, sie bedeutet mehr Wettbewerb für Amerikaner, man benötigt Aufwand für Schulen, Krankenhäuser und dergleichen; und alles das in einer Situation, in welcher der Mittelstand unter Druck gerät, ohnehin seit Jahrzehnten keine steigenden Einkommen mehr zu verzeichnen sind und in manchen Gegenden der „Abstieg", die Verlotterung von Stadtbezirken und die Entleerung von ländlichen Gebieten, deutlich sichtbar wird. Egalisierung fühlt sich nicht mehr gut an, wenn man zu den Opfern zählt – und die „white supremacy" schwindet. Allerdings sind weite Dienstleistungsbereiche in den USA (ebenso wie in Europa) von den Einwanderern abhängig. Aber auch die bereits etablierten Einwanderer fürchten sich vor den Nachziehenden, nicht so wenige von ihnen haben Trump gewählt – und sich schwer geirrt. So wird beispielsweise in einem Artikel in der *Washington Post* berichtet: „Trump supporter thought president would only deport ‚bad hombres'. Instead, her husband is being deported." (25.03.2017) So kann man sich täuschen.

Anti-Mexiko: Der projektierte Mauerbau an der Grenze zu Mexiko ist das prominenteste Symbol. Die Drohung mit Massendeportation von illegalen Immigranten kommt hinzu. „Gute Nachbarschaft beruht auf guten Mauern." (33) Denn ausländische Regierungen schicken, wenn die Grenzen nicht geschlossen sind, nach der Auffassung Trumps nicht ihre besten Leute, und man kann ihnen dabei nicht einmal einen Vorwurf machen. „Für diese Regierungen ist es eine großartige Möglichkeit, ihre schlimmsten Individuen loszuwerden, ohne einen Preis für deren Fehlverhalten bezahlen zu müssen. Anstatt diese bösen Menschen ins Gefängnis zu werfen, schicken sie sie zu uns. Und die bösen Menschen bringen ihre Drogengeschäfte und sonstigen kriminellen Aktivitäten mit sich. Einige von ihnen sind Vergewaltiger und [...] Killer." (37f.) Migrationstheoretiker würden es zum Großteil umgekehrt sehen: Migranten gehören zu den leistungsfähigeren, agileren Persönlichkeiten. Trump sagt: Man kann eine Mauer bauen. „Niemand kann wie ich eine Mauer bauen." (38) „Wir bauen eine Mauer und holen uns die Kontrolle über unser Land zurück." (121)

In der Folge werden wir noch wirtschaftliche Probleme behandeln, aber es wäre eine zu einfache Erklärung, dass sich Einkommensprobleme unmittelbar in politischen Protest umsetzen; es kommt vielmehr zu einer Umsetzung in kulturelle Entrüstung und Verärgerung, die sich wiederum an Migranten festmachen lässt. Wenn es nur um ökonomischen Abstieg ginge, dann ließen sich die neoautoritären Strömungen und Parteien in Deutschland und Österreich, in den Niederlanden und in Skandinavien nicht erklären – denn in Mitteleuropa ist der Sozialstaat intakt, es ist immer noch die Ungleichheit gemäßigt, und wesentliche Abstiegsprozesse waren (anders als in den USA) nicht zu verzeichnen.

Wohlstand und Umwelt

Die wirtschaftlichen Fragen sollen nur gestreift werden, ein anderer Beitrag dieses Bandes ist einer genauen Erörterung gewidmet. Eine der zentralen Botschaften Trumps war: die Arbeitsplätze in den USA halten statt ins Ausland abwandern lassen – oder sie zurückholen. Deshalb geht es um Maßnahmen gegen den Freihandel: Freihandelsverträge sind unfaire Praktiken, NAFTA oder TPP gehören beseitigt oder neu verhandelt. Das Ausland „stiehlt" Unternehmen und Arbeitsplätze. Deshalb muss man Schutzzölle ins Auge fassen. Donald Trump ist hinreichend selbstbewusst: „Wenn es darum geht, Arbeitsplätze zu schaffen und unserer Wirtschaft wieder auf die Beine zu helfen, bin ich der einzige Experte, der nicht bloß mit theoretischem Wissen um sich wirft. Ich spreche mit gesundem Menschenverstand und dem praktischen Realismus, den mich die harte Schule des Lebens gelehrt hat." (100) „Ich war immer der Kerl, der die Gehaltsschecks ausstellte." (102) Somit kann er sich nur durch irgendeine Art von Unfairness (und nicht durch Qualität) erklären, warum so viele deutsche Autos in den USA und so wenige amerikanische Autos in Deutschland fahren. Protektionismus freilich wird auf Dauer zur Senkung des amerikanischen Lebensstandards führen.[13]

Es sind die devastierten Industriegebiete und die abgewrackten ländlichen Zonen, in denen viele den Niedergang der letzten Jahrzehnte erlebt haben: „left behind" (Kimmel 2016). Regierungen haben Versprechungen geliefert, aber nichts sonst. Auch *blue-collar Demo-*

---

[13] Der drohende Handelskrieg mit China könnte das wichtigste Element im 21. Jahrhundert werden. TPP (Trans-Pacific Partnership) wurde mühsam aufgebaut, um ein Gegengewicht gegen die Dominanz Chinas in Südostasien zu schaffen. (Trump hat öfter gesagt, dass China ein Mitglied von TPP ist, was nicht korrekt ist.) Durch die Kündigung dieses Vertrages werden sich Länder dieser Zone an China orientieren (müssen).

crats haben deshalb Trump gewählt. Der große Impetus war: *Change!* Trumps Wahl war eine Abwahl des ganzen politischen Systems. Freilich bleibt offen, wie man den Wünschen der „vergessenen Millionen", deren Arbeitsplätze in die Dritte Welt abgewandert sind, Rechnung tragen könnte. Warum die Versprechungen, die Steuern für die Reichen und für die Unternehmen zu senken und Obamacare, die Krankenversicherung für die Armen, abzuschaffen, bei jenen, die darunter leiden werden, so attraktiv geklungen hat, gehört zu den großen Rätseln. Da die Beseitigung der Krankenversicherung im ersten Anlauf nicht gelungen ist, wird die Strategie dahin gehen, die Institution durch innere Maßnahmen (insbesondere durch mangelnde Finanzierung) auszuhöhlen, sodass man in späteren Jahren sagen kann, dass dieses System an die Wand gefahren ist. *The Nation* schreibt: „Now that the GOP's healthcare bill is dead, plan B is to sabotage Obamacare." (24. 03.2017) Allerdings bedeutet die Beseitigung von Obamacare, dass zwischen 20 und 30 Millionen Amerikaner aus dem System fallen – und dass eine ganze Menge Personen, die dauerhaft teure Medikamente benötigen, diese einfach nicht mehr bekommen. Wenn man allerdings hinreichenden Zynismus aufbringt, könnte man hinzufügen, dass man sich durch den Tod von zehntausenden Personen, die keinen wesentlichen Wertschöpfungsbeitrag mehr leisten, volkswirtschaftlich viel Geld erspart.

Trump liegt mit der Feststellung richtig: „Unsere Flughäfen, Brücken, Wassertunnel, Stromnetze, Schienennetze – kurzum, die gesamte Infrastruktur des Landes ist im Zerfall begriffen und wir unternehmen nichts dagegen." (142) Demgemäß hat er ein gigantisches Ausbauprogramm in Aussicht gestellt, welches allenfalls durch Staatsanleihen finanziert werden soll. Da ist es nicht ganz uninteressant, dass in diesem Kontext auch festgestellt wird: „Wenn man über das Bauen spricht, führt kein Weg an Trump vorbei." (144) Trump ist stolz darauf, unzählige Projekte korrekt abgeschlossen zu haben: „Ich erledige den Job." (146) „Es gibt nichts, gar nichts, das die Wirtschaft besser ankurbelt als das Bauwesen." (147)

Deregulierung soll in allen Dimensionen stattfinden, da doch der Klimawandel angeblich eine Erfindung der Chinesen zum Zwecke der Schädigung der amerikanischen Wirtschaft sei. Immerhin weiß Trump: „Ein starker ‚Wandel' des Klimas ist nichts Neues. Wir hatten sogar Eiszeiten." (80) Aber wegen des angeblichen Klimawandels (wegen der fehlgeleiteten Annahme, „globaler Klimawandel sei die Folge von CO2-Emissionen" (83)) „verschwenden wir Milliarden Dollar dafür, Energietechnologien zu entwickeln, die wir nicht brauchen." (80) Im eigenen Land sei – aufgrund der neuen Technologien – genug Öl für die nächsten 285 Jahre vorhanden. (81) Da kommen bei Trump wieder persönliche Erfahrungen ins Spiel, nämlich seine geschäftlichen Interessen: „Mehrere Jahre lang habe ich gegen die schottische Regierung gekämpft, weil die in Aberdeen direkt vor der Küste einer der schönsten Golfanlagen der Welt einen wirklich hässlichen Windpark mit elf gewaltigen Windrädern errichten wollte. Das Resort Trump International Golf Links Scotland in Aberdeen ist eine große Touristenattraktion [. . .] Diese Windräder dagegen zerstören etwas Wunderschönes auf dieser Welt." (84) Die „fehlgeleitete Leidenschaft der Umweltschützer verdirbt heutzutage dem gesamten Baugewerbe das Geschäft." (102)

Feindbilder

Politik ist für Trump ein Spiel um Freund und Feind; man kann das durchaus etwas schlichter verstehen als die Freund-Feind-Unterscheidung Carl Schmitts. Trump sieht ein politisches Establishment vor sich, welches aus Versagern und Ignoranten besteht, Gruppen von Einwanderern, die Amerika schädigen, und eine Presse, die ihn verfolgt. Er zählt sie auf: die Politiker, die während des Wahlkampfs das Blaue vom Himmel versprechen, beim Regieren aber kläglich versagen; die Lobbyisten und Interessenvertretungen, die andauernd ihre Hände in unseren Taschen haben; die Medienvertreter, die völlig ahnungslos sind; die illegalen Einwanderer, welche die Arbeitsplätze der Heimischen besetzen. . . (8). Trump operiert mit Schuldigen und Sündenböcken, die er – so wie die europäischen Neoautoritären – „oben" und „unten" findet. Oben, in den höheren Etagen der Gesellschaft, handelt es sich um das politische Establishment, in Europa gerne auch als Schickeria oder Haute volee apostrophiert. Darüber hinaus geht es gegen Intellektuelle, Kommentatoren und die Lügenpresse. Unten, in den unteren Etagen, sind es die Immigranten, Flüchtlinge und Wohlfahrtsabzocker, die als Parasiten an der amerikanischen Substanz zehren – und die darüber hinaus als Kriminelle, Vergewaltiger und Terroristen die Sicherheit beeinträchtigen. Es gibt in den USA eine alte Rhetorik über den Verrat von oben, in der „Washington" gegen den Volkswillen steht, gegen den gesunden Mittelstand, gegen den Menschenverstand und den Mann von der Straße.

Schlussbemerkung

Es kommen zwei Unsicherheiten zusammen. Auf der einen Seite die Irrationalität und Sprunghaftigkeit des amerikanischen Präsidenten, über dessen Vorgangsweise von Woche zu Woche erfahrene Kommentatoren rätseln. Auf der anderen Seite haben wir es ohnehin mit einer liquiden gesellschaftlich-politischen Situation zu tun, die ein hohes Maß an Unberechenbarkeit aufweist. Als in den neunziger Jahren „the third wave of democracy" gefeiert wurde (als es so viele Demokratien und Halbdemokratien auf der Welt gab wie niemals zuvor), hat sich das Gefühl verbreitet gehabt, dass an einem demokratisch-liberalen Bewusstsein wohl nicht mehr gerüttelt werden könnte. Man hat damals nicht daran gedacht, dass die Demokratie in Gefahr geraten könnte – nicht so sehr durch äußere Angriffe (wie den Terrorismus), sondern durch innere Aushöhlung. Brexit und Neoautoritarismus haben ein solches Selbstbewusstsein erschüttert; aber die Wahl Donald Trumps hat weltweit größeren Schrecken ausgelöst. Bei aller Kritik an den USA wurden sie doch gleichzeitig nicht nur als Musterland einer stabilen demokratischen Verfassungsordnung betrachtet, sondern auch als Führungsmacht, die im

Zweifelsfall der demokratischen Sache global verpflichtet sein würde.[14] Deshalb ist der Trumpismus ein Phänomen, dem wir mit noch größerer Irritation begegnen als entsprechenden Bewegungen in Europa.

Literatur

Bude, Heinz (2014): Gesellschaft der Angst. Hamburg: Hamburger Edition.

Cullen, Jim (2004): The American Dream. A Short History of an Idea that Shaped a Nation. Oxford: Oxford Univ. Press.

Ehrenreich, Barbara (2005): Bait and Switch. The (Futile) Pursuit of the American Dream. New York: Metropolitan Books.

Engdahl, F. William (2014): Amerikas heiliger Krieg. Was die USA mit dem „Krieg gegen den Terror" wirklich bezwecken. Rottenburg am Neckar: Kopp.

Ferguson, Niall (2005): Colossus. The Rise and Fall of the American Empire. New York, NY: Penguin Books.

Hochschild, Jennifer L.; Einstein, Katherine Levine (2015): Do Facts Matter? Information and Misinformation in American Politics. In: *Political Science Quarterly* 130 (4), S. 585–624.

Huntington, Samuel P. (2004): Who are We? Die Krise der amerikanischen Identität. Hamburg, Wien: Europa Verlag.

Kagan, Robert (2004): Macht und Ohnmacht. Amerika und Europa in der neuen Weltordnung. München: Goldmann.

Kehlmann, Daniel (2017): Mein Leben mit dem Monster. In: *Die Zeit*, 19.01.2017 (4).

---

[14] Eine solche Beschreibung sollte man nicht allzu naiv verstehen. Wir wissen um realpolitische Härte, um geopolitische Brutalität, um amerikanische Vorgangsweisen in Lateinamerika und im Nahen Osten, um das Wirken der Geheimdienste und den Aufbau der Kontrollgesellschaft; und auch die Unschönheiten der innenpolitischen Strukturen in den USA sind bekannt, vom *Gerrymandering* über die *Earmarks* bis zur plutokratischen Realverfassung. Aber wenn man potentielle Hegemone für das 21. Jahrhundert vergleicht, dann konnte man sich doch bislang von Amerika mehr erwarten als beispielsweise von China in seiner derzeitigen Verfassung (und das letztere Land könnte uns als vorherrschende Weltmacht für die zweite Hälfte dieses Jahrhunderts auch noch ins Haus stehen).

Kimmel, Michael S. (2016): Angry White Men. Die USA und ihre zornigen Männer. Unter Mitarbeit von Helmut Dierlamm. Bonn: Bundeszentrale für Politische Bildung.

Lipset, Seymour Martin (1997): American Exceptionalism. A Double-Edged Sword. New York NY u.a.: Norton.

Mead, Walter Russel (2004): Power, Terror, Peace and War. America's Grand Strategy in a World at Risk. New York: Knopf.

Newman, Katherine S. (1993): Declining Fortunes. The Withering of the American Dream. New York: Basic Books.

Ninkovich, Frank A. (1999): The Wilsonian Century. U.S. Foreign Policy since 1900. Chicago, London: University of Chicago Press.

Nye, Joseph S. (2004): Soft Power. The Means to Success in World Politics. New York: PublicAffairs.

Paulhus, Delroy L.; Williams, Kevin M. (2002): The Dark Triad of Personality. Narcissism, Machiavellianism, and Psychopathy. In: *Journal of Research in Personality* 36 (6), S. 556–563.

Pessen, Edward (1985): Jacksonian America. Society, Personality and Politics. Rev. ed. Urbana u. a.: Univ. of Illinois Press.

Prisching, Manfred (1999): Schlechte Träume. Der „American Dream" unter Globalisierungsdruck. In: Karl S. Althaler (Hg.): Primat der Ökonomie? Über Handlungsspielräume sozialer Politik im Zeichen der Globalisierung. Marburg: Metropolis, S. 283–310.

Trump, Donald (2016): Great again! Wie ich Amerika retten werde. Kulmbach: Plassen.

van Creveld, Martin (2016): Pussycats. Why the Rest Keeps Beating the West – and What Can Be Done About It. Create Space Independent Publishing Platform.

Donald Trump will Amerika auf den Kampf der Kulturen vorbereiten

Erich Weede

Gesinnungsethiker erkennt man daran, dass sie Donald Trump zwar verurteilen und von einem vermeintlich höherwertigen moralischem Standpunkt auf ihn herabblicken, dass Sie aber nicht bereit sind, nach rationalen Elementen in seinen politischen Vorstellungen zu suchen. Donald Trump ist Milliardär. Wie andere Superreiche könnte er ein implizites, nicht für ein akademisches Seminar ausformuliertes Wissen besitzen (Zitelmann 2017). Das kann, aber muss sich nicht auf den Geschäftsbereich beschränken, in dem er reich geworden ist. Weil Donald Trump zweifellos ein Außenseiter ist und nicht zum sicherheitspolitischen Establishment gehört, ist ihm auch zuzutrauen, dass er traditionelle Denkweisen der amerikanischen Außenpolitik infrage stellt. Deshalb soll hier eine rationale Rekonstruktion seiner sicherheitspolitischen Vorstellungen versucht werden. Dass dabei auch Lücken oder gar Widersprüche in seinen Vorstellungen gefunden werden, ist zu erwarten.

Es gibt eine Denkschule der Internationalen Politik, die anderen Perspektiven ein Übermaß an normativen Denken und an Illusionen vorwirft und sich deshalb als ‚realistisch' bezeichnet. Wenn es überhaupt eine Denkschule gibt, die nicht nur im Westen, sondern auch in Moskau oder Peking Anhänger in hohen Ämtern hat, dann ist es diese. Vielen westlichen Demokraten – vor allem in kleineren Ländern oder ehemaligen Großmächten – ist realistisches Denken allerdings suspekt. Das zeigt sich etwa im Entsetzen der englischen Zeitschrift The Economist (2017: 7 und wieder 14) darüber, dass Trump gegenüber Putins Russland keinen moralischen Überlegenheitsanspruch erhebt.

In derselben Zeitschrift wird auch auf einen spiegelbildlichen russischen Anspruch auf moralische Überlegenheit verwiesen. Aus realistischer Perspektive können solche Ansprüche nur eine rationale Analyse von Machtverhältnissen und daraus resultierenden politischen Optionen erschweren. Realisten gehen davon aus, dass dominante Mächte immer um die Vorherrschaft konkurrieren, dass die Beziehungen unter Großmächten tendenziell tragisch sind (Mearsheimer 2001). Ihre zumindest latente Feindseligkeit beruht auf dem Sicherheitsdilemma bzw. auf dem, was die Mächte einander antun könnten. Obwohl Donald Trump eine Vorliebe für Kurzmitteilungen und nicht für sozialwissenschaftliche Theorien hat, erinnern doch viele seiner Überzeugungen an die realistische Schule weltpolitischen Denkens. Er sorgt sich mehr um den Aufstieg Chinas als um den wirtschaftlich stagnierenden ehemaligen Rivalen Russland.

Außerdem scheint er (wie Samuel Huntington 1996 oder Podhoretz 2007) in Kategorien eines globalen Kulturkampfs zu denken, wobei er den Konflikt zwischen dem Westen bzw. dem judäo-christlichen Kulturkreis und dem Islam in den Vordergrund stellt. Der islamistische Terrorismus ist dann die Erscheinungsform eines tiefer liegenden und wohl unversöhnlichen Konflikts. Damit nähert er sich punktuell einer zweiten Schule des weltpolitischen Denkens an, den Neokonservativen, denen Podhoretz zuzurechnen ist. Während aber die Neokonservativen, ähnlich wie die liberalen Institutionalisten im Gegensatz zu den Realisten, in Regimecharakteristika einen wichtigen Kriegsgrund sehen und autoritäre Regime mit militärischen Mitteln überwinden wollen, um weltweit einen demokratischen Frieden durchzusetzen, hält Donald Trump davon wenig. Obwohl er vermutlich die entsprechenden Schriften nicht kennt, könnte Trump sich in seiner Skepsis gegenüber dem globalen Interventionismus durchaus auf gleichgesinnte Sozialwissenschaftler (Higgs and Close 2007, besonders aktuell darin Kapitel 6 von Payne) berufen.

Er spielt zumindest mit dem Gedanken eines Einvernehmens oder ‚Deals' zwischen den USA und Russland, das gleichzeitig explizit gegen den islamistischen Terrorismus und zumindest implizit gegen China gerichtet ist. Dass bei einem Deal mit Russland die NATO und die europäischen Bündnispartner der USA an Bedeutung verlieren, hat Trump im Gegensatz zu seinen transatlantisch argumentierenden Ministern für Äußeres und Verteidigung ebenfalls angedeutet.[15] Wer auf den Anspruch eigener moralischer Überlegenheit verzichtet, hat wenig Anlass eine Großmacht zu sanktionieren, die Gebietsteile eines Nachbarn annektiert hat. Das haben viele Großmächte immer wieder getan. Man ist versucht zu sagen, auf diesem Wege sind sie Großmächte geworden. Das gilt nicht nur für das Großfürstentum Moskau, aus dem Russland hervorgegangen ist. Wer dem eigenen Land nicht die Kosten auferlegen will, die mit dem recht erfolglosen Versuch des Exports der Demokratie in alle Welt – von Vietnam, Laos oder Kambodscha in den 1970er Jahren bis Afghanistan und Irak in jüngster Vergangenheit – verbundenen waren, könnte auch bereit sein, dem ehemaligen Gegner Russland eine eigene Einflusssphäre zuzuerkennen. Trumps Realismus – im Sinne eines der realistischen Schule nahestehenden Denkens, was noch nichts über die Richtigkeit dieses Denkens aussagt – äußert sich im Verzicht auf die Rolle des Weltpolizisten oder einer Weltordnungsmacht, in der Konzentration auf den Hauptrivalen China. Der isolationistische Konnotationen hervorrufenden Parole ‚America first' entspricht nicht nur Trumps Skepsis gegenüber einer Rolle als Weltordnungsmacht, sondern auch Trumps Antipathie gegen Zuwanderung von Muslimen in den Westen und vor allem in die USA selbst. Das passt recht gut zu einem von Huntingtons Kritikern meist übersehenen Punkt. Huntington (1996, 1997) hat die Schwierigkeiten betont, Menschen und damit auch Regierungen anderer Kulturkreise oder Zivilisationen zu verstehen. Wenn das so ist, sind sowohl Einmischung in die Angelegenheiten nicht-westlicher Länder als auch Zuwanderung aus diesen Ländern in ihren Folgen schwer absehbar. Da ist Trump Huntington recht nahe.

---

15 Man kann in Trumps Drängen nach höheren europäischen Verteidigungsausgaben bei gleichzeitigem Bemühen um Verständigung mit Putins Russland eine gewisse Inkonsistenz sehen. Wenn die angestrebte Verständigung klappt, können steigende europäische Verteidigungsausgaben nicht notwendiger werden.

In Europa und vor allem in Deutschland überwiegt moralisierendes Entsetzen über Donald Trump. Dass viele seiner holzschnittartig vorgetragenen Ideen in verfeinerter Form auch innerhalb der Wissenschaft ernsthaft diskutiert werden, geht dabei unter. In Anbetracht der globalen Verteilung der Wirtschaftskraft, die auf Dauer Voraussetzung für militärische Macht ist, ist es für Realisten – wie deren gegenwärtig wichtigsten Vertreter John Mearsheimer (2001) – naheliegend oder zwingend, künftig eine zunehmende Rivalität zwischen China einerseits und den USA oder dem Westen andererseits zu erwarten. Die mangelnde Vitalität und Innovationskraft der russischen Wirtschaft dagegen wirkt auf Realisten beruhigend. Eine aus wirtschaftlichen und demographischen Gründen absteigende Macht bedarf nicht der Eindämmung. Weil Russland bis Ende der 1980er Jahre noch als Supermacht galt, weil damals noch mehr als dreihunderttausend russische Soldaten in Deutschland standen, neigen noch heute viele Leute zur Überschätzung der russischen Stärke und sehen eine russische Bedrohung, für die Russland einfach nicht mehr die Kraft hat. Wie stark oder schwach die sowjetische Wirtschaft während des kalten Krieges war, war lange umstritten. Am Ende des kalten Krieges war sie höchstens ein Viertel der amerikanischen. Heute ist die russische Wirtschaftskraft irgendwo in der Nähe eines Zehntels der amerikanischen. Selbst wenn man mal unterstellt, dass Russland bei der Umsetzung von Wirtschaftskraft in Militärmacht fünf mal so effektiv wie die USA ist – eine derartige Schätzung hatte der amerikanische Strategieforscher Luttwak (1983: 115) mal für die Sowjet-Union publiziert – dürfte die wirtschaftliche Basis Russlands für die Wiederbelebung der strategischen Rivalität mit den USA nicht ausreichen. Das sollte zur Beruhigung der Nerven im Westen beitragen. Natürlich reicht die Kraft Russlands aus, um Georgien oder die Ukraine oder Moldawien zu bedrohen und Separatisten dort zu ermutigen. Vielleicht könnten die russischen Streitkräfte sogar Kiew in zwei Wochen einnehmen, wie Putin angedeutet hat. Noch hat Russland dank des sowjetischen Erbes das zweitgrößte Arsenal an Atomwaffen. In der Zeitschrift *International Security* (Lieber and Press 2006) ist allerdings schon diskutiert worden, ob die USA zum Entwaffnungsschlag gegen Russland in der Lage wären bzw. ob die russische Zweitschlagskapazität noch gesichert ist. Wegen seiner Atomwaffen fühlt sich Putin aber noch stark genug, sich über das Völkerrecht hinwegzusetzen und ukrainisches Gebiet zu annektieren und zu besetzen.

Aber auf lange Sicht muss Russland mit zwei Herausforderungen fertig werden, für die es schlecht vorbereitet ist. Erstens setzt militärische Stärke auf Dauer wirtschaftliche Stärke voraus. Schon heute ist die russische Wirtschaft schwächer als die deutsche, die britische oder die französische. Der Rohstoffreichtum Russlands ist für das Land nicht nur ein Segen. Denn er trägt dazu bei, dass der russische Rubel immer stärker bleibt als er in einem rohstoffarmen Land wäre. Das verringert die Wettbewerbsfähigkeit der russischen Industrie und macht ein export-orientiertes Wirtschaftswachstum, wie in Japan, Südkorea oder China sehr, sehr unwahrscheinlich. Abgesehen von Rohstoffen, vor allem Öl und Gas, hat die russische Wirtschaft auf den Weltmärkten höchstens noch Waffen anzubieten. Weil der technologische Fortschritt in der zivilen und der Rüstungswirtschaft sich gegenseitig befördern, sieht die nicht nur die wirtschaftliche Situation, sondern auch die militärtechnische Zukunft im ergrauenden Russland langfristig nicht gut aus.

Zur Schwäche der russischen Industrie und Volkswirtschaft hinzu kommt Russlands geopolitische Lage. Einem Land kann nichts Schlimmeres passieren, als die geopolitische Zentrallage innezuhaben (Bernholz 1985; Collins 1986), und nichts Besseres, als sich einer peripheren oder gar Insellage zu erfreuen, wie Großbritannien und erst recht die USA. In der ersten Hälfte des 20. Jahrhunderts hatte Deutschland die geopolitische Zentrallage. Es grenzte an Großmächte im Westen und im Osten. Der geopolitischen Logik folgend, wonach der Nachbar meines Nachbarn ein Freund ist, verbündeten sich die westlichen und östlichen Mächte in zwei Weltkriegen gegen Deutschland. Für Deutschland war die geopolitische Zentrallage ein Fluch. 1945 war es dann mit dem Großmachtstatus Deutschlands endgültig vorbei. Russland hat sozusagen die geopolitische Zentrallage vom besiegten Deutschland geerbt. Dazu hat nicht nur der sowjetische Sieg über Deutschland, sondern mehr noch der wirtschaftliche Aufstieg Ostasiens in den letzten Jahrzehnten beigetragen. Jetzt hat Russland im Westen und im Osten starke Nachbarn. Die wirtschaftliche Stärke Europas wird zwar durch die Uneinigkeit Europas teilweise neutralisiert, aber das Bündnis der europäischen Staaten mit den USA, die NATO, verschärft das sicherheitspolitische Dilemma Russlands. Das Land ist zwischen China und dem amerikanisch geführten Westen eingeklemmt. Das Land ist wirtschaftlich schwach und wird es fast mit Sicherheit auch bleiben. Die langfristige Machtperspektive Russlands ist beängstigend. Die Annektion der Krim und künftig vielleicht weiterer Teile der Ukraine kann daran wenig ändern.

Von russischer Seite wird immer mal wieder ein Wirtschaftsraum von Lissabon bis Wladiwostok angepriesen. Das ist letztlich der Traum von der Befreiung Russlands aus seinem geopolitischen Dilemma. Wenn es dazu käme, dann implizierte das ein Auseinanderrücken Europas und Amerikas (Lukin 2015: 65). In einem solchen Großeuropa oder Nordeurasien könnte dann Russland eine führende Rolle übernehmen, vielleicht sogar *die* führende. Im Westen besteht allerdings wenig Neigung, an der Realisierung dieses russischen Traumes mitzuwirken. Stattdessen haben sich die EU und die NATO immer weiter nach Osten ausgedehnt. Dass Polen und Balten das wollten, kann nicht bezweifelt werden. Russland ist es bisher nie gelungen, eine so attraktive Schutz- und Vormacht zu werden wie die USA. Während des kalten Krieges, sprachen manche ja sogar von einem (amerikanischen) ‚empire by invitation'. Aber die Hoffnung der Mittelosteuropäer auf amerikanischen Schutz ändert nichts daran, dass die Russen – nicht nur Putin – diese Entwicklung als bedrohlich empfinden. Vor wenigen Jahren hat der Westen sogar über die NATO-Mitgliedschaft der Ukraine gesprochen. Für Russland war immer undenkbar, dem Westen die Ukraine zu überlassen. Kiew gilt den Russen bekanntlich als die Mutter der russischen Städte. Aus russischer Sicht ist die EU nicht nur eine Freihandelszone oder Wirtschaftsgemeinschaft, sondern vor allem auch ein Vorhof der NATO. Aus Putins Sicht drängte die Zeit: Das Abdriften der Ukraine nach Westen musste verhindert werden. Nicht nur russische Strategen, sondern auch amerikanische Vordenker der realistischen Schule der Weltpolitik, wie John Mearsheimer (2014a, 2014b), halten die Expansionspolitik der NATO und der EU für die entscheidende Ursache der Krise. Erst expandierte die NATO auf das Gebiet des ehemaligen Warschauer Paktes, dann mit den baltischen Staaten auf das Gebiet der ehemaligen Sowjet-Union und mit der potenziellen Aufnahme der Ukraine wurde schon mal eine Expansion auf das Gebiet der Sowjet-Union in den Vorkriegsgrenzen (also von 1939) angedacht.

Ob die Annektion der Krim im russischen Interesse war, dass kann man bezweifeln. In einer amerikanischen Fachzeitschrift findet sich der Kommentar: Putin hat die Krim gewonnen, aber die Ukraine verloren. Mit Hilfe von Wirtschaftssanktionen könnte der Westen – wenn die Sanktionen stark genug sind, um nachhaltig zu wirken – einen vergleichbaren Fehler wie Putin begehen: die Ukraine (oder was Putin davon übrig lässt) gewinnen, aber Russland verlieren bzw. dauerhaft zum Feind zu machen. Darüber, ob die NATO- und EU-Osterweiterung bis zur russischen Westgrenze weitergehen können, ohne eine Aussöhnung Russlands mit dem Westen dauerhaft unmöglich zu machen, hat man im Westen zu wenig nachgedacht. Nach dem Ende des kalten Krieges sahen die USA die Chance, die Welt nach ihren Vorstellungen zu gestalten. Russland war nur die Rolle zugedacht, sich einzuordnen bzw. den amerikanischen Regeln und Vorstellungen zu unterwerfen (Caldwell 2017: 7). Eine EU- und NATO-Osterweiterungen bis zur russischen Westgrenze ist unvereinbar mit einer Versöhnung von Russland und dem Westen (Mearsheimer 2014b).

Aus realistischer Sicht sind die Konturen eines Deals zwischen den USA oder einem Westen, in dem die USA die eigene Führungsrolle noch stärker betonen und den Verbündeten höhere Lasten auferlegen, und Russland klar: Keine weitere Ausdehnung der NATO nach Osten, de facto Anerkennung der Ukraine, Weißrusslands, Moldawiens und des Kaukasus als russische Einflusssphäre. Die Zweifel des Economist (2017), ob das ausreicht, um eine zumindest stillschweigende Allianz zwischen den USA und Russland gegen China aufzubauen, ob die USA etwas Handfestes für die Anerkennung einer russischen Einflusssphäre in Osteuropa bekämen, kann man teilen. Aber gerade wenn man, wie auch der Economist, von der Schwäche der russischen Wirtschaft und deren tendenziellem Niedergang überzeugt ist, dann stellt sich doch eine ganz andere Frage: Ist es dann nicht im Interesse der USA und des Westens, Russland so weit zu stärken, dass es seine Unabhängigkeit gegenüber China langfristig sichern kann, dass es nicht zum chinesischen Satelliten wird? Hier kann man eine Interessenidentität zwischen einem amerikanischen Patrioten Trump und einem russischen Patrioten Putin sehen. Sollten die USA auf eine Stärkung Russlands verzichten, wenn diese in ihrem eigenen nationalen Interesse liegt, nur weil Russland dafür keine Gegenleistung gibt? Oder ist nicht etwa die Erhaltung der russischen Unabhängigkeit an sich schon mehr wert als jede plausible Gegenleistung?

Wenn normatives, moralisches oder völkerrechtliches Denken die Oberhand über das Abwägen der wahrscheinlichen Folgen von Wirtschaftssanktionen gewinnt, dann besteht die Gefahr, dass Russland bei kräftigen und lange anhaltenden Sanktionen langsam Teil einer chinesischen Einflusssphäre werden wird, aus der es sich nur schwer wird wieder lösen können. Das hilft weder der Ukraine, noch ist es gut für den Westen, Russland so zu schaden, dass es in die Arme Chinas flüchtet. Das ist nur im Interesse Chinas. Noch sind die russischen Atomwaffen den chinesischen weit überlegen. Aber die russische Wirtschaft wächst langsamer als die chinesische. In absehbarer Zeit wird auch die chinesische Wirtschaft annähend die zehnfache Größe der russischen haben. Wie lange wird Russland dann noch ein gleichberechtigter Partner Chinas sein können? Besteht dann nicht die Gefahr, dass Russland zu Chinas Rohstoffkammer und Satelliten wird?

Der sog. Realismus als Denkschule, die oben besprochen worden ist, beansprucht zwar, besser als andere Theorien die Weltpolitik zu analysieren, aber es gibt auch andere Denkschulen, die zu anderen Analysen und politischen Empfehlungen führen. Für ‚Realisten' zählen letztlich nur die Machtverhältnisse oder das, was Staaten einander antun können. Realisten tendieren dazu, immer das Schlimmste als Ausgangspunkt ihrer Analysen zu nehmen. Sie sind blind für Hoffnungsschimmer der Art, dass wirtschaftliche Zusammenarbeit – vom Freihandel über internationale Fertigungsketten hin zur Kapitalverflechtung – Konfliktrisiken zwar nicht auf Null bringen, aber zumindest reduzieren können (Gartzke 2005; Russett and Oneal 2001; Weede 2011; Copeland 2015). Die Geschichte des Westens seit den 1950er Jahren illustriert das. Freihandel und wirtschaftliche Zusammenarbeit haben die angelsächsischen Länder oder die Westmächte mit den Kriegsfeinden Deutschland und Japan versöhnt. Die wirtschaftliche Zusammenarbeit in der EU hat die ehemaligen Erbfeinde Frankreich und Deutschland versöhnt. Wirtschaftliche Sanktionen gegen Russland sind das Gegenteil von wirtschaftlicher Zusammenarbeit. Sie sperren einen Weg zu einer friedlichen Zukunft zwischen Amerika oder dem Westen einerseits und dem russischen Nachbarn andererseits. Vielleicht hilft der Westen sogar den Menschen in der Ukraine mehr, wenn er die russischen Interessen dort respektiert, also auf die Perspektive einer EU- oder NATO-Mitgliedschaft für dieses Land verzichtet, als wenn er Russland durch diese Aussicht provoziert, aber dann doch zum militärischen Schutz der Ukraine weder willens, noch in der Lage ist.

Obwohl der Realist Mearsheimer sich *nicht* um die Anreicherung realistischen Denkens mit wirtschaftsliberalem Denken bemüht, kommt er (Mearsheimer 2014a) gelegentlich zu dem Schluss, dass unhaltbare Positionen (wie die amerikanischen Schutzversprechen für Taiwan gegen China) vom Westen geräumt werden (sollten), wobei man darüber streiten kann, ob das mehr Prognose oder mehr Empfehlung ist. Was die Krim angeht, hat der Westen Ähnliches schon getan, sich de facto also mit dem Anschluss der Krim an Russland abgefunden. Für Realisten ist das die kluge Respektierung von Tatsachen und Einflusssphären, für Demokraten oder Liberale ein widerlicher Gedanke.

Aber möglicherweise macht der Verzicht auf die Respektierung von Einflusssphären, die China in Ostasien und Russland in Osteuropa beanspruchen, die langfristige Hoffnung von Frieden durch Freihandel und wirtschaftliche Zusammenarbeit, vielleicht sogar durch Demokratisierung zunichte. Obwohl die Denkschulen der Realisten und der Wirtschaftsliberalen grundsätzlich zu unterschiedlichen und oft inkompatiblen sicherheitspolitischen Maßnahmen neigen, könnte die ‚realistische' Respektierung von Einflusssphären die Voraussetzung für die Überwindung des ‚realistischen' Denkens in der Weltpolitik und der damit verbundenen Kriegsgefahr sein. Das Denken in Einflusssphären wird allzu oft ausschließlich mit Expansionsgelüsten in Zusammenhang gebracht. Das muss nicht so sein (Etzioni 2015). Einflusssphären können auch geradezu ein Instrument der Selbstbegrenzung sein. Huntington (1997: 28) rät den USA, ihre Einflusssphäre auf die westliche Zivilisation zu begrenzen, weil der amerikanische Führungsanspruch innerhalb des Westens, aber auch nur da, akzeptiert werden kann. Lind (2017: 79) weist darauf hin, dass Chinesen und Russen in den USA eine letztlich revisionistische Macht sehen, die zwar anderen Mächten eine Einflusssphäre verweigert – und deshalb etwa die NATO nach Osten ausgedehnt hat oder sich in Ostasien Chinas Nachbarn, wie Vietnam, zwecks Eindämmung Chinas annähert – aber selbst die ganze Welt als Einflusssphäre beansprucht.

Auch die erweiterte Abschreckung während des Kalten Krieges kam nicht ohne die gegenseitige Akzeptanz von Einflusssphären aus. Die humane Variante der Akzeptanz von Einflusssphären bezeichnete man während des Kalten Krieges als Finnlandisierung. Weil der Westen offensichtlich weder bereit noch in der Lage ist, für die Freiheit der Ukraine Krieg zu führen, sollte der Westen auch nicht mehr als die Finnlandisierung der Ukraine zu erreichen versuchen. Wenn der Westen, ob NATO oder EU, der Ukraine eine Option zur Westbindung anbietet, dann wird Moskau das nicht hinnehmen wollen. Das bedeutet für die westliche Ukrainepolitik auch den Verzicht auf Sondervergünstigungen für die ukrainische Wirtschaft. Gleich guter Zugang für ukrainische und russische Produkte zu westlichen Märkten, also paneuropäische Wirtschaftsintegration ohne antirussische Spitze, ist aber wünschenswert. Ideal wäre es, durch Freihandel und wirtschaftliche Zusammenarbeit zu einer Versöhnung zwischen Russland und dem Westen zu kommen, so wie es nach dem zweiten Weltkrieg auf diesem Weg zur Versöhnung zwischen dem besiegten Deutschland oder Japan und den westlichen Siegern gekommen ist.

Ein dem russischen Außenministerium verbundener Autor, Alexander Lukin (2014), hat an den Status von Finnland nach dem zweiten Weltkrieg erinnert, der amerikanische Politikwissenschaftler John Mearsheimer (2014b) an den von Österreich. Innenpolitisch waren Finnland und Österreich freiheitliche Demokratien, wirtschaftlich Marktwirtschaften des kontinentaleuropäischen (nicht des angelsächsischen) Typs, aber außenpolitisch neutral. Diese Länder mussten Rücksicht auf Sowjet-Russland nehmen. Sie durften sich nicht der NATO anschließen, weder in Korea noch in Vietnam gegen den Kommunismus kämpfen. Wer heute für die Ukraine mehr verlangt als während des Kalten Krieges für Finnland oder Österreich, der macht jede Versöhnung zwischen Russland und dem Westen unmöglich. Der verhindert mit Sanktionen, dass wirtschaftliche Zusammenarbeit einen Beitrag zur Friedenssicherung zwischen Russland und dem Westen leisten kann. Dass die Sanktionen in dem Sinne funktionieren, dass sie Russland aus der Krim vertreiben oder auch nur zum Rückzug aus dem Donezk-Gebiet in der Ostukraine veranlassen, ist unwahrscheinlich. Die empirische Forschung spricht nicht für die Wirksamkeit von Sanktionen (Hufbauer, Schott, Elliott, and Oegg 1997; Morgan & Schwebach 1997: 46; Morgan, Bapat, and Krustev 2009; Pape1997; Whang and Kim 2015), schon gar nicht gegen große und autokratisch regierte Länder.[16] Mit Simes (2014: 11) kann man konkret daran erinnern,

[16] Als Deutscher muss man in Bezug auf Sanktionen eine zusätzliche Frage stellen. Sollte Deutschland bei den Sanktionen gegen Russland in vorderster Reihe stehen oder nur soweit mitmachen, wie es für Mitglieder des westlichen Bündnisses unvermeidbar ist? Dabei ist immer zu berücksichtigen, dass Russland eine benachbarte Atommacht ist, Deutschland aber ein weitgehend abgerüstetes Land.

dass die Sanktionen gegen Kuba, Nordkorea, Irak und Iran keine überzeugenden Resultate erbracht haben. Das große Russland dürfte gegen Sanktionen weniger empfindlich als diese kleineren Länder sein. Das amerikanische Ölembargo gegen Japan dürfte sogar zum japanischen Angriff auf Pearl Harbor 1941 beigetragen haben.

Wenn Sanktionen zwar nicht ihren angeblichen Zweck erfüllen, aber Russland in die Arme Chinas treiben, dann schaden sie den USA, Europa, dem Westen. Die westliche Sanktionspolitik gegen Russland erinnert an das, was einer der Gründerväter der Soziologie, Emile Durkheim (1895/1977), zur Funktion der Strafe geschrieben hatte: Sie soll weniger die Bestraften beeinflussen als der Selbstvergewisserung der bestrafenden Gemeinschaft dienen. Ist Trump wirklich irrational, wenn er mit dem Gedanken spielt, mit unwirksamen Sanktionen aufzuhören und sich darauf zu verlassen, dass ein nationalistisches Russland im eigenen Interesse eine Einverleibung in die chinesische Einflusssphäre vermeiden will? Wenn man an die russischen Probleme im muslimischen Tschetschenien denkt, oder an die russische Unterstützung für Assad, der sicher ein Diktator mit Blut an den Händen, aber vielleicht doch der militärisch stärkste Rivale des islamischen Staates in Syrien ist, ist dann die Suche mancher Berater Trumps – man denke an Bannon oder Flynn – nach gemeinsamen Interessen Amerikas und Russlands so absurd? Für Realisten (im Sinne der Denkschule der Weltpolitik) ist das naheliegend. Für sie galt immer schon das Motto: Der Feind meines Feindes ist mein Freund.

Bisher ist das Wort ‚realistisch' zur Bezeichnung einer Denkschule verwendet worden und darauf hingewiesen, dass Donald Trump einer so bezeichneten Denkschule nahesteht. Weil die Amerikaner jahrzehntelang auf die Sowjet-Union und in den letzten Jahren auf Russland als Rivalen fokussiert waren, ist allerdings durchaus denkbar, dass Trumps Traum einer Zusammenarbeit mit Russland, vielleicht sogar eines Kondominiums, am Widerstand der Geheimdienste, des Kongresses, des Pentagon oder einfach an der anhaltenden Wirkung außenpolitischer Traditionen und Überzeugungen (wie etwa bei Rumer, Sokolsky and

Weiss 2017 formuliert) scheitert. Die Tatsache, dass erst Flynn zurückgetreten ist und dann Bannon seine Stimme im nationalen Sicherheitsrat verloren hat, deutet allerdings darauf hin, dass die Beharrungskräfte im sicherheitspolitischen Establishment der USA dabei sind, Trump einzuhegen und gute Aussichten haben, eine Neuorientierung der amerikanischen Politik zu verhindern. Eine amerikanisch-russischen Versöhnung könnte schnell scheitern.

Man muss aber auch die Frage aufwerfen, ob die sog. Realisten ‚realistisch' denken im Sinne von ‚wahr, wahrheitsnah oder mit den bekannten Tatsachen vereinbar'. Da habe ich schon angedeutet, dass die Stärke der realistischen Denkschule in der Analyse von Sicherheitsdilemmata und Machtverhältnissen liegt, dass die Denkschule aber eher blind für die Möglichkeit ist, die Tragik internationaler Beziehungen zu überwinden und diese zu befrieden. Da bietet das oben schon erwähnte liberale Denken mit den empirisch gut gestützten Thesen zum liberalen, kapitalistischen oder demokratischen Frieden (Russett and Oneal 2001; Gartzke 2005; Weede 2011; Copeland 2015) viel versprechende Ansatzpunkte. In dieser Beziehung ist Donald Trump wie die meisten Anhänger der realistischen Denkschule blind. Zwar sieht er zu Recht, dass die amerikanische Freihandelspolitik dazu führen musste (Nau 2017: 24–25), dass der amerikanische Anteil an der Weltproduktion gefallen ist, aber er weiß nicht, dass wirtschaftliche Freiheit, ökonomische Interdependenz oder Freihandel wesentlich zur Kriegsverhütung beitragen können, dass sie zur Versöhnung von ehemaligen Gegnern führen können, dass wirtschaftliche Freiheit und Wohlstand die Basis der Demokratie und damit natürlich auch des Friedens unter Demokratien sind. Deshalb kann er bekennender Protektionist sein. Er überschätzt außerdem die Chancen der Reindustrialisierung Amerikas durch Protektionismus. Trump sieht offensichtlich keine Chance, durch Freihandel und wirtschaftliche Zusammenarbeit die machtpolitische Rivalität zwischen den USA und dem aufsteigenden Rivalen China zu entschärfen.

Über die relative Größe der chinesischen und amerikanischen Volkswirtschaft kann man verschiedener Meinung sein. Je nachdem, ob und wie die Kaufkraft berücksichtigt wird, variieren die Schätzungen zwischen Parität und einer chinesischen Wirtschaft, die nur wenig mehr als halb so groß wie die amerikanische ist. Aber weil die chinesische Wirtschaft in den letzten Jahrzehnten immer sehr viel schneller als die amerikanische gewachsen ist, sind die Trends eindeutig. Schon 2040 könnte die chinesische Volkswirtschaft mehr als doppelt so groß wie die amerikanische sein (Clifton 2011: 38). Es fällt leichter, sich vorzustellen, welche internen Gründe – von der Demographie über die Korruption und rechtlichen Defizite bis hin zur Umwelt – die chinesische Dynamik brechen könnte, als wie die Amerikaner durch eigene Anstrengungen verhindern könnten, dass die chinesische Volkswirtschaft bald größer als ihre ist. Clifton (2011: 60 und 117) nennt die Erfordernisse von langjährigem Wachstum nicht unter 5% und Exportwachstum nicht unter 10% pro Jahr. Daneben müssen die Schulleistungen und der Einsatz am Arbeitsplatz verbessert, die Fettleibigkeit und die daraus resultierenden Gesundheitskosten massiv reduziert werden. Ob die USA ihre gewohnte Vormachtstellung gegenüber China noch lange halten können, ist also durchaus offen. Falls es zu einem neuen kalten Krieg, aber jetzt zwischen den USA oder dem Westen und China käme, muss man nicht nur die Frage stellen, wer mit der größeren wirtschaftlichen Basis hineingeht, sondern auch, ob die Menschheit den letzten kalten Krieg nur zufällig überlebt hat und das nächste Mal weniger Glück haben könnte. Weil die amerikanische und chinesische Volkswirtschaft jedenfalls vor und bis Trump recht eng verflochten waren, durfte man bisher auf Konfliktdämpfung durch Freihandel und wirtschaftliche Interdependenz hoffen.

Wenn man – wie Trump und manche seiner Berater – den Kampf zwischen der westlichen und der islamischen Zivilisation für unvermeidbar hält, dann wird die Befriedung der amerikanisch-chinesischen Rivalität umso dringender. Auch wenn weniger als jeder Tausendste Muslim das Bedürfnis hat, möglichst viele Ungläubige zur Hölle zu schicken – wie in New York, Cannes, Berlin oder London geschehen – könnte eine sehr kleine Zahl von Glaubenskriegern ausreichen, den Kampf der Kulturen zu entfachen. Für den Frieden braucht man zwei Seiten, dafür, den Krieg auszulösen, reicht eine. Gerade weil weder die realistische noch die liberale Denkschule ein Rezept für die Vermeidung dieses Konflikts zwischen zwei Zivilisationen anbietet, sollte man wenigstens den Konflikt zwischen der aufstrebenden Weltmacht China und dem Westen vermeiden. Das Rezept dafür ist Freihandel, nicht Protektionismus.

Gerade weil der Kampf der Kulturen (im Sinne Huntingtons) sich nicht in der Form von Großmachtrivalität zeigt, sondern bisher jedenfalls in der Form von Rebellion innerhalb muslimischer Gesellschaften oder in globalem Terrorismus manifestiert, haben die Theorien der zwischenstaatlichen Politik auch wenig dazu zu sagen. Huntington selbst gibt – wie oben schon erwähnt – im Wesentlichen den Rat zur Vorsicht bei der Einmischung in die Angelegenheiten fremder Kulturkreise. In Anbetracht der extrem bescheidenen Erfolge westlicher Einmischung in islamischen Gesellschaften – von Afghanistan über Irak und Syrien bis nach Libyen – ist das plausibel, ohne allerdings eine Lösung des Terrorismusproblems zu versprechen.

Literatur

Bernholz, Peter (1985): The International Game of Power. Berlin: Mouton.

Caldwell, Christopher (2017): How to Think About Vladimir Putin? Imprimis 46(3): 1–7.

Clifton, Jim (2011): The Coming Jobs War. New York: Gallup Press.

Collins, Randall (1986): Weberian Sociological Theory. New York: Cambridge University Press.

Copeland, Dale C. (2015): Economic Interdependence and War. Princeton, NJ: Princeton University Press.

Durkheim, Emile (1895/1977): Über die Teilung der sozialen Arbeit. Frankfurt/Main: Suhrkamp.

Economist, The (2017): Courting Russia. Can it end well? The Economist, vol. 422, no. 9027, February 11: 7 and 14–16.

Etzioni, Amitai (2015): Spheres of influence: A reconceptualization. The Fletcher Forum of World Affairs 39 (2): 117–132.

Gartzke, Erik (2005): Freedom and peace. In: James D. Gwartney and Robert A. Lawson (eds.) Economic Freedom in the World. Vancouver, BC: Fraser Institute: 29–44.

Higgs, Robert and Carl P. Close, eds. (2007): Opposing the Crusader State. Alternatives to Global Interventionism. Oakland, CA: The Independent Institute.

Hufbauer, Gary Clyde, Jeffrey J. Schott, Kimberly Ann Elliott, & Barbara Oegg (1997): Economic Sanctions Reconsidered. 3rd ed. Washington, DC: Peterson Institute for international Economics.

Huntington, Samuel P. (1996): The Clash of Civilizations and the Remaking of World Order. New York: Simon and Schuster.

Huntington, Samuel P. (1997): Kampf der Kulturen oder Weltkultur? Diskussion mit Samuel P. Huntington. Frankfurt/Main: Alfred Herrhausen Gesellschaft für internationalen Dialog.

Lieber, Keir A. and Daryl G. Press (2006): The End of MAD? The Nuclear Dimension of US Primacy. International Security 30(4): 7–44.

Lind, Jennifer (2017): Asia's Other Revisionist Power. Why U.S. Grand Strategy Unnerves China. Foreign Affairs 96(2): 74–82.

Lukin, Alexander (2014): What the Kremlin is thinking. Putin's vision for Eurasia. Foreign Affairs 93(4): 85–93.

Lukin, Vladimir (2015): Looking West from Russia. The National Interest 140: 59–65.

Luttwak, Edward N. (1983): The Grand Strategy of the Soviet Union. New York: St. Martin's Press.

Mearsheimer, John J. (2001): The Tragedy of Great Power Politics. New York: W. W. Norton.

Mearsheimer, John J. (2014a): America unhinged. The National Interest 129: 9–30.

Mearsheimer, John J. (2014b): Why the Ukraine crisis is the West's fault. The liberal illusions that provoked Putin. Foreign Affairs 93(5): 77–89.

Morgan, T. Clifton, & Valerie L. Schwebach (1997): Fools suffer gladly: The use of economic sanctions in international crises. International Studies Quarterly 41 (1): 27–50.

Morgan, T. Clifton, Navin Bapat, & Valentin Krustev (2009): The threat and imposition of economic sanctions, 1971–2000. Conflict Management and Peace Science 26(1): 92–110.

Nau, Henry R. (2017): America's International Nationalism. The American Interest XII (3): 18–28.

Pape, Robert A. (1997): Why sanctions do not work. International Security 22(2): 90–136.

Payne, James L. (2007): Does Nation-Building Work? Chapter 6 in Higgs, Robert and Carl P. Close, eds.: Opposing the Crusader State. Alternatives to Global Interventionism. Oakland, CA: The Independent Institute.

Podhoretz, Norman (2007): World War IV. The Long Struggle Against Islamofacism. New York: Doubleday.

Rumer, Eugene, Richard Sokolsky, and Andrew S. Weiss (2017): Trump and Russia. The Right Way to Manage Relations. Foreign Affairs 96(2): 12–19.

Russett, Bruce M., & Oneal, John R. (2001): Triangulating Peace: Democracy, Interdependence and International Organizations. New York: Norton.

Weede, Erich (2011): The Capitalist Peace. In: Christopher J. Coyne and Rachel L. Mathers (eds.) The Handbook on the Political Economy of War. Northampton, MA: Edward Elgar: 269–280.

Whang, Taehee, and Hannah June Kim (2015): International signaling and economic sanctions. International Interactions 41(3): 427–452.

Zitelmann, Rainer (2017): Psychologie der Superreichen. Das verborgene Wissen der Vermögenselite. München: Finanzbuch Verlag.

Trump wird Obamas Vermächtnis zerstören

Heinz GÄRTNER

Trump hat angekündigt, alle multilateralen Abkommen zu kündigen oder neu zu verhandeln (TPP, NAFTA, JCPOA, Klimavertrag). Er will die Beiträge für die Vereinten Nationen drastisch kürzen. Die EU ist nicht sein primärer Ansprechpartner. Insbesondere die Aufkündigung des Nuklearabkommens mit dem Iran (JCPOA) oder die Möglichkeit, in Nordkorea einen Präventivschlag zu führen, können sehr instabile Situationen nach sich ziehen. Trump will den Islamischen Staat (IS) zerschlagen, ohne zu sagen, wie er das genau umsetzen will. Dabei kommt Russland und dem Iran eine wichtige Rolle zu. Die Forderung Trumps, dass Verbündete in Europa und Ostasien mehr zu ihrer Verteidigung beitragen sollen, ist eine Mainstreammeinung im US-Sicherheitsestablishment. Annahmen und Hoffnungen, dass Trump als Präsident völlig anders handelt, als er als Präsidentschaftskandidat angekündigt hat, haben sich als trügerisch erwiesen; es wäre auch demokratiepolitisch problematisch. Er wird aber Obamas Vermächtnis zerstören wollen.

Obamas Vermächtnis

Barack Obamas Außenpolitik hatte globale Prioritäten. Der Präsident wollte mit Partnern wenn möglich Kooperationen eingehen, aber wenn nötig unilateral handeln. Die Administration versuchte, Macht- mit Menschenrechtspolitik in Übereinstimmung zu bringen. Diplomatie müsste aber Vorrang vor militärischer Aktion haben, so war Obamas

Überzeugung. In seiner Rede vor Absolventen in West-Point 2014 betonte der Präsident, dass „die Schwelle für Militäraktionen höher liegen" müsse, wenn es keine direkte Bedrohung für die USA gäbe. Die Mittel müssten um Diplomatie und Entwicklung erweitert werden. Das betraf vor allem die Situationen im Mittleren Osten und in der Golfregion. Gleichzeitig wurde der Einsatz von unbemannten Luftfahrzeugen oder Drohnen massiv ausgeweitet; die Bilanz fällt gemischt aus. Gegenüber China machte Obama Kooperationsangebote, betrieb aber auch Interessenspolitik im asiatisch-pazifischen Raum. Seine Vision von einer Welt ohne Nuklearwaffen beschränkte sich auf das bescheidene neue START-Abkommen über strategische Nuklearwaffen mit Russland und einige Konferenzen zur Sicherung von nicht gesichertem Nuklearmaterial. Der Plan, den umfassenden nuklearen Teststopp wieder dem Kongress zur Abstimmung vorzulegen, wurde aufgeschoben. In jedem einzelnen Fall war es schwierig, den Kongress für bestimmte Entscheidungen zu gewinnen. Trotzdem konnte der Präsident Teile seiner Gesundheitsreform durchsetzen, die Trump rückgängig machen will. Die Anfechtung der Republikaner vor dem Obersten Gerichtshof scheiterte. Der Kongress blockierte auch Obamas Einwanderungsreformvorschläge. Der größte außenpolitische Erfolg Obama war wohl der Abschluss des Nuklearabkommens mit dem Iran und fünf weiteren Weltmächten in Wien im Juni 2015 (JCPOA). Die Republikaner und einige Demokraten wollten dieses Abkommen mit allen administrativen Mitteln verhindern. Der neue Präsident Trump hat angekündigt, es nicht mehr einzuhalten. Die Einigung auf ein Klimaabkommen in Paris 2015 kam unerwartet, war aber von Beginn an ein Ziel der Obama-Administration. Auch aus diesem Vertrag könnte Trump aussteigen. Die bahnbrechende Öffnung Obamas gegenüber Kuba könnte überleben, wenn Donald Trump den Geschäftsinteressen der USA Priorität vor politischer Ausgrenzung gibt.

Republikanische Obstruktion

Seit den Präsidentschaftswahlen 2008, aber insbesondere seit den Kongresswahlen 2010, haben die Republikaner im Kongress sowohl in innen- als auch in außenpolitischen Fragen eine Fundamentalopposition betrieben. Bereits vor seinem Amtsantritt traf die republikanische Führung 2008 die Entscheidung, dass sie Obama bei jeder seiner Entscheidungen blockieren würden, um ihn zu einem „one term president" zu machen. Die „Tea Party" nahm die Finanzkrise zum Anlass, um vehement eine „kleine Regierung" zu fordern. Das bedeutete in vieler Hinsicht eine kleine Regierung Obamas, waren doch die Staatsausgaben unter früheren, insbesondere republikanischen Administrationen weitaus höher. Der Druck der „Tea Party" bei wirtschaftlichen sowie der christlichen Rechten bei gesellschaftlichen und religiösen Themen drängte die republikanische Partei nach rechts, während Obama das Zentrum neu definierte.

Neue Rüstungskontrollabkommen mit Russland sollte es nicht geben. Die militärischen Drohungen und Sanktionen gegenüber dem Iran sollten, trotz oder gerade wegen der Gespräche über ein Nuklearabkommen, verschärft werden, obwohl sie zu einer Eskalation hätten führen können. Die Sicherheitsvorkehrungen bei der Ermordung des amerikanischen Botschafters Stevens und zwei seiner Mitarbeiter in Libyen 2012 wurden zu einem außenpolitischen Hauptkritikpunkt der Republikaner an Obama und an Hillary Clinton im Wahlkampf 2016. Diese Kritik war völlig unverhältnismäßig, bedenkt man, dass unter dem von den Republikanern so verehrten Präsidenten Ronald Reagan 1983 in Beirut bei einem Bombenanschlag 241 Amerikaner ums Leben kamen. Ebenso gab es Versäumnisse der Sicherheitsberaterin Condolezza Rice vor den Anschlägen des 11. September 2001.

Präsident Barack Obama hat versucht, viele seiner innen- und außenpolitischen Vorhaben umzusetzen, war dabei teilweise erfolgreich, aber weniger als viele erwartet und gehofft hatten. Dazu beigetragen haben entscheidend auch die Finanzkrise und die kompromisslose Opposition der Republikanischen Partei im Kongress. Eine Analyse von

Kongressabstimmungen zeigt, dass die republikanische Mehrheit nach den Wahlen 2010 die konservativste seit 1879 war. Sie repräsentiert eine ideologisch immer konservativere Basis. 1987 befürworteten 62 Prozent der Republikaner noch irgendeine Form eines sozialen Netzes und 58 Prozent sahen etwas Positives in den Gewerkschaften; 2012 waren die entsprechenden Zahlen 40 beziehungsweise 43 Prozent. 1992 meinten 86 Prozent, dass Umweltschutzrichtlinien notwendig seien; 2012 waren es nur mehr 47 Prozent. 40 Prozent der Amerikaner bezeichnete sich 2012 als konservativ, der höchste Anteil, der je gemessen wurde. Nur 14 Prozent der Republikaner hatten 2015 eine positive Einstellung gegenüber Obama, im Gegensatz zu 81 Prozent der Demokraten. (Pew Research Center, 2016)

Präsident Obama ist mit seinen Vorschlägen und Initiativen innenpolitisch wie außenpolitisch auf kompromisslosen Widerstand gestoßen. Im Ausland haben die entsprechenden Staaten Obamas Engagementpolitik nicht oder nur teilweise mitgetragen. Jedenfalls haben sie es verabsäumt, Obamas „geöffnete Faust" zu ergreifen. Russland hat seinen „reset"-Versuch missachtet. Nur mit dem Iran kam letztlich noch ein Nuklearabkommen zustande. Mit Kuba konnte Obama eine Öffnung einleiten. Der Verbündete Israel ließ Obama mit seinen Nahostinitiativen, was die Siedlungspolitik und die Zweistaatenlösung insgesamt betrifft, im Stich. Diese Schwierigkeiten dürfte Obama selbst unterschätzt haben.

Obamas Vorsicht

Konservative Kritiker haben Präsident Obama vorgehalten, dass er viel zu zurückhaltend mit den US-Streitkräften umgegangen sei. Man hat ihn als Rückzugspräsidenten bezeichnet. Er hätte die Truppen zu früh aus Afghanistan und Irak abgezogen, obwohl noch weiterhin eine substantielle Anzahl von Spezialtruppen stationiert blieb. In Libyen hätten sich die USA zwar an der NATO-Operation beteiligt, die Führung aber den Europäern überlassen. Die von einem Journalisten geprägte Formel

„leading from behind“ wurde zum Schimpfwort. Er hätte in Syrien eine rote Linie gezogen und nicht militärisch eingegriffen, als chemische Waffen eingesetzt wurden, obwohl in einem darauf folgenden Abkommen der Abzug der chemischen Waffen aus Syrien vereinbar wurde.

Präsident Obama war aber alles andere als ein Isolationist. Er hat aber versucht, einige expansionistischen Fehler seines Vorgängers zu korrigieren. George W. Bush verursachte die Instabilitäten im Mittleren Osten mit der Intervention im Irak 2003 und seiner Ideologie der Verbreitung amerikanischer Werte mit Gewalt. Präsident Obama reiht sich in dieser Hinsicht ein in eine Reihe von mehr pragmatisch orientierten Präsidenten, die versprachen, unbeliebte Kriege der Vorgänger zu beenden. Dwight Eisenhower gewann die Wahlen 1952 mit dem Versprechen, den Koreakrieg zu beenden. Nixon gelobte, die US-Truppen aus Vietnam abzuziehen, obwohl sie nach den Wahlen 1968 weitere fünf Jahre blieben.

Auf diese relativ zurückhaltende Präsidenten folgten immer wieder diejenigen, die den Einfluss der USA mit transformativen Ideen auszudehnen versuchten, wie Kennedy mit der Eröffnung neuer Grenzen („New Frontiers“), aber auch mit seiner offensiven Politik gegenüber Kuba. Jimmy Carter verfolgte eine aggressive Menschenrechtsagenda, Reagan ein Aufrüstungsprogramm, das das „evil empire“ Sowjetunion niederringen sollte.

Multilateralismus ist Vergangenheit

Donald Trump hatte im Wahlkampf angekündigt, ein radikaler Rückzugspräsident zu werden. Für ihn ging das internationale Engagement der Obama-Administration schon zu weit. Es sind vor allem Argumente, dass sich die USA mehr um eigene Angelegenheiten kümmern sollen, denn sich international zu engagieren, es sei denn die USA würden davon mehr Vorteile haben („get a better deal“). Primär geht es um den Rückzug der USA aus multilateralen Abkommen. Das betrifft die bestehenden und künftigen Freihandelsabkommen. Aus dem bereits unterzeichnete Transpazifischen Partnerschaftsabkommen (TPP) hat Trump sich bereits zurückgezogen. Der chinesische Präsdent Xi Jingping hat hingegen angekündigt, dass China am regionalen wie globalen Freihandel festhalten will. Das NAFTA-Abkommen mit Kanada und Mexiko soll einer Nachverhandlung unterzogen werden. Von China und Mexiko will Trump Strafzölle einheben. Das Nuklearabkommen mit dem Iran (JCPOA) vom 15. Juni 2015 will er zerreißen und sich aus dem Pariser Klimaabkommen zurückziehen, wäre doch der Klimawandel eine „Erfindung der Chinesen". Trump kann mit der republikanischen Mehrheit seine Umsetzung blockieren oder es aber auch einfach nicht umsetzen, ohne es direkt zu kündigen. Die Vereinten Nationen hält er für irrelevant und hat angekündigt, die Beiträge zu kürzen. Durch die Besetzung der UN-Botschaft mit seiner Kritikerin Nikki Haley signalisiert er jedenfalls nicht, dass er dieser hohe Wichtigkeit zuspricht. Trump hat den Brexit begrüßt, weil für ihn die EU kein wichtiger Ansprechpartner ist. Die USA würden bei bilateralen Verhandlungen mit einzelnen Staaten eine bessere Position haben. Er könnte die einzelnen Hauptstädte, London, Paris, Berlin, auch gegeneinander ausspielen. London hofft nach dem wahrscheinlichen Ende des multilateralen transatlantischen Freihandelsabkommen TTIP auf einen bilateralen Vertrag.

Trumps Politik kann am ehesten mit der These der „relative gains" („relative Gewinne") erklärt werden. Bei jedem Übereinkommen müssen die USA besser abschneiden als die anderen Beteiligten. Das ist nicht ein „Nullsummenspiel", sondern alle Seiten können absolute Gewinne machen – auch wenn es für die USA nicht unbedingt vorteilhafter ist; etwa ein geringeres Handelsbilanzdefizit, auch wenn darunter das Wirtschaftswachstum leidet. Im Zweifelsfall wird Protektionismus bevorzugt. Multilateralismus ist mit vielen Akteuren und Themen weniger kontrollierbar und daher für Trump undurchsichtig und rätselhaft. Deshalb erwähnt die Schlusserklärung des G-7 Gipfels vom Mai 2017 zwar „freien und fairen" Handel, aber nicht Multilateralismus.

Die Erklärung könnte auch ein bilaterales Dokument sein. Das wirklich multilaterale Thema Klima blieb ausgeklammert.

Iran

Donald Trump hat immer wieder das Nuklearabkommen mit dem Iran von Wien als „das schlechteste Abkommen bezeichnet, das je abgeschlossen wurde“. Sein Verteidigungsminister James Mattis hat den Iran kurzerhand auf eine neue „Achse des Bösen“, gemeinsam mit Nordkorea, Syrien und der Hisbollah, gesetzt.

Das JCPOA mit dem Iran ist ein multilaterales Abkommen mit sechs Weltmächten, das die USA nicht einseitig kündigen können. Trump kann mit der republikanischen Mehrheit im Kongress die Implementation des Abkommens aber blockieren. Er braucht dazu keine Zweidrittelmehrheit, weil das JCPOA kein internationaler Vertrag ist. Er kann entweder neue bilaterale Sanktionen über den Iran mit nicht auf das Abkommen bezogenen Begründungen (z. B. Terrorismusvorwürfe; die nicht im Abkommen geregelten Raketentests mit konventionellen Sprengköpfen) verhängen. Die USA könnten aber auch einen Mechanismus des Vertrages benutzen, wonach ein Unterzeichnerstaat dem Iran eine „signifikante Verletzung“ des Vertrages vorwerfen kann; wenn bei einem Konsultationsverfahren und im Sicherheitsrat der Vereinten Nationen keine Einigung erzielt wird, treten die Sanktionen automatisch wieder in Kraft.

Wenn die USA das JCPOA blockieren oder die Sanktionsschraube für den Iran unerträglich anziehen, kann es zu zwei Szenarien kommen:

Einerseits könnte der Iran das seinerseits als Grund anführen, dass er sich nicht mehr an das Abkommen gebunden fühlt und sein Nuklearprogramm wieder beschleunigen (mehr Zentrifugen, höherer Anreicherungsgrad, keine Implementierung des Zusatzprotokolls über Monitoring), was den Falken im Iran entgegen kommen würde. Das würde zu einer instabilen Situation wie vor dem Abschluss des Abkommens führen, als die Kriegsgefahr extrem hoch war; Israel erwog einen Militärschlag, der Iran drohte, die Straße von Hormus zu sperren. Eine derartige Verschärfung der Situation im Nahen Osten kann aber auch nicht im Interesse Israels sein. Sowohl Russland, als auch Israel, obwohl es rhetorisch der schärfste Kritiker des Abkommens war, könnten auf Trump einwirken, das Abkommen zu respektieren.

Der Iran könnte andererseits aber, so wie die anderen Weltmächte, auch um die eigenen Wirtschaftsbeziehungen nicht zu gefährden, peinlich genau das Abkommen umsetzen. Dann würde den USA die alleinige Schuld für ein Scheitern zufallen. Die USA würden wieder Sanktionen über europäische Firmen verhängen, die mit dem Iran Geschäfte machen.

Populistisch wurde Trump, wenn er seinen Vorgängern vorwarf, dass sie das Öl im Irak für die USA nicht gesichert und behalten hätten. Es kam aber bei einem Teil der Amerikaner gut an, die es als „unser Öl" betrachten. Das würde wohl permanente Feindseligkeit in der Region, verbunden mit Terroranschlägen, zur Folge haben.

Die Russland-Verbindungen

Russland käme nach Trump eine wichtige Rolle beim Kampf gegen Terrorismus und den IS zu. Die demokratische Partei hatte dem Trump-Team seit der Wahl immer wieder vorgeworfen, schon während des Wahlkampfes Kontakte zu russischen Offiziellen zu unterhalten, was Trump innenpolitisch zunehmend in Bedrängnis brachte. Als Trump im April 2017 ein Flugfeld in Syrien, einem Verbündeten Russlands, wegen eines angeblichen Chemiewaffeneinsatzes des Regimes bombardieren ließ, verstummte diese Kritik zeitweilig.

Seine „Russlandfreundlichkeit" hat aber weitere Grenzen. Nukleare Aufrüstung und massive Erhöhung der Militärausgaben oder der Raketenabwehrschirm sind absehbare Konfliktfelder. Die Sanktionen, die über Russland nach der Intervention auf der Krim verhängt worden waren, wird Trump nicht so schnell aufheben, wie viele Beobachter erwarten, sind sie doch eine Verhandlungsmasse. Allerdings könnte ein entspannteres Verhältnis der USA zu Russland auch einige Kooperationsfelder eröffnen, wie etwa im Kampf gegen den Terrorismus oder in der Organisation über Sicherheit und Kooperation in Europa (OSZE).

Trumps Nuklearbombe

Bei sicherheitspolitischen Themen hat Trump ausgesprochen, was bisher nur in Expertenkreisen diskutiert wurde. Tatsächlich müssen Nuklearwaffen auch eingesetzt werden können, wie er sagte, sonst seien sie nicht glaubwürdig. In den sicherheitspolitischen Expertenkreisen Südkoreas und Japans macht man sich tatsächlich Gedanken, ob man sich eigene Nuklearwaffen zulegen sollte, wenn man dem Schutzschirm der USA nicht mehr vertrauen kann. Genau das hat Trump auch angesprochen. Die Verbündeten der USA in Europa und Asien sollten nach Trump mehr zur gemeinsamen Verteidigung beitragen, was eine Mainstreamforderung des US-Sicherheitsestablishments ist. Es kann aber auch zu einem Aufrüstungsprozess in Europa und Ostasien führen. Österreich als neutraler Staat dürfte hier weniger unter Druck kommen.

Trumps Wahlversprechen

Viele Beobachter haben argumentiert, dass Aussagen im Wahlkampf eine Sache seien und die Präsidentschaft eine andere. Sie wurden eines Besseren belehrt. Schon in seinem Buch „Wie ich Amerika retten werde“ von 2015 hat Trump seine Ideen niedergeschrieben und sie nach seiner Wahl zum Präsidenten konsequent umzusetzen begonnen. Abgesehen davon, dass eine derartige Aussage wenig Respekt gegenüber demokratischen Werten ausdrückt, haben Präsidenten, die ihre Wahlversprechen nicht umsetzten, oft den Preis bei den nächsten Wahlen gezahlt. Das betraf etwa Jimmy Carter, der auch einen großen Teil seiner demokratischen Wählerschaft enttäuschte. Er startete das größte Aufrüstungsprogramm seit dem Ende des Vietnam-Krieges und beendete damit die Entspannungspolitik der siebziger Jahre. Er verlor

1980 die Wahlen gegen Ronald Reagan. George W. H. Bush erhöhte die Steuern, obwohl er im Wahlkampf explizit Steuererhöhungen ausgeschlossen hatte („read my lips, no new taxes“). Das war ein wesentlicher Grund dafür, dass er die Wahlen gegen Bill Clinton 1992 verlor. Es gab aber auch das umgekehrte Beispiel. Richard Nixon versprach vor den Wahlen 1968, den Vietnamkrieg zu beenden, zögerte aber selbst die Friedensverhandlungen hinaus und gewann auch noch die Wahlen 1972. Obamas unerfülltes Wahlversprechen, das Gefangenenlager Guantanamo zu schließen, wird ein großer Wermutstropfen in seinem Vermächtnis bleiben.

Seit seinem Amtsantritt will Donald Trump beweisen, dass er seine Wahlversprechen umzusetzen gedenkt. Sein im Wahlkampf angekündigter „Muslim ban“, der die Staatsbürger von nicht mit den USA verbündeten Ländern mit einem Einreiseverbot in die USA belegt, ist allerdings von Bundesrichtern in Washington, Hawaii und Maryland vorerst blockiert worden. Die unmittelbare Abschaffung von Obamas Gesundheitsreform „Obamacare“ fand schon im Repräsentantenhaus des Kongresses eine knappe Mehrheit, obwohl es dafür keine glaubwürdige Alternative gab. Um die Finanzierung des im Wahlkampf versprochenen „Mauerbaues“ an der Grenze zu Mexiko zu bekommen, hätte Trump eine Blockierung der Regierung Ende April 2017 durch einen Haushaltsstopp („government shutdown“) riskieren müssen.

Trumps Wähler

Was nach dem Wahlkampf bleibt, ist eine gespaltene Gesellschaft bei sozialen und innenpolitischen Fragen, entlang ethnischen und rassischen Linien, nach Einkommen und Geschlecht, im Stadt-Land Verhältnis und insbesondere, was die politische Kultur und Korrektheit betrifft. Auch außenpolitisch haben sich zwei Lager herausgebildet: zwischen Intervention und Interventionsmüdigkeit (Rückzug), zwischen Internationalismus und Isolationismus (Nationalismus), zwischen transformativen Ideen (Demokratisierung, Menschenrechte) und

Pragmatismus (Engagement), zwischen Offenheit und Ausgrenzung (mit dem Symbol der Mauer). Obwohl im April 2017 die Zustimmungsraten zu Trump bei den Amerikanern auf niedrigen 40 Prozent lagen, unterstützten 96 Prozent seiner Anhänger weiterhin seine Politik, was Trump ermutigen dürfte, seine Politik fortzusetzen.

Es ist falsch, anzunehmen, dass vor allem wirtschaftliche Gründe für Trumps Wahlerfolg verantwortlich gewesen wären. Die Hälfte der amerikanischen Wähler sind nicht Zurückgelassene und Verlierer. Es war vielmehr die Angst der weißen Mehrheit vor dem Multikulturalismus. Diese Befürchtung spiegelt das Gefühl wider, Minderheit im „eigenen Land" zu werden. Tatsächlich wird der Anteil der weißen Bevölkerung nach Projektionen demographischer Entwicklungen in zwanzig Jahren nicht mehr die größte Bevölkerungsgruppe sein.

Der Unterschied bei der Haltung zu amerikanischen Gesellschaften zwischen beiden Gruppen ist groß. 81 Prozent der Trump-Befürworter waren vor den Wahlen der Meinung, dass das Leben heute schlechter sei als vor 50 Jahren; nur 11 Prozent glaubten, dass es besser ist. 59 Prozent der Clinton-Befürworter hingegen meinten, dass das Leben besser ist und 19 Prozent schlechter. Tatsächlich aber finanzieren die demokratisch regierten Bundesstaaten die republikanisch regierten. Zwischen 1990 und 2009 zahlten die ersteren $2,4 Billionen mehr Bundessteuer als sie bekamen; die letzteren erhielten $1,3 Billionen mehr als sie zahlten.

2015 sagten 53 Prozent der Republikaner oder deren Sympathisanten, dass sie konservative Werte haben; 2004 waren es noch 31 Prozent. 60 Prozent der Demokraten oder deren Sympathisanten haben liberale Werte im Vergleich zu 49 Prozent 2004 und 30 1994. (Pew Research Center, 2016) Das bedeutet auch, dass vor 10–15 Jahren das Zentrum der Unentschiedenen mit etwa der Hälfte der Wählerschaft sehr breit war. 2016 wurde es sehr eng. Die Lager waren gespalten. Donald Trump mobilisierte seines. Hillary Clinton konnte im Zentrum nicht genügend Unterstützung bekommen. Bernie Sanders hätte mit der Mobilisierung der liberalen Basis möglicherweise die Wahlen eher gewinnen können.

92 Prozent der Clinton Wähler sagten vor der Wahl, dass sie vor einer Präsidentschaft Trump Angst hätten. Als Präsident hat er begonnen, seine Vorstellungen umzusetzen. Er hat das politische System der USA als korrupt und unfähig bezeichnet; das bildet die Grundlage für autoritäre Maßnahmen. Zu seinen isolationistisch-nationalistischen außenpolitischen Positionen passt die Ablehnung von Fremden und Einwanderern (Moslems, Mexikaner), was auf eine gewisse Resonanz in der amerikanischen Wählerschaft stieß. Er hat eine extreme Überwachung („extreme vetting") von Fremden angekündigt. Das Überwachungssystem, das bereits unter der Regierung Obama eingeführt wurde, reicht Trump bei weitem nicht.

Trumps Kontrollsystem erinnert an die Ära von Senator McCarthy in den fünfziger Jahren, der zu diesem Zweck und mit dem Vorwand kommunistischer Unterwanderung ein „Komitee unamerikanischer Umtriebe" eingesetzt hatte. Zehntausende Staatsbedienstete wurden damals entlassen oder wurden gekündigt, nachdem ihre Loyalität überprüft wurde.

Im Wahlkampf hat Trump angekündigt, in Washington „den Sumpf auszutrocknen" („drain the swamp"). Das bedeutet, den Staatsapparat umorganisieren. Dazu braucht er Krisenstimmung. Trump wird vom Kongress und den Staatsbeamten Loyalität einfordern oder bestrafen. Er wird mit Indiskretionen und Entlassungen drohen. Die USA werden sich unter Trump zu einer „Loyal-Demokratie" entwickeln.

Die Welt mit Trump

In den ersten hundert Tagen seiner Amtszeit wurde Trump in bestimmten Punkten interventionistisch. Der Kampf gegen den IS hatte für Trump Priorität, wenn er das auch im Wahlkampf mit martialischen Sprüchen wie „Niederbomben" begleitete. Nach der Bombardierung des syrischen Stützpunktes ist er aber in derselben Situation wie Obama, für den nicht klar war, ob der IS oder der syrische Präsident Assad der schlimmere Feind sei.

In Syrien wollte Trump ursprünglich nicht eingreifen. Der Militärschlag gegen die syrische Luftwaffenbasis war eine Machtdemonstration von US-Präsident Donald Trump. Dahinter ist aber keine weiterreichende Strategie zu erkennen. Es ist gut möglich, dass es bei einmaligen Militärschlägen ohne weitere Konsequenzen bleibt, wie das der Fall war, als Präsidenten Bill Clinton 1998 eine vermeintliche Chemiewaffenfabrik im Sudan und ein Ausbildungslager von al-Qaida in Afghanistan als Vergeltung auf die Terroranschläge der US-Botschaften in Kenia und Tansania bombardieren ließ.

Werden US-Militärs hingegen weiter in den Konflikt hineingezogen, kann es aber zu einem „mission creep“ kommen, wonach immer mehr Truppen notwendig werden. Eine direkte militärische russisch-amerikanische Konfrontation wollen weder die USA noch Russland. In Syrien waren durch den Giftgas-Einsatz im April 2017 keine US-Interessen gefährdet. Trump ist aus drei Gründen militärisch vorgegangen: Erstens, er wollte sich innenpolitisch freischaufeln und den Vorwürfen entgegentreten, er sei kritiklos gegenüber Putin. Zweitens wollte er sich von seinem Vorgänger Barack Obama abgrenzen, der vermeintlich in Syrien nicht gehandelt hat. Drittens wollte er den Russen zeigen, dass Syrien nicht ihnen gehört. Das ist ein geopolitisches Spiel.

Russland liegt nichts an Bashar al-Assad. Prasident Putin ist daran interessiert, dass kein anti-russisches Regime in Syrien entsteht, natürlich auch kein IS-Regime. Russland ist aber geschwächt, weil die USA gezeigt haben, dass sie eben nicht auf der Seite von Assad stehen. Wenn die langfristigen Ziele in Syrien nicht klar definiert sind, wird der Konflikt nie gelöst werden. Den Ton in den internationalen Konflikten geben die lokalen Akteure in den Konfliktregionen an. Sie versuchen, die Großmächte auf ihre Seite zu ziehen. Die Konflikte sind aber nur durch die Großmächte lösbar. Milizen auf der untersten Ebene des Konflikts werden sich nie einigen.

Durch militärische Maßnahmen kann im Prinzip immer eine Eskalation entstehen, die nicht mehr kontrollierbar ist. Wenn sich etwa Nordkorea von einer Flugzeugträgerflotte der USA bedroht fühlt, dann könnte es zurückschlagen. Das könnte dramatische Konsequenzen für Südkorea und Japan haben. Umgekehrt weiß auch Nordkorea, dass es bei einem Erstschlag ausgelöscht werden könnte.

Die Forderung der USA an die Europäer und NATO-Länder, mehr Geld für Verteidigung auszugeben, ist keine Lösung. Die Europäer sollten das diplomatische Vakuum füllen, das durch die 30-prozentige Kürzung der US-Ausgaben für das State Department entsteht. Das heißt, 30 Prozent weniger Diplomatie. Hier sollte Brüssel aktiv werden; aber nichts ist diesbezüglich geschehen. Ebenso werden 2018 die USA ihre Ausgaben für UN-Friedensoperationen um 50 Prozent (eine Milliarde Dollar) kürzen. Auch da wird ein Vakuum entstehen, das andere Staaten füllen müssen.

Analogien: Erster Weltkrieg oder ...

„So wunderschön war das Schauspiel des Morgens im Mai 1910 als neun Könige beim Begräbnis von Edward VII von England einritten ..." sind die ersten Zeilen in Barbara W. Tuchmans Buch „The Guns of August", in dem sie das Hineinschlittern der Weltmächte in den Ersten Weltkrieg beschreibt. Gräuelpropaganda und gegenseitige Schuldzuweisungen beschleunigten diesen Trend. Tuchmann endet mit den Worten: „Das war alles; die Zeit des Glanzes war Vergangenheit. Diese rief nicht im Namen des Ruhms ‚Vorwärts, Männer!' Nach den ersten dreißig Tagen des Krieges 1914 gab es eine Vorahnung dafür, dass wenig Ruhm in Aussicht war." Es war eine Falle, aus der es keinen Ausweg gab.

US-Präsident John F. Kennedy hatte vor der Kuba-Krise seinen Mitarbeitern das Werk von Barbara W. Tuchman zu lesen gegeben. Diese Analogie hatte wohl mäßigenden Einfluss auf Kennedys Entscheidungen im Fall der Kuba-Krise 1962, als er eine direkte Intervention auf Kuba ablehnte und die Krise unter der Nuklearschwelle hielt.

… Kalter Krieg?

In Krisen während des Kalten Krieges, in die beide Supermächte, die USA und die Sowjetunion, involviert waren, vermieden sie direkte militärische Konfrontationen. So haben sich die US- und die Rote Armee während des Kalten Krieges keine einzige Schlacht geliefert. Allerdings war diese Gefahr bei der Berlinblockade 1948, dem Bau der Berliner Mauer 1961 und der Kuba-Krise 1962 zeitweise sehr hoch. Politische Propaganda über den „Expansionsdrang des Imperialismus" und die „Welteroberungspläne des Kommunismus" verdeckten diese Rücksichtnahme.

Weniger vorsichtig waren die Supermächte dort, wo sie alleinigen Einfluss anstrebten. Am 2. August 1964 wurde der amerikanische Zerstörer „Maddox" im Golf von Tonkin von nordvietnamesischen Torpedobooten angegriffen. Nach einem fälschlich gemeldeten, weiteren Angriff zwei Tage später beschloss der US-Kongress mit überwältigender Mehrheit in beiden Häusern die sogenannte „Golf von Tonkin-Resolution", in deren Folge die USA, beginnend mit Spezialtruppen, in einen blutigen, zehnjährigen Krieg in Südostasien verwickelt wurden.

Die Sowjetunion rechtfertigte ihre zehnjährige Intervention in Afghanistan ab 1979 dadurch, dass die USA in Lateinamerika ebenfalls keine instabilen Regime dulden würden und dass ein Verlust Afghanistans an die Islamisten automatisch eine Ausweitung der amerikanischen Einflusssphäre in dieser Region darstellen würde. Die USA wiederum sahen im Vorgehen der Sowjetunion die Manifestation eines sowjetischen Expansionsdrangs nach Südasien und in die Golfregion.

Der Krieg in Syrien

Im syrischen Bürgerkrieg haben sowohl Russland als auch die USA Interessen und Spezialtruppen. Der Krieg soll darüber entscheiden, ob Syriens Regime pro-russisch, pro-amerikanisch oder islamistisch-dschihadistisch und/oder anti-iranisch sein wird. Chemiewaffen, Streubomben, Selbstmordattentäter, Bombardierung von Krankenhäusern und Zivilisten sind für die jeweilige Propaganda willkommene Anlässe.

Die Analogien bieten Hinweise auf den möglichen Verlauf des Krieges. Entweder Russland und die USA schlittern in einen Krieg mit Eskalationsgefahr auf einer überregionalen Ebene oder sie erkennen die Gefahr und scheuen vor direkter Konfrontation zurück. Es kann auch sein, dass sich eine der Mächte in einen langen Krieg verwickelt, um zu verhindern, dass die andere Fuß fasst. Ein islamistisch-dschihadistisches Regime wäre für beide problematisch, wobei man versuchen wird, zumindest in einem abgespaltenen Teil Einfluss zu bewahren. Wenn sich Trump rational verhält, wird es nicht zu einem neuen Weltkrieg kommen; die Großmächte verhalten sich vorsichtig. Sie lassen es nicht zu, dass die Konflikte eine regionale Schwelle übersteigen.

Es gibt eine weitere Analogie, die vor dem Ersten Weltkrieg (mit Unterbrechung) hundert Jahre relativ erfolgreich und von US-Außenminister Henry Kissinger während des Kalten Krieges in den 70er Jahren aufgegriffen wurde. Es ist die Idee des Mächtekonzerts nach dem Vorbild des Wiener Kongresses von 1815. Diese Analogie soll ein kooperatives Übereinkommen zwischen Großmächten darstellen, um gemeinsam die internationalen Beziehungen zu verwalten und den großen Krieg zu verhindern.

Das Ende von Obamas Vermächtnis

Trump wird das Vermächtnis Obamas zerstören. Das sind internationale Verträge über Umwelt, das Nuklearprogramm des Iran, Freihandel. Bilateralen politischen und wirtschaftlichen Abkommen und Verträgen wird Vorrang eingeräumt werden. Innenpolitisch sind es die Gesundheitsreform (auch wenn es sich nicht vermeiden lässt, dass einige populäre Elemente beibehalten werden), die Fristenlösung, Anerkennung gleichgeschlechtlicher Ehe, die Steuerpolitik, und die begonnene Einwanderungsreform. Die Besetzung des Obersten Gerichtshofes mit wahrscheinlich drei neuen Positionen auf Lebenszeit kann diese Maßnahmen verstetigen. Dennoch wird die Geschichte vielleicht auf die Ära Obama auf eine der größten und erfolgreichsten Präsidentschaften der USA zurückblicken.

Great Again? – Wie Trump Amerika ökonomisch retten will

Zur Wirtschaftsagenda des amerikanischen Präsidenten

Dirk Meyer

Selten hat ein amerikanischer Präsidentschaftskandidat sein umfangreiches, von der vorherrschenden Norm abweichendes Wahlprogramm in so klaren, einfachen Worten festgehalten, wie der Unternehmer und Milliardär Donald Trump in ‚Great Again' (2016).[17] Und wohl noch nie war ein frisch gewählter amerikanischer Präsident gewillt, dieses Programm eins zu eins gegen erhebliche innerparteiliche, nationale und internationale Widerstände durchzusetzen. Trump verdient in diesem Sinne ohne weiteres den Begriff des agilen politischen Schumpeter-Unternehmers[18], der von seiner bahnbrechenden Innovation so überzeugt ist, dass er sie gegen die verschiedensten Widerstände durchzusetzen gedenkt.

Trump als ‚politischer Unternehmer'?

Um das Handeln und den Handlungsstil des Präsidenten besser zu verstehen, ist zunächst ein Blick auf den Trump'schen Politikansatz

[17] Vgl. Trump (2016), englische Fassung 2015.

[18] Der Schumpeter-Unternehmer kennzeichnet den in einer Krise initiativ werdenden Unternehmenslenker, der mit einer Innovation einen Vorstoß ins Neuland wagt. Interessant ist der Bezug auch deshalb, weil nach Schumpeter der Innovator-Unternehmer für sein risikoreiches Vorhaben externes Kapital auf dem (Fremd-)-Kapitalmarkt bekommt – insofern eine Trennung von risikoreicher Investitionsentscheidung und Vermögenshaftung stattfindet. Auch der politische Unternehmer wird nicht vermögensrechtlich für seine Politik in Haftung genommen. Vgl. Schumpeter (1928).

hilfreich. Als bisheriger Lenker eines auf Immobilien ausgerichteten Konglomerats verschiedener Gesellschaften (Grundstückserschließung; Errichtung, Renovierung und Betreibung von Immobilien sowie von Freizeiteinrichtungen wie Golfplätzen, Medienunternehmen, Kasinos) sieht er als Präsident ‚Amerika' als ‚sein' zukünftiges Unternehmen an, als dessen geschäftsführendes Vorstandsmitglied (CEO) er Entscheidung und Verantwortung übernommen hat. Dies erklärt seine durchgreifende Dekretpolitik (Mauerbau, Gesundheitspolitik) abseits des gesetzgebenden Kongresses[19] und seine auf die USA fixierte Binnenorientierung weitgehend ohne Rücksicht auf die Interessen anderer Länder und die internationale Wertegemeinschaft. Seine eher kurzfristige Ausrichtung von Maßnahmen (Zölle, Mauerbau) gründet er lediglich auf deren direkte Wirkungen. Dabei vernachlässigt er die langfristigen und teils konträr zurückwirkenden Zweitrundeneffekte. Auch dies spricht für eine eher betriebliche, denn volkswirtschaftlich-globale Sichtweise.

Trump verweist an verschiedenen Stellen seines Buches auf seine Erfolge als Unternehmer. Er verbindet damit die Vorgabe, die USA in ähnlicher Weise erfolgreich führen und umgestalten zu wollen.[20] Beide Welten trennt jedoch ein Systemwechsel mit jeweils an-

---

19 Die sogenannten Executive Orders (EO) werden durch Artikel II der amerikanischen Verfassung abgedeckt. Die Erlasse dürfen jedoch keine im Parlament verabschiedeten Gesetze ersetzen oder staatliche Haushaltsmittel beanspruchen. Hier muss der Kongress als Gesetzgeber die Dekrete entsprechend legitimieren. Von daher ist das Dekret zum Mauerbau an der Grenze zu Mexiko eine Absichtserklärung, deren Mittelbereitstellung vom Kongress gebilligt werden muss. Eine laufend aktualisierte Übersicht der Dekrete steht im Federal Register https://www.federalregister.gov/executive-orders (Abrufdatum 29.05.17)

20 „Unser Haus Amerika ist einsturzgefährdet. Ich habe unzählige Male Projekt um Projekt fertiggestellt. Ich sammle das Geld ein, löse eine endlose Kette von Problemen, hole die richtigen Leute dazu und erledige den Job. Das sind vier Worte, die Politiker nicht verwenden können: Ich erledige den Job." Trump (2016), S. 146.

„Viele der Lektionen, die ich in der Geschäftswelt gelernt habe, sind auch auf unsere aktuelle Situation anwendbar." Trump (2016), S. 162. „Bei diesem Projekt nahm ich das erste Mal eine große, stark renovierungsbedürftige Immobilie und verwandelte sie wieder in etwas Großartiges. Wie vereinbart brachte ich auch den großen Grand Central Terminal selbst wieder in Schuss. Er sah wieder wunderbar

derem institutionellen Rahmen und anderen Regeln.[21] Das politisch-demokratische System beruht auf einer kollektivistischen Steuerung, bei dem das Mehrheitsprinzip als Entscheidungs- und Legitimationsregel vorherrscht. Kompromisse und Kompensationsgeschäfte erfordern mitunter einen langen Abstimmungsprozess. Für den Mehrheitsentscheid erlangt der Medianwähler eine wesentliche Bedeutung. Er ist derjenige Wähler, der die Wählerschaft in eine linke und eine rechte Hälfte teilt, so dass seine Stimme den Ausschlag geben würde.[22] Die Folge wäre eine Tendenz zur Mitte (‚Volksparteien'), bei der Extrempositionen oder neuartige Vorschläge schwer durchsetzbar sind. Diese Orientierung am Median gilt als Hemmnis für Innovation. Die politisch-demokratische Steuerung kennzeichnet zudem eine starke Regelbindung, mit der Folge, dass ‚Deals' abseits der rechtstaatlichen Normen nur schwer möglich sind.[23]

Demgegenüber beruht die Unternehmensführung auf einer zentralistisch-hierarchischen Steuerung, die das Prinzip von Anweisung/Befehl und Ausführung zur Geltung bringt. Legitimationsgrundlage ist das Eigenkapital bzw. eine auf Privateigentum basierende Gesellschaftsordnung. Der Austausch mit der unternehmensexternen Außenwelt (Zulieferer, Kunden) findet über vertragliche Aushandlungen statt. Die Entscheidungen fallen im Regelfall schneller, wobei einvernehmli-

---

und einwandfrei aus. In den folgenden 35 Jahren habe ich Derartiges immer wieder geleistet und will es jetzt für etwas wirklich Großes und Wichtiges tun – für unser Land." Trump (2016), S. 189.

21 Vgl. auch Bollmann (2017).

22 Das auf Anthony Downs (1957) zurückgehende Medianwählertheorem beruht auf der Annahme eines Zweiparteiensystems, bei dem die normalverteilten Wähler über eine politisch-ideologische Position unter vollständiger Information abstimmen.

23 Als Beispiel kann der gerichtlich erwirkte Stopp des Dekretes zum Verbot der Einreise von Bürgern einiger muslimisch geprägter Staaten gelten. Dass diese Rechtstaatlichkeit in außergewöhnlichen Situationen allerdings weniger verlässlich ist, zeigt die Euro-Rettungspolitik sowie die EU-Flüchtlingspolitik und hier speziell das Handeln der deutschen Regierung. Siehe hierzu ausführlich Meyer (2015; 2016).

che, individuell vereinbarte ‚Deals' abseits staatlicher Regeln nicht ausgeschlossen sind. Darüber hinaus kennzeichnen die Immobilien- und Baubranche eine gewisse Hemdsärmlichkeit, kurze, zumeist relativ wenig komplexe Wertschöpfungsketten und mitunter eine Anfälligkeit für Illegalität (Schattenwirtschaft, Geldwäsche und Korruption). Es dominiert die Projektabwicklung, d.h. eine zeitlich begrenzte Zusammenarbeit ohne langfristigen Bindungen.

Aufgrund dieser unterschiedlichen Regelmechanismen besteht die nicht unerhebliche Gefahr eines Scheiterns, wenn die jeweils anderen Spielregeln bei einem ‚Seitenwechsel' nicht beachtet werden. Umgekehrt kann die Kenntnis der jeweils anderen Seite auf eingefahrene Abläufe durchaus erfrischend wirken und neue Impulse geben. Eine große Gefahr bei dem Wechsel zwischen beiden Systemen besteht außerdem in möglichen Interessenkonflikten und in einer mangelhaften Trennung von Amt, Geschäft und Familie.[24] Trump plant ein Trust-Konstrukt für seinen Mischkonzern. Die Führung sollen seine Söhne Eric und Donald junior sowie Finanzchef Allan Weisselberg übernehmen. Ein konzerninterner Ethikrat soll Investitionsvorhaben kontrollieren. Darüber hinaus sollen während der Amtszeit keine neuen Auslandsengagements getätigt werden. Kritik wird unter anderem von Walter Shaub, dem Direktor des Büros für Ethikfragen geäußert. Er sieht einen Verkauf als notwendig, um Interessenkonflikte zukünftig vermeiden zu können. Als Gegenbeispiele können jedoch George Washington und Jimmy Carter herhalten, die als Präsidenten auch über einen erheblichen Immobilienbesitz verfügten.

Drei Fragestellungen mit kurzen Antworten

Der nachfolgende Beitrag beschränkt sich vornehmlich auf die ökonomische Analyse des in ‚Great Again' rudimentär skizzierten Programms.

24 Die Trump'sche Haltung (Trump (2016), S. 19) „Niemand bezahlt mich dafür, diese Dinge zu sagen. Ich bezahle für mich selbst und ich bin keinen Interessenvertretungen und keinen Lobbyisten verpflichtet" klingt in diesem Zusammenhang etwas naiv.

Da der Präsident – so zeigen es jedenfalls die ersten Monate seiner Amtsführung – diese Agenda in Handlungen der praktischen Politik umsetzt, werden die bereits in die Wege geleiteten bzw. öffentlich angekündigten Maßnahmen als konkrete Umsetzung in die Analyse mit einbezogen. Drei Fragen stellen sich dem Leser seines Buches (17 Kapitel auf 240 Seiten) gleich zu Beginn. Erstens: Geht es den USA wirtschaftlich so schlecht, dass eine Rettung auf der Basis eines fundamentalen Politikwechsels notwendig wäre? Zweitens: Erfüllt das Programm den Anspruch einer grundlegenden (Er-)Neuerung? Drittens: Wie wahrscheinlich ist ein Erfolg?

Die erste Frage ist relativ kurz abzuhandeln. Wirtschaftlich stehen die USA im Vergleich mit anderen Industriestaaten durchaus gut da: im Fünf-Jahres-Durchschnitt ein Wachstum von 2 %, eine Inflation von 1,2 % (2016) mit anziehender Tendenz sowie eine Arbeitslosenquote von 4,7 % (Dezember 2016).

Eine notwendige ‚Rettung' müsste demnach anders begründet werden und genau da setzt sein innovatives Moment mit der zweiten Frage an. Die Vorteile der Globalisierung genießen vornehmlich die mobilen, gebildeten Arbeitskräfte und die Kapitalbesitzer durch gestiegene Einkommen sowie die Konsumenten durch günstige Importpreise. Gut bezahlte Industriearbeitsplätze gingen hingegen verloren. Untersuchungen von David Autor u.a. (MIT)[25] ergeben seit der Jahrtausendwende einen Verlust durch Importkonkurrenz aus China von zwei Mio. Arbeitsplätzen. Verlierer sind die Stahlwerker in Pittsburgh und Autobauer aus Detroit. Die Region wird vom Stahlgürtel zum Rostgürtel. Strukturwandel findet dort nicht statt, stattdessen entstehen industrielle Brachlandschaften. Als ältere Arbeitslose – regional gebunden und für Umschulungen nicht geeignet – stehen ihre Chancen auf neue Jobs beispielsweise im Silicon Valley denkbar schlecht. Damit ist eine Voraussetzung für die allgemein wohlfahrtsstiftende Wirkung des Freihandels nicht erfüllt: die relativ schnelle Wiederbeschäftigung ar-

[25] Zu den Auswirkungen chinesischer Importe in die USA siehe Autor, Dorn u. Hanson (2016).

beitsloser Arbeitnehmer an anderer Stelle. Durchaus anders sieht es mit ihren Kindern aus. Mobil und in der Ausbildung, finden junge Menschen anderenorts in neuen, überwiegend dienstleistungs-orientierten Produktionen eine zumeist gut bezahlte Beschäftigung. Zählten Chrysler, Ford und General Motors 1990 bei einem Börsenwert von 36 Mrd. Dollar noch 1,3 Mio. Mitarbeiter, so beschäftigten Apple, Facebook und Google 2015 nur 185 Tsd. Mitarbeiter bei einem Börsenwert von 1.428 Mrd. Dollar. Auch eine weitere, kompensierende Nebenbedingung des Freihandels, der Ausgleich der Verlierer durch ein umverteilendes Steuer- und soziales Sicherungssystem, wurde nicht eingehalten und gefährdet aktuell den Zusammenhalt der amerikanischen Gesellschaft. Protektionismus durch Zölle auf Industriewaren hätte dann Gewinner. Verbesserungen am unteren Ende der Einkommens-/Beschäftigungspyramide, eine Reindustrialisierung scheinen möglich: America first!

Die Lage verschärfend, kommt die Konkurrenz durch (illegale) Einwanderer mit geringer Qualifikation hinzu. Ein Wechsel der arbeitslos gewordenen Stahlarbeiter in relativ niedrig bezahlte Jobs im zumeist haushaltsnahen Dienstleistungssektor (Reinigung, Gastronomie, Transport) wird erschwert. Zudem entsteht ein Lohndruck nach unten und bezahlbarer Wohnraum minderer Qualität wird knapper. Protektionismus durch Einwanderungsstopp hätte auch hier Gewinner. Die Inlandslöhne für Niedrigqualifizierte (Hausmeister, Taxifahrer, Gärtner, Kindermädchen) würden steigen, die Lebenshaltungskosten (vorrangig Mieten) würden sinken: America first!

Zur Beantwortung der dritten Frage nach den Erfolgsaussichten der Trump'schen Wirtschaftspolitik müssen so genannte Zweitrundeneffekte, also Rückwirkungen, mit beachtet und eine langfristige Sichtweise angestellt werden. Wenngleich – wie oben angedeutet – kurzfristige Erfolge wahrscheinlich sind, dürften die langfristigen Wirkungen auch den USA erheblich schaden. Schutz vor Auslandskonkurrenz verzögert Anpassungen und mindert die Anreize zur Entwicklung innovativer, kostengünstiger Produkte. Protektionismus wirkt als Bestandsschutz.

Er sichert den Produktionsfaktoren geschützter Branchen wettbewerblich überhöhte Löhne und Gewinne (Bestandsrenten) zulasten der amerikanischen Konsumenten, denen die Wahl der besseren ausländischen Produkte genommen wird. Sollten entsprechende Zölle gar mit protektionistischen Maßnahmen (Retorsion) des Auslandes beantwortet werden, dürften ein internationaler Handelskrieg und ein Abwertungswettlauf der Währungen erhebliche Wohlstandsverluste für alle Beteiligten bewirken.

Zudem erscheint die Trump'sche Wirtschaftspolitik widersprüchlich: Ein Konjunkturschub durch Steuersenkungen, schuldenfinanzierte Infrastrukturinvestitionen und Deregulierung wird bei einer derzeitig hohen Kapazitätsauslastung die Inflation beflügeln. Eine notwendige Leitzinserhöhung der Notenbank ließe den Dollarkurs steigen. Ein weiterer Anstieg ergibt sich aus den Importbeschränkungen. Resultat wäre ein Trump'sches Dollarparadoxon: Eine Dollarabwertung soll die Leistungsbilanz verbessern, die angekündigte Politik bewirkt jedoch das Gegenteil. Fazit: Diese Politik ist volkswirtschaftlich nicht schlüssig.

Im Folgenden werden einzelne Politikbereiche bzw. Maßnahmen der Trump'schen Agenda detailliert untersucht: Protektionismus durch Strafzölle,[26] Protektionismus durch Einwanderungsstopp und der Mauerbau zu Mexiko, die Wirkungen auf die volkswirtschaftliche Gesamtrechnung (vorrangig auf Leistungsbilanz und Wachstum), die Steuerreform sowie die Finanzmarktderegulierung.

Protektionismus durch Strafzölle

Der internationale Handel, die amerikanische Leistungsbilanz und hier insbesondere das anhaltende US-Defizit nehmen einen zentralen Punkt der Trump'schen Neuausrichtung ein. Umso mehr erstaunt es, dass keine Kapitelüberschrift von ‚Great Again' dieses Thema ausdrücklich thematisiert. Selbst die Suchrecherche zum Begriff ‚Zoll' ergibt lediglich ein Ergebnis. Pointiert formuliert lautet die neue Sichtweise: Freihandel

---

26 Vgl. auch Meyer (2017).

ist kein Positivsummenspiel mit Wohlstandsgewinnen für alle, sondern Freihandel ist ein Nullsummenspiel, bei dem die Gewinne des Exportstaates zulasten des importierenden Landes gehen. Importe, da sie tendenziell Arbeitsplätze vernichten, werden als eher negativ bewertet. Von daher hat der Freihandel, insbesondere wenn er mit dem Vorwurf der Währungsmanipulation oder des Dumpings einhergeht, den Charakter eines Handelskrieges, dem mit entsprechenden Gegenmaßnahmen zu begegnen ist. Die Ursachen wohlfahrtsstiftenden Handels wie eine unterschiedliche Ausstattung mit Produktionsfaktoren (Knappheiten), relative Produktivitätsvorteile einzelner Länder sowie die Realisierung von Massenproduktionsvorteilen in Verbindung mit einem differenzierten, präferenzgerechten Angebot werden hingegen wenig beachtet. Auch die Rolle funktionierender länderübergreifender Wertschöpfungsketten wird nicht gesehen.

Welche konkreten Begründungen liefert die ökonomische Analyse, um Zölle zu rechtfertigen? Zölle sind Eingriffe in die wettbewerbliche Preisbildung bei grenzüberschreitendem Warenverkehr und stehen den Prinzipien des Freihandels entgegen, da sie grundsätzlich und bei gesamtwirtschaftlicher Betrachtung mit Wohlfahrtsverlusten verbunden sind. Dennoch können Zölle auch ökonomisch begründet werden, ohne den Freihandel generell infrage zu stellen.

– Gemäß der Optimalzolltheorie können Zölle unter speziellen Bedingungen die Wohlfahrt durchaus steigern (Erläuterung siehe unten).
– Entsprechend der Theorie des Zweitbesten können Zölle auch eine Fehlentwicklung in einem Markt – beispielsweise durch einen hohen staatlichen Mindestlohn – heilen, indem sie mit niedriger Qualifikation arbeitsintensiv produzierte Güter vor Einfuhren schützen. Allerdings sollte hier die erstbeste Lösung – die Abschaffung der Mindestlohnregulierung – angestrebt werden.
– Schließlich sollen Dumpingzölle ausländische Waren fernhalten, die im Inland zu Preisen angeboten werden, die unterhalb denjenigen Preise liegen, die im Ursprungsland unter Berücksichtigung der Transportkosten erhoben werden (Erläuterung siehe unten).

- Insbesondere für aufstrebende Länder wird das Erziehungszoll-Argument vorgebracht, nach dem die Kostennachteile einer im Aufbau befindlichen Produktion – Ausbildung von Fachkräften, Erfahrungen in der Produktion sammeln, infrastrukturelle Nachteile – über eine künstlich verteuerte Importkonkurrenz geschützt wird, um sich entwickeln zu können.
- Der Sicherung von ansonsten gefährdeten Arbeitsplätzen bzw. deren verzögertem Abbau dienen Erhaltungs- oder Anpassungszölle (Erläuterung siehe unten).
- Sicherheitsinteressen für den Schutz einer nationalen Basisversorgung können Zölle in den Bereichen Waffenproduktion, Nahrungsmittel und Energie allenfalls politisch rechtfertigen.

Trump begründet die Einführung von Strafzöllen vornehmlich mit einem Dumping (a), entweder direkt über niedrige Preise oder durch künstlich unterbewertete Währungen (Preis-/Währungsdumping). Zugleich wird der Erhalt/die Wiedererrichtung von Industriearbeitsplätzen (b) hervorgehoben. Nicht ausdrücklich so benannt, doch durchaus so interpretierbar, ist das Optimalzoll-Argument (c).

(a) Der Vorwurf des Dumpings ist generell schwer zu belegen. So verzerren unterschiedliche Steuersysteme, die zu unterschiedlich hohen Steueraufschlägen der gehandelten Güter im Inland/Ausland führen und die Preise der Exporte/Importe verzerren, einen Vergleich. Hier müssten entsprechende handelspolitische Absichten unterstellt werden. Auch der Vorwurf eines Sozialdumpings durch niedrigere Sozialabgaben und einen geringeren Arbeitnehmerschutz ist schwer nachzuweisen. Ein Entwicklungsland kann und will sicherlich keine entsprechenden Standards bieten. Sind entsprechende Kostenvorteile dann als Dumping zu bewerten? Allenfalls Exportförderzonen, die spezielle exportfördernde Vorteile bieten, erfüllen diesen Tatbestand, da eine positive Diskriminierung gegenüber inländischer Güterproduktion vorliegt.

Klarer scheint die Feststellung eines Währungsdumpings zu sein.[27] So hätten beispielsweise ein Ankauf von ausländischen Vermögenswerten (z.B. ausländische Aktien) durch einen inländischen Staatsfonds oder der Ankauf von Währungsreserven bzw. der Ankauf inländischer Wertpapiere (z.B. Staatsanleihen) durch die Notenbank (Anleihenankauf der EZB, Asset Purchase Programme, APP) einen abwertenden Effekt auf den Wechselkurs der inländischen Währung, also einen Aufwertungseffekt für den Dollar. Die Gründe können jedoch abseits jeglicher währungspolitischer Manipulationsabsicht liegen: Der Staatsfonds schichtet aus Anlage-/ Rentabilitätsgesichtspunkten um oder die Zentralbank unternimmt eine Stützung der inländisch schlecht laufenden Konjunktur durch eine Geldmengenexpansion im Rahmen einer Offenmarktpolitik. Insbesondere die gegenüber China und dem Euroraum erhobenen Vorwürfe sind zweifelhaft:

- Renminbi/China: Die Einstellung der Ankäufe von amerikanischen Staatsanleihen und die seit einiger Zeit durch die chinesische Regierung erlassenen Kapitalverkehrskontrollen durch eine spezielle Genehmigungserfordernis bei Käufen von ausländischen Unternehmen haben gegenüber dem Renminbi tendenziell einen Aufwertungseffekt bewirkt.
- Euro/EZB: Die Deutsche Bundesbank (BBk) hat aktuell eine Studie zum Einfluss des Anleiheankauf-Programms (APP) der EZB auf den Euro-Wechselkurs veröffentlicht.[28] Quintessenz: Die Anleihekäufe haben über die einhergehende Zinssenkung den Eurokurs ge-

[27] Trump erhob insbesondere gegen China, aber auch gegenüber der Bundesrepublik den Vorwurf eines Währungsdumpings, also einer politisch beeinflussten Verbilligung der heimischen Währung. Interessant sind in diesem Zusammenhang die Überlegungen, das Handelsdefizit der USA durch eine neue Berechnungsmethode statistisch noch größer auszuweisen. So sollen Waren, die importiert und ohne eine Weiterverarbeitung exportiert werden, aus den Exporten herausgerechnet werden. Begründet wird diese ungewöhnliche und asymmetrische Erhebungsmethode mit dem Erkenntnisgewinn der tatsächlich in den USA hergestellten Exportgüter – wobei importierte Vorleistungen hier herausgerechnet würden. Vgl. o.V. (2017).

[28] Vgl. Deutsche Bundesbank (2017), S. 13 ff.

genüber dem Dollar geschwächt, damit die Exporte beflügelt und die Importe verteuert. Letzter Effekt hat die Inflationsanstrengungen der EZB unterstützt. Regelmäßig kam es in den Stunden nach den entscheidenden Sitzungen des Zentralbankrates zu sprunghaften Abwertungen gegenüber dem US-Dollar: im Januar 2015 (Ankündigung des APP) sowie im Dezember 2015, März 2016 und Dezember 2016 (Verlängerungen und Aufstockung des APP). Am 22. Januar 2015 wurden die Marktteilnehmer von der Ankündigung der ‚außergewöhnlichen Maßnahmen' so überrascht, dass mit minus 3,6 % der zweithöchste Tagesverlust des Euro seit seiner Einführung erfolgte. Daneben ergibt die Studie, dass die Ankündigungseffekte die größte Rolle spielen. Die tatsächlichen Anleihekäufe entfalten kaum Wirkung. Das Fazit der BBk lautet: Von der gemessenen Abwertung des Euro gegenüber dem US-Dollar zwischen 2014 und 2016 um 16,7 % dürften 6,5 % (ein gutes Drittel) durch das APP verursacht sein. Allerdings sind die Wirkungen nicht eindeutig abgrenzbar. So gibt es Überschneidung mit den konventionellen Maßnahmen der Geldpolitik. Die Senkung des Leitzinses auf null und eine Änderung des Einlagenzinses auf minus 0,4 % im März 2016 waren kombiniert mit einer Aufstockung der Anleihekäufe auf 80 Mrd. Euro monatlich. Zudem wirkten geldpolitische Maßnahmen einer Straffung der Geldpolitik der USA durch die FED ebenfalls auf den Kurs. Hier schätzt die BBk den Abwertungseffekt für den Euro sogar auf 6,8 %.

– Euro/Deutschland: Wenngleich der Vorwurf einer (beabsichtigten) Währungsmanipulation für die EZB und die Eurozone insgesamt kaum zutreffend ist, so resultieren aus den großen Unterschieden in der Wettbewerbsfähigkeit der einzelne Eurostaaten verzerrte Außenhandelsstrukturen.[29] Während für Griechenland der Euro um vielleicht 50 % überbewertet ist, stellt sich der Euro für Deutschland um gegebenenfalls 20 % unterbewertet dar. Folglich existieren zwischen den Eurostaaten verzerrte reale Wechselkurse[30], die im Fall

[29] Vgl. hierzu Schäfer (2012).

[30] Zum realen Wechselkurs vgl. Krugman u. Obstfeld (2009), S. 527 ff. Der reale

Griechenland zu hohen Importüberschüssen und im Fall Deutschland zu hohen Exportüberschüssen geführt haben. Die Überbewertung stellt für Griechenland eine Importsubvention und die Unterbewertung für Deutschland eine Exportsubvention dar. Folglich haben deutsche Exporteure in den USA einen speziellen Wechselkurs-/Preisvorteil, der aus den Ungleichgewichten des Eurosystems resultiert. Eine Währungsmanipulation kann hieraus nicht abgeleitet werden. Die Verursachung liegt in einem nicht optimalen Währungsraum des Euro begründet.

(b) Ein Zollschutz kann industrielle Arbeitsplätze nur unter speziellen Gegebenheiten sichern bzw. erhöhen und damit das Jahreseinkommen der Region steigern und folglich die nationale Wohlfahrt erhöhen. Folgende Daten geben einen Hinweis auf die Effekte der Globalisierung und des damit einhergehenden Strukturwandels, aber auch der regional konzentrierten Kosten dieser Anpassung. Gab es in den Vereinigten Staaten 1980 noch 19 Mio. gut bezahlte Industriearbeitsplätze bei insgesamt 227 Mio. Einwohnern, so blieben davon 2015 bei einem Anstieg auf 320 Mio. Einwohner nur noch 12 Mio. Arbeitsplätze.[31] Dabei betrug das durchschnittliches Jahresgehalt in der Industrie (2013) 54,3 Tsd. Dollar. Sollten die Entlassenen eine Beschäftigung im haushaltsnahen, zumeist relativ unqualifizierten Dienstleistungssektor aufnehmen können, so sind die Einkommen dort wesentlich niedriger: im Einzelhandel 25,8 Tsd. Dollar; im Hotel- und Gastronomiebereich 17,5 Tsd. Dollar. Voraussetzung einer gelingenden Anpassung durch Zollprotektion zu relativ geringen Kosten für die Betroffenen und die Region sind allerdings folgende Punkte:

– Eine Umschulung der Entlassenen auf volkswirtschaftlich produktive, alternative Qualifikationen ist nicht möglich. Die Alternative bestände deshalb in dauerhafter Arbeitslosigkeit.

Wechselkurs gibt das Verhältnis des inländischen zum ausländischen Preisniveau eines Warenkorbes (in Auslandswährung, hier also Euro) an. Anders ausgedrückt, gibt er an, wie viel ausländische Warenkörbe im Austausch für einen inländischen Warenkorb erworben werden können.

[31] Siehe Kirchner (2017).

- Die an sich obsolete Produktion darf keine neuen, jungen Arbeitskräfte binden. Diese würden an anderer Stelle fehlen und den Strukturwandel hin zu zukunftsträchtigen Produktionen behindern.
- Die Nachfrager (Konsumenten) dieser gegenüber Weltmarktpreisen zu teuer produzierten Güter dürfen nicht durch die höheren Preise abgeschreckt werden.[32]

Da der Abbau bzw. die Abwanderung von Industriearbeitsplätzen bereits seit längerer Zeit stattfindet, kann diese Politik eher für den zukünftigen Strukturwandel gelten. Dabei sollte klar sein, dass es sich nur um einen Anpassungsschutz handeln kann, der die Anpassung an neue Strukturen zeitlich streckt. Politisch ist die zeitliche Begrenzung eines produktionsbezogenen Protektionismus allerdings sehr schwer zu handhaben, so dass die Gefahr eines volkswirtschaftlich überaus kostspieligen Dauerschutzes besteht.

(c) Nachfolgend soll die Wirkung eines Importzolls näher untersucht werden.[33] Ausgangspunkt sind die inländische Nachfragefunktion N sowie die inländische Angebotsfunktion A eines Gutes (siehe Abb. 1). Ohne Außenhandel würde sich eine inländische Preis-Mengenkombination im Schnittpunkt von N und A ergeben. Bei offenen Grenzen können ausländische Importe ungehindert ins Land strömen. Gemäß Abb. 1 ergibt sich bei einem angenommenen Freihandelspreis von P_W eine Importmenge von $N^1 - A^1$. Die Einführung eines Zolls hat gegenüber dem wettbewerblichen Preis bei Freihandel P_W grundsätzlich zwei entgegengesetzte Preiswirkungen: einen erhöhten Inlandspreis P_T und einen gesunkenen Weltmarktpreis P_T^* (siehe Abb. 1).

Bezogen auf das Inland sinkt die Importmenge X_T aufgrund der geringeren Importe (gewünschte Zollprotektion) von $N^1 - A^1$ auf

[32] In mikroökonomischen Begriffen ausgedrückt, müsste die Preiselastizität der Nachfrage relativ gering ausfallen. Beispielsweise aufgrund spezieller Präferenzen, dem Mangel an Alternativen oder gar einer Existenznotwendigkeit des Gutes würde dann auch bei höheren Preisen die Nachfrage nicht nennenswert zurückgehen.

[33] Der ökonomisch weniger interessierte Leser möge die Ausführungen unter c) zur Abb. 1 überspringen.

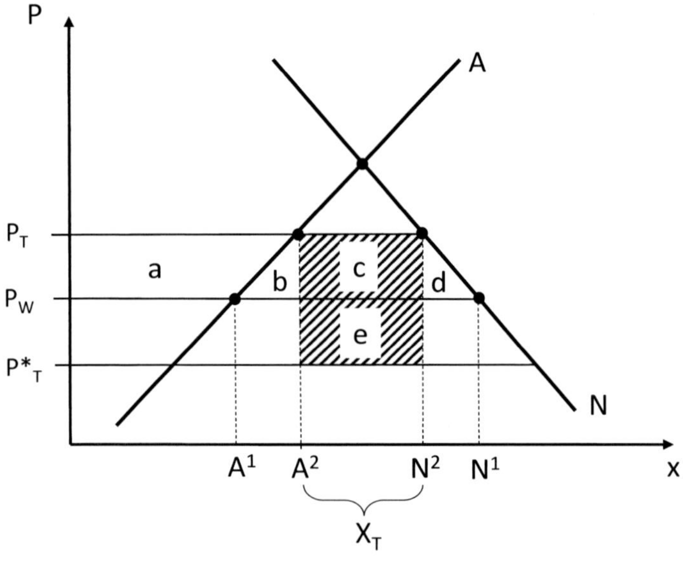

Verlust der Konsumenten (a+b+c+d)

Gewinn der Produzenten (a)

Staatlicher Einnahmezuwachs (c+e)

Abb. 1: Protektion und Wohlfahrtseffekte eines Importzolls

$N^2 - A^2$, so dass bei gegebener Nachfrage ein Preisanstieg für das Inlandsgut auf P_T erfolgt. Einen Vorteil haben die inländischen Anbieter, deren Gewinn um (a) steigt. Die Kunden der auslandskonkurrenzgeschützten Konsumgüter oder die Industrien, die entsprechende Vorleistungen einsetzen, müssen höhere Preise bezahlen $(a + b + c)$. Zudem erhält der Staat Zolleinnahmen in Höhe $c + e$, die zum einen Teil (in Höhe der Differenz des ursprünglichen Freihandelspreises P_W und dem Preis bei Zoll P_T) die inländischen Nachfrager über den höheren Preis tragen müssen (c). Gegebenenfalls werden sie in gleicher Höhe durch geringere Steuern entlastet. Denkbar ist auch ein daraus finanziertes staatliches Ausgabenprogramm, dessen Nutzen dem Inland über zusätzliche Infrastruktur oder Sozialleistungen zufließen könnte. Darüber hinaus sinkt der Weltmarktpreis auf P_T^*, da das vom Inland fern gehaltene Angebot (kurzfristig) preissenkend auf den Weltmarkt drückt. Davon profitiert auch das zollerhebende Inland, indem der Staat diesen Teil des Zolls (in Höhe der Differenz zwischen dem Freihandelspreis P_W und dem abgesenkten Weltmarktpreis P_T^*) zulasten der ausländischen Exporteure einnehmen kann (*e*). Sind diese Zolleinnahmen größer als die Wohlfahrtsverluste der Konsumenten durch eine zurückgedrängte Nachfrage (*d*) und die Zusatzkosten infolge der Aufrechterhaltung einer inländischen, volkswirtschaftlich gegenüber dem Ausland ineffizienten Produktion (*b*), so hat der Zoll für das erhebende Inland positive Wohlfahrtseffekte (siehe Abb. 1). Man spricht deshalb auch von einem Optimalzoll.[34] Es lässt sich nun beweisen, dass dieser Optimalzoll nur dann möglich wird, wenn

- der Zollsatz relativ gering ist und
- das importierende Land relativ groß ist und deshalb seine Protektion einen preissenkenden Effekt auf dem Weltmarkt hat.

Zwar erfüllen die USA die Voraussetzung eines großen Landes. Die angekündigten Zölle von 35 % auf Autoimporte oder die bereits praktizierten Dumpingzölle auf Stahl aus China in Höhe von bis zu 266 % dürften positive Wohlfahrtseffekte im Sinne eines Optimalzolls hingegen nicht zulassen.

Zusammengefasst gibt die Analyse keinerlei Hinweise, die den Vorwurf einer Währungsmanipulation (a) rechtfertigen würden. Vorteile eines Zollschutzes zum Schutz industrieller Arbeitsplätze (b) könnten allenfalls kurzfristig und unter der Bedingung einer zeitlichen Begrenzung erzielt werden. Dem entgegen stehen die Gefahren eines verhinderten Strukturwandels mit erheblichen Wachstumsverlusten für die USA. Denkbar wäre demgegenüber ein Ausbau der sozialen Sicherung, die die Benachteiligten des Strukturwandels auf Kosten der Begünstig-

[34] Zur Darstellung und zum Beweis siehe Krugman u. Obstfeld (2009), S. 261 ff. und S. 336 f.

ten entschädigt (Kompensationslösung). Schließlich belastet ein Zoll zu einem Großteil die inländischen Konsumenten durch Preissteigerungen. Je geringer die Alternativen (frisches Gemüse, Avocados, Limonen, Tequila aus Mexiko), desto mehr tragen die Konsumenten die Last. Wohlfahrtsteigernde Wirkungen eines Optimalzolls (c) dürften aufgrund nicht erfüllter Voraussetzungen nicht vorliegen.

Da Strafzölle mit den Regularien der Welthandelsorganisation (World Trade Organization, WTO) und dem Nordamerikanischen Freihandelsabkommen (North American Free Trade Agreement, NAFTA) nicht vereinbar sind, dürften sie zu einer Klage vor einem Schiedsgericht führen.[35] Sowohl die mexikanische Regierung wie auch die EU-Kommission könnten die Schiedsgerichte anrufen. Ein Verfahren über zwei Instanzen dauert bei der WTO etwa drei Jahre. Im Fall einer Bestätigung würde den USA eine Umsetzungsfrist von 15 Monate zustehen. Die Instanzen der NAFTA arbeiten langsamer. Deshalb würden die Maßnahmen erst zum Ende der ersten Amtszeit von Trump wirken und gegebenenfalls seinen Nachfolger betreffen.

Sollten dann Strafzölle als Gegenmaßnahme eingeführt werden, wäre dies de facto ein Handelskrieg. Zurzeit werden insbesondere seitens Frankreichs bereits Gegenmaßnahmen auf europäischer Ebene ins Spiel gebracht. So fordert der französische Staatssekretär für Wirtschaftsfragen, Christophe Sirugue, Retorsionszölle als Antwort auf Strafzölle ohne WTO-Legitimation.[36] Konkret fordert er Strafzölle und Antidumpingmaßnahmen für chinesische Stahlimporte, die mit unverkauften Waren den europäischen Markt ‚überschwemmen' würden. Zudem sollten Unternehmensübernahmen durch das EU-Ausland, bei denen keine ‚guten Absichten' vorliegen (keine Schaffung neuer Arbeitsplätze, vorrangig zum Zwecke der Technologiebemächtigung und der Patentübernahme), verboten werden. Dies käme einer Einschränkung des

[35] Derzeit besteht ein von der WTO nicht beanstandeter Einfuhrzoll von 2,5 Prozent für importierte Autos nach Amerika und von 10 Prozent für die Einfuhr amerikanischer Autos nach Europa.

[36] Siehe Schubert (2017). Ähnliches äußerte der französische Präsident Emmanuel Macron nach seiner Amtseinführung.

freien Kapitalverkehrs gleich. Zudem plädiert er für Erleichterungen bei der Fusionskontrolle, um den Aufbau großer europäischer Konzerne zu erleichtern. Die wettbewerbsbeschränkenden Wirkungen zulasten europäischer Verbraucher bei gleichzeitigen Handelsbeschränkungen bleiben in den oben genannten Argumenten außen vor.

Weitgehend übersehen wird bei einer national-protektionistischen Sichtweise die Bedeutung von grenzüberschreitenden Wertschöpfungsketten. Dies gilt beispielsweise in hohem Maße für die amerikanische Autoindustrie, wo unter https://www.cars.com/articles/the-2016-carscom-american-made-index-1420684865874/ eine Liste derjenigen Modelle aufgeführt ist, die zu Wertschöpfungsanteilen größer als 75 % im Land produziert und verkauft wurden. ‚Sieger' 2016 war der Toyota Camry, auf Platz zwei folgt der Honda Accord. Das erste Modell eines US-Herstellers liegt mit dem Chevrolet Traverse von General Motors (GM) auf Platz sechs. Waren es vor fünf Jahren noch 60 %, so kommt das GM-Modell Chevy Cruze aktuell nur noch auf einen 44-%igen Wertschöpfungsanteil der Teile aus den USA und Kanada. Ein Handelskrieg würde die international erfolgreichen Wertschöpfungsketten zerstören und kaum abschätzbare Zulieferprobleme für mehrere Jahre bewirken. Ein Importzoll würde auch amerikanische Endproduktionen erheblich verteuern und den amerikanischen Verbraucher treffen. Ausgeprägte Verflechtungen bestehen mit Mexiko, wo derzeit etwa zwei Mio. Arbeitsplätze in den USA vom Handel mit dem Nachbarstaat abhängig sind.[37] Allein im Grenzgebiet von Texas sind knapp eine Mio. amerikanische Arbeitnehmer vom Export in den Nachbarstaat betroffen. Texas würde sich zukünftig zu einem eher unbedeutenden Peripheriestaat wandeln.[38]

Außerdem sind amerikanische Farmer Nutznießer des NAFTA-Abkommens, die ihren mit Gentechnik hergestellten Mais in großen Mengen nach Mexiko exportieren.

---

[37] Besonders deutlich wurden die Abhängigkeiten, als es anlässlich der Terroranschläge vom 11. September 2001 zu einer Grenzschließung zu Mexiko kam.

[38] Vgl. von Petersdorff (2017a).

Ohne Zweifel hätten die ausländischen US-Handelspartner insbesondere kurzfristig durch Exportverluste in die USA erhebliche wirtschaftliche Probleme zu tragen.[39] Bei Exporten in Höhe von 143 Mrd. Euro und einem Exportüberschuss von 56 Mrd. Euro (2015) wären in Deutschland besonders der Automobil- und Maschinenbau sowie die Chemie- und Pharmaindustrie betroffen. Allein die deutschen Autoexporte in die USA sichern ca. 200 Tsd. heimische Arbeitsplätze. Insgesamt dürften in der deutschen Exportindustrie ca. 1 Mio. Arbeitsplätze gefährdet sein. Hinzu kämen im Falle protektionistischer Gegenmaßnahmen zusätzlich 600 Tsd. Mitarbeiter amerikanischer Firmen in Deutschland. Darüber hinaus haben 3.500 deutsche Firmen Tochtergesellschaften oder Niederlassungen in den USA mit ca. 620 Tsd. Arbeitsplätzen, die wiederum Arbeitsplätze in deutschen Konzernzentralen sichern. Diese direkten Effekte werden durch indirekte, negative Multiplikatoreffekte verstärkt. Geringere US-Importe aus China senken die Nachfrage chinesischer Firmen im deutschen Maschinenbau. Schließlich bedeuten diese Exportverluste sinkende Einkommen, die die Konsum- und auch die Investitionsgüternachfrage in Deutschland weiter nach unten drücken würden. Vorteilhaft wäre es, wenn die US-Nachfrage relativ preisunelastisch auf die Preissteigerungen importierter Güter reagieren würde. Hier sind deutsche Maschinenbauer sowie Spezialchemie- und Pharmaproduzenten bevorteilt, auf deren Produkte die US-Produzenten mangels Ausweichmöglichkeiten kaum verzichten werden und deshalb Preiserhöhungen ohne große Nachfrageeinschränkungen akzeptieren würden. Anders dürfte es die deutschen Autobauer und Zulieferer treffen, deren Produkte bei Preissteigerungen durch US-Produktionen (mittelfristig) ersetzbar wären.

Der Mauerbau zu Mexiko

Der auch per Dekret am 25. Januar 2017 fünf Tage nach Amtseintritt angekündigte Mauerbau zu Mexiko scheint für Präsident Trump ei-

[39] Vgl. Meck (2017).

ne Art Leuchtturmfunktion zu haben.[40] Die damit vorrangig verknüpfte gesellschaftspolitische Ausrichtung (Grenzsicherung und Grenzübertritt als originäre staatliche Aufgabe, Verbrechensbekämpfung, gelenkte Einwanderung) hat darüber hinaus eine hohe ökonomische Bedeutung, werden doch hauptsächlich gering qualifizierte Arbeitskräfte und deren Familien von den USA ferngehalten. Konkret geht es um eine 3,5 Tsd. Kilometer lange Sperranlage zu Mexiko als Betonmauer oder Zaun, deren Kosten auf zwischen 8 und 20 Mrd. Dollar kalkuliert werden und deren Haushaltsansatz vom Kongress bislang nicht bewilligt wurde.

Die Ankündigung, der amerikanische Steuerzahler würde die Kosten nur vorstrecken und eine 20 %ige Importsteuer auf Waren aus Mexiko würden als Zahlung für den Mauerbau verwendet werden, missachtet die Ergebnisse der ökonomische Analyse von Zollwirkungen und deren Belastungswirkungen (siehe hierzu im vorherigen Kapitel). Zwar stellen die Zölle Einnahmen für den US-Zentralstaat dar, doch werden die Nachfrager/Konsumenten dieser Waren die Hauptlast durch Preiserhöhungen tragen müssen. Lediglich durch die bei rückläufiger US-Nachfrage gesunkenen mexikanischen Exporterlöse und deren Abschöpfung durch den Zoll wird Mexiko an den Zolllasten beteiligt (siehe die Fläche e in Abb. 1). Da insbesondere die Kapazitätsauslastung der Bauindustrie und deren Zulieferer von dem Mauerbau profitieren werden, sollten die Löhne für Bauarbeiter und die Preise für Baumaterial anziehen. Dies spiegelt auch der Branchen-Aktienindex S&P Construction and Engineering wider, der seit dem 8. November 2016 bis Anfang März 2017 um 21 % anstieg. Speziell Zementhersteller wie Heidelberg Cement und der Baumaschinenhersteller Caterpillar machten Kurssprünge, die allerdings auch aus dem angekündigten Infrastrukturprogramm herrühren dürften. Darüber hinaus wären steigende Immobilienpreise und ein genereller Lohnanstieg im Niedriglohnsektor mittelfristig zu erwarten und durchaus im Trump'schen Sinne.

---

[40] In Kap. 3: „Einwanderung: Gute Nachbarschaft beruht auf guten Mauern" widmet Trump (2016), S. 35 ff. dem Stopp illegaler Einwanderer aus Mexiko gleich zu Beginn von ‚Great Again' ein ganzes Kapitel.

Eher kontraproduktiv für diese Politik ist die mit dem Ankündigungseffekt einhergehende Abwertung des Mexikanischen Peso gegenüber dem US-Dollar um etwa 10 % im ersten Vierteljahr nach der Präsidentenwahl. Ford und Carrier haben geplante Fabrikverlagerungen abgesagt, während BMW eine neue Fabrik errichtet und Audi ein gerade fertiges Werk hochfährt. Nicht zuletzt wegen dieser Zukunftsaussichten haben sich die Lebenshaltung und das Investitionsklima in Mexiko verschlechtert. Als Folge steigt der Migrationsdruck. Hatten zwischen 2009 bis 2014 ca. 1 Mio. Mexikaner die USA verlassen und waren im Gegenzug 900 Tsd. zugewandert, dürfte die freiwillige Rückkehr von Wanderarbeitern mit der Präsidentenwahl gestoppt sein.

Neben der Verhinderung illegaler Einwanderung geht es Trump auch um die Abschiebung der bereits im Land befindlichen illegalen Migranten, insbesondere um die straffällig gewordenen Zuwanderer.[41] Unter den schätzungsweise insgesamt 11 Mio. illegalen Migranten befinden sich etwa 6 Mio. Mexikaner. Ein Blick in die jüngere Geschichte der USA gibt allerdings Zweifel auf, ob die beabsichtigten Wirkungen hinsichtlich der Beschäftigungseffekte für amerikanische Arbeitnehmer eintreten werden. Im Jahr 1964 beendete der damalige Präsident Lyndon B. Johnson das ‚Bracero'-Programm, welches Mexikanern eine zeitlich befristete Beschäftigung vornehmlich in der Landwirtschaft gestattete.[42] Der erwartete Lohnanstieg für die knapper gewordenen (amerikanischen) Landarbeiter blieb jedoch aus. Vielmehr reagierten die Farmer auf zweifache Weise: Zum einen bauten die Grundbesitzer fortan weniger arbeitsintensiv zu produzierende Früchte an, zum anderen produzierten sie kapitalintensiver, indem spezielle Erntemaschinen entwickelt und beispielsweise für den Tomatenanbau eingesetzt wurden. Da sich diese Technologie aber nur bei entsprechender Anbaugröße rechnete, kam als weiterer Effekt die Aufgabe oder Umstellung auf andere Feldfrüchte von etwa 4.400 der 5.000 kalifornischen Tomatenbauern

---

41 Trump (2016), S. 36 beziffert die Zahl illegaler Ausländer in US-Gefängnissen mit 351 Tsd. Personen (2011).

42 Vgl. Petersdorff (2017b). Bracero (span.): Erntehelfer.

hinzu. Insgesamt verloren dabei 32 Tsd. amerikanische Landarbeiter ihre Beschäftigung.

Außerdem war die Beendigung der ‚Bracero'-Migration der Anlass für ein Industrialisierungsprogramm der mexikanischen Regierung, die eine drohenden Massenarbeitslosigkeit in den grenznahen Städten befürchtete. Auf Hinweise amerikanischer Industrieller hin, die bereits Verträge mit Zulieferern aus Asien hatten, richtete Mexiko privilegierte Freihandelszonen entlang der Grenze ein. Dies betraf beispielsweise die zollfreie Einfuhr von Rohstoffen, Halbfertigprodukten und Maschinen, soweit die Produktion für den Export bestimmt war. Die damit entstandenen Zulieferbetriebe sind heute die verlängerte Werkbank amerikanischer Firmen, für die Trump einen Strafzoll erheben will. Heute arbeiten dort etwa 1 Mio. Mexikaner in ca. 3.000 Fertigungsstätten, die überwiegend internationalen Unternehmen gehören.

Volkswirtschaftliche Gesamtrechnung, Leistungsbilanz und Wachstum

(Wirtschaftliche) Freiheit, ökonomische Größe als Quelle von Macht und der wirtschaftlich-soziale Wohlstand der Amerikaner stehen zentral im Zielsystem der Trump'schen Politik. Sowohl die angekündigten protektionistischen Maßnahmen, die in Aussicht genommene Reform des Steuersystems, wie auch das geplante Infrastruktur-/Modernisierungsprogramm, sodann die Deregulierungen vornehmlich im Finanz- und Energiesektor sowie die Lockerungen von Umweltschutzbestimmungen sollen Arbeitsplätze schaffen und damit Wachstum ermöglichen.

Um die zugrunde liegenden Zusammenhänge aufzuzeigen, ist ein Blick auf die volkswirtschaftliche Gesamtrechnung hilfreich.[43] Auf der realwirtschaftlichen Seite der Güterverwendung wird das Volkseinkommen Y vereinfacht für den privaten Konsum C, die staatlichen Konsu-

[43] Der ökonomisch weniger interessierte Leser möge die Ausführungen zu den Zusammenhängen des Gleichungssystems 1 bis 5 überspringen.

mausgaben G, den Bruttoinvestitionen I abzüglich den Abschreibungen D sowie den Exporten EX abzüglich den Importen IM verausgabt (Gleichung 1). Zugleich entsteht eine staatliche Ersparnis S^G aus dem Überschuss aus den Steuereinahmen T abzüglich den staatlichen Konsumausgaben G (Gleichung 2), entsprechend umgekehrt ein Staatsdefizit. Die private Ersparnis S^P ist der nicht für den privaten Konsum C und die Steuern T verwendete Teil des Einkommens Y (Gleichung 3). Demnach wird gemäß (2) und (3) das Einkommen Y für den privaten Konsum C, die Ersparnis S und Steuerzahlungen T verausgabt (Gleichung 4). Durch die Zusammenführung von (1) und (4) resultiert die volkswirtschaftliche Identität, nach der die volkswirtschaftlichen Ersparnisse S die Nettoinvestitionen $(I - D)$, ein Staatsdefizit $(G - T)$ und den Exportüberschuss $(EX - IM)$ finanzieren (Gleichung 5).

(1) $$Y = C + G + (I - D) + (EX - IM)$$

Verwendung der Güterproduktion

(2) $$S^G = S - S^P = T - G$$

staatliche Ersparnis

(3) $$S^P = S - S^G = Y - C - T$$

private Ersparnis

(4) $$Y = C + S + T$$

Verwendung der Einkommen

(5) $$S = (I - D) + (G - T) + (EX - IM)$$

Identitätsgleichung

Ein wichtiger Einflussfaktor für die außenwirtschaftliche Abhängigkeit eines Landes ist seine Größe. Deshalb ist die Exportquote für Deutschland mit ca. 47 %/BIP wesentlich größer als die der USA mit ca. 13 %/BIP (2015), die einen wesentlich größeren Inlandsmarkt haben. Bereits deshalb haben kleinere Länder ein größeres Interesse an Freihandel als große. Die USA weisen seit 1981 ein Leistungsbilanzdefizit auf, während Deutschland seit 2002 einen steigenden positiven

Außenhandelssaldo hat. 2015 betrug der Überschuss für Deutschland +8,4 %/BIP, das Defizit der USA hingegen -2,6 %/BIP.

Wesentlich an der Interpretation der Gleichung (5) ist die lediglich formale Identität, die aus dem Prinzip der doppelten Buchführung herrührt. Von daher spiegelt diese Identität keinerlei Kausalitäten wider, aus der Hinweise auf mögliche Verursachungen abgeleitet werden könnten. Zudem ist jeglicher Überschuss der Exporte über die Importe, also ein Leistungsbilanzüberschuss wie im Fall Deutschlands, immer mit einem Kapitalexport verbunden und vice versa. Damit fließt ein Teil der inländischen deutschen Ersparnisse ins Ausland in Form des Erwerbs von ausländischen Vermögensanlagen (Direktinvestitionen, Portfolioinvestitionen) ab. Diese können dann nicht mehr im Inland für Investitionen verwendet werden. Ein Leistungsbilanzüberschuss wie im Fall Deutschlands lässt zwei ambivalent zu bewertende Verursachungen zu: (a) Die gängige Interpretation von ‚guten' Überschüssen und ‚schlechten' Defiziten knüpft an die Vorstellung wettbewerbsfähiger Exportgüter an, die entweder qualitativ und/oder kostenmäßig für das Ausland attraktiv sind. (b) Zum anderen könnte eine geringe Profitabilität inländischer Investitionen eine Anlage in ausländischen Direktinvestitionen (VW baut ein Werk in den USA) oder den Erwerb von Portfolioinvestitionen (GM-Aktien) begründen. Gleichzeitig könnte diese Investition aber auch für den Marktzutritt und die Markterschließung notwendig sein oder gar regierungsseitig erzwungen werden. Bei langfristigen Ungleichgewichten fehlen diese Investitionen möglicherweise im Inland, um den Produktionsapparat zu modernisieren und um die Produktivität langfristig zu erhöhen.

Für die USA ist ein Kapitalimport, also eine Verschuldung gegenüber dem Ausland, das Spiegelbild des Leistungsbilanzdefizits. Die von den ausländischen Exporteuren erzielten Einkommen (US-Dollar) werden in US-Vermögenswerten angelegt. Entsprechend umgekehrt wären die möglichen Ursachen entweder in (a) qualitativ oder kostenmäßig unattraktiven Produkten oder aber (b) in einer hohen Attraktivität des amerikanischen Produktionsstandortes zu sehen. Langfristig könnte das

Ungleichgewicht Probleme bereiten, indem die Abhängigkeit vom Ausland wächst und weitere – insbesondere Finanzanlagen – nur bei höherer Risikoprämie getätigt werden.

Je nachdem, welche Verursachung vorrangig festgestellt wird, kämen als Therapie (a) Qualitätsverbesserungen der Produkte, vermehrte Innovationsanstrengungen und Kostensenkungen oder aber (b) verbesserte Rahmenbedingungen des inländischen Standortes durch Infrastruktur, Steuersenkungen und Deregulierung infrage.

Ein besonderes Phänomen ergibt sich aus dem Dollar als Leit-/Ankerwährung.[44] Nicht offiziell, aber de facto haben sich zahlreiche Länder dem ‚Dollar-Block' angeschlossen und ihre Währung relativ fest an den Dollar gebunden, so China, Japan und verschiedene Schwellenländer. Von daher hat die Bedeutung des Dollar als Leitwährung eher zu- als abgenommen. Die USA profitieren von der starken Nachfrage nach international akzeptierten und sicheren Kapitalanlagen. Dies gewährt den USA eine günstige Verschuldung gegenüber der restlichen Welt und ist mit ein Grund für den langjährig nicht infrage gestellten und fortbestehenden Kapitalimport. Bei amerikanischen Staatspapieren als ‚sicherer Hafen' wird ein Zinsvorteil von 0,7 %-Pkt. vermutet.[45] Trotz ihrer über die Jahre aufgebauten Auslands-Nettoverschuldung in Höhe von 7.280 Mrd. Dollar (2015: Auslandsforderungen 23.341 Mrd. Dollar; Auslandsverbindlichkeiten 30.621 Mrd. Dollar) erzielen die USA einen erheblichen Überschuss an Kapitaleinkommen. Zum einen liegt das an einer Art Leitwährungsprämie der Staatsverschuldung, zum anderem an dem eher langfristig und risikoreich ausgerichteten US-Anlageverhalten, bei dem das Beteiligungskapital einen Anteil von etwa 50 % hat. Diese Anlagen bringen erheblich mehr Rendite als Anleihen. Für Deutschland ergibt sich eine erheblich geringere Profitabilität bei Auslands-Nettoforderungen in Höhe von 1.476 Mrd. Euro (2015: Auslandsforderungen 7.871 Mrd. Euro; Auslandsverbindlich-

---

44 Siehe hierzu auch Beckworth u. Crowe (o.J.), die die USA aufgrund ihrer Leitwährung als monetäre Supermacht bezeichnen.

45 Vgl. Braunberger (2017) und Bureau of Economic Analysis https://www.bea.gov/national/pdf/nipa_primer.pdf (Abrufdatum 16.02.2017).

keiten 6.395 Mrd. Euro). Hier beträgt der Anteil des Beteiligungskapitals lediglich 25 % und ein Großteil wird in (Staats-)Anleihen gehalten. Zudem kam es zwischen 2000 bis 2013 durch die Griechenland-Schuldenschnitte und den Immobilienkrisen in den USA, Spanien und Irland zu Ausfällen von 400 Mrd. Euro. Von daher fungieren die USA quasi als Bank, die eine profitable Risiko- und Fristentransformation im internationalen Kapitalverkehr unternimmt. Nach diesen Überlegungen wäre der langfristige Importüberschuss das Resultat und der Notwendigkeit des US-Dollars als Leitwährung geschuldet.

Tendenziell dürften die Reform des Steuersystems, die Infrastrukturausgaben, die Deregulierungen und die Rücknahme von Umweltschutzauflagen gemäß Gleichung (1) direkte Wachstumsimpulse und Multiplikatoreffekte auslösen. So hat der Internationale Währungsfonds das Wachstum nach der Wahl von US-Präsident Trump für 2017 von 2,5 auf 2,9 % angehoben und auch die Weltbank schätzt einen Wert von 2,7 %. Dies würde zugleich die Weltwirtschaft positiv anregen, denn ein Wachstum von 1 % in den USA bewirkt einen Anstieg von 0,8 % für die Industrieländer und 0,6 % für die Entwicklungsländer. Zwar erreichen die USA mit derzeit 75 % keine Vollauslastung ihrer Kapazitäten. Allerdings besteht nur eine geringe Arbeitslosenquote von 4,7 %. Insofern könnte ein staatlicher Nachfrageschub in Kostensteigerungen, der Verdrängung Privater (Bauleistungen) und in eine lohndruckinduzierte Inflation münden. Allerdings hängen die Impulse stark von den Langfristwirkungen protektionistischer Maßnahmen und der Zinsentwicklung ab.

Steuersenkung/Steuerpolitik

Die von Präsident Trump angekündigte Steuerreform soll das Steuersystem vereinfachen, Steuerschlupflöcher schließen und Steuervergünstigungen beseitigen. Einkommen bis 25 Tsd. Dollar jährlich (50 Tsd. Dollar bei Ehepaaren) sollen steuerfrei bleiben. Darüber hinaus sind nur drei Stufentarife vorgesehen: 0, 10, und 25 Prozent.[46] Der Spitzensteuersatz soll von 40 auf 35 Prozent gesenkt werden. Eine konkrete Gegenfinanzierung fehlt. Die Reform ist vielmehr auf Wachstum ausgerichtet und steht ganz im Zeichen der protektionistischen Handelspolitik. Die von den Republikanern Paul Ryan (Sprecher des Repräsentantenhauses) und Kevin Brady erarbeiteten Steuerpläne bestehen aus insgesamt fünf weiteren Elementen.

- Körperschaftssteuer: Geplant ist eine Senkung des Steuersatzes bei gleichzeitiger Verbreiterung der Steuerbasis. Der Körperschaftssteuersatz auf Gewinne soll von 35 % auf 15 % sinken.[47] Da derzeit de facto kein Unternehmen diesen Satz zahlt, will Trump parallel dazu Steuervergünstigungen/Schlupflöcher beseitigen. Gewinne aus dem Ausland sollen nicht mehr zusätzlich besteuert werden. Um den Rücktransfer von im Ausland liegendem, amerikanischem Kapital zu fördern, damit es für heimische Investitionen verwendet werden kann, ist eine „Rückholsteuer“ von nur 10 % geplant.
- Cashflow-Modell: Die Reform sieht eine Umstellung des Steuersystems auf ein Cashflow-Modell vor. Statt der Gewinne würde der Nettozufluss liquider Mittel (Kapitalfluss) besteuert.[48] Investitionen kön-

[46] Vgl. hierzu Kap. 16 „Steuergesetze, die funktionieren“, in Trump (2016), S. 177 ff.; von Petersdorff (2017c).

[47] Inklusive der Bundesstaatensteuer und kommunaler Abgaben beträgt der Spitzensteuersatz auf Gewinne derzeit ca. 40 %. Der niedrige Steuersatz soll auch für Personen- und Partnergesellschaften von Anwälten, Beratern und Hedgefonds-Managern gelten, die bislang der höheren Einkommensteuer unterliegen. Seit 2008 beträgt der Körperschaftssteuersatz in der Bundesrepublik inklusive des Solidaritätszuschlages 15,825 %, unabhängig, welcher Verwendung (Thesaurierung oder Ausschüttung) der Gewinn zugeführt wird. Hinzu kommt die Gewerbesteuer in Abhängigkeit vom Hebesatz von durchschnittlich ca. 15 %, so dass die Gesamtbelastung für Kapitalgesellschaften in Deutschland bei etwa 30 % liegt. In Großbritannien werden Gewinne mit etwa 20 % besteuert. Darüber hinaus wird im US-Steuersystem das weltweite Einkommen eines Unternehmens besteuert, während in zahlreichen Ländern lediglich die im Sitzland erzielte Wertschöpfung der Besteuerung unterliegt.

[48] Der Cashflow berechnet sich auf der Basis des Jahresüberschusses, hinzugerechnet die Abschreibungen, die Erhöhung von Rückstellungen sowie die Verluste aus

nen demnach direkt und sofort in voller Höhe von der Steuer abgesetzt werden. Umgekehrt sollen Abschreibungen und Zinszahlungen dann zukünftig nicht mehr abgesetzt werden können. Ausnahmen sollen für Hypothekenzinsen und Spenden gelten.

- Neu eigeführt wird eine Mehrwertsteuer von einheitlich 20 %. Ausgeführte Güter bleiben steuerfrei, eingeführte Güter werden belastet.
- Grenzsteuer: Neu könnte eine Grenzsteuer (border tax adjustment/BTA) eingeführt werden, die nach jüngsten Ankündigungen jedoch auf Eis liegt.[49] Importe bzw. importierte Vorleistungen können danach nicht als Kosten geltend gemacht werden und reduzieren deshalb nicht die Steuerbasis zu Berechnung der Kapitalertragssteuer. Damit wirkt der zukünftige Gewinnsteuersatz von 20 % als Quasi-Zoll auf Basis des importierten Umsatzes. Chinesische Importwaren mit einem 50 %igen Handelsaufschlag würden sich um 10 % im Endkundenpreis verteuern. Ein entsprechender Widerstand kommt aus dem Handel und von Unternehmen mit hohen Vorleistungsimporten. Ob diese Regelung WTO-konform ist, bleibt zu prüfen. Die Grenzsteuer würde die legale Umgehung von Steuern durch so genannte Lizenzboxen, mit denen beispielsweise Irland Lizenzeinnahmen besonders niedrig besteuert, unmöglich machen.
- Erbschaftssteuer: Die Erbschaftssteuer soll abgeschafft werden.[50]

Tendenziell dürfte die Steuerreform dazu führen, dass Ersparnisse und Investitionen attraktiver werden, Produktionsstellen ins Inland zurückverlagert werden und das Handelsdefizit sinken wird. Die Senkung der Körperschaftssteuer, der Steuerrabatt für in den USA investierte Gewinne aus Steueroasen sowie die asymmetrische Belastung/Entlastung von Importen/Exporten stellt eine neue Stufe des Steuerwettbewerbs dar, der internationale Absprachen einer Koordination der Besteuerung erschweren dürfte.

---

dem Abgang von Anlagevermögen. Vgl. auch Wöhe, Döring u. Brösel (2016), S. 516.

49 Vgl. von Petersdorff (2017c).

50 Die Erbschaftssteuer ist eigentlich eine Todessteuer, da nicht die Erben, sondern der Verstorbene besteuert wird.

Deregulierungspolitik: Banken, Energie, Umwelt

Die 2010 mit dem Dodd-Frank-Gesetz eingeführten Regulierungen und die strengere Finanzaufsicht beruhten auf den Erfahrungen aus der Finanzmarktkrise ab 2007. Sie beinhalteten die Wiedereinführung des Trennbankensystems, das Finanzinstituten den Eigenhandel mit Wertpapieren grundsätzlich verbietet. Zudem wurden mit dem Financial Stability Oversight Council und dem Federal Insurance Office zwei neue Behörden und ein kostenträchtiger, bürokratischer Apparat errichtet, der unter anderem zu Kostennachteilen für kleine Institute und der Abwanderung von Auslandsbanken geführt hat. Die Rücknahme hat eine Lockerung der teilweise bürokratischen Kreditvergabe zum Ziel, die sich für manche Unternehmen zu einer Art Kreditklemme entwickelt hat. Im Einzelnen geht es um vier Bereiche der Bankenregulierung, die nach einem Gesetzentwurf von Jeb Hensarling reformiert bzw. zurückgenommen werden sollen:

Erstens sollen die Belastungstests statt jährlich alle zwei Jahre erfolgen. Dies hätte zur Folge, dass die Finanzinstitute überschüssiges Eigenkapital abbauen könnten, das bislang bei Belastungstests als Sicherheit diente. Höhere Dividendenausschüttungen und Aktienrückkäufe könnten damit finanziert werden. Allein die sechs größten Banken halten etwa 100 bis 120 Mrd. Dollar mehr vor, als von den Aufsichtsbehörden verlangt.

Die zweite Maßnahme wirkt dem allerdings entgegen, indem eine Verschärfung der Eigenkapitalregel vorgesehen ist. Ein Eigenkapitalpuffer ist immer noch das wirksamste Mittel, um die Anreize und die Risikotragfähigkeit im Sinne einer Finanzmarktstabilität zu gewährleisten. Je größer das haftende Eigen-/Risikokapital ist, desto weniger Regulierungen braucht man weiterhin und desto geringer ist die Wahrscheinlichkeit, dass staatliche Gelder für eine Bankenabwicklung und/oder Einlagensicherung verwendet werden müssen. Wie gerade anhand einiger de facto insolventer italienischer Banken deutlich wird, ist es gerade im Krisenfall sehr schwer, eine Kapitalerhöhung am freien Kapitalmarkt unterzubringen. Derzeit beträgt die Anforderung an das Eigenkapital gemessen an der Bilanzsumme in der EU gemäß Basel III 3 % und in den USA 5 %. Der Gesetzentwurf sieht eine Erhöhung auf 10 % vor. Dies ist als ein überaus positiver Beitrag im Sinne der Finanzmarktstabilität zu bewerten.

Drittens ist die Aufhebung des Verbots des Eigenhandels geplant. Die Einschränkung des Investment-/Eigenhandels der Banken durch die Volcker-Regel/das Dodd-Frank-Gesetz haben die Handelsvolumina erheblich verringert, so dass die Märkte illiquider geworden sind und Kursschwankungen höher ausfallen. Das Verbot sollte die Lehre aus der Finanzmarktkrise sein und beinhaltet die Untersagung von Wertpapiergeschäften auf eigene Rechnung. Diese sind aber durchaus notwendig, um die Funktionsfähigkeit im Sinne einer hinreichenden Liquidität spezieller Marktsegmente zu gewährleisten. Beauftragte Banken wirken dann als so genannte Market Maker, die die Papiere von Kunden ankaufen, um sie dann bei entsprechender Marktnachfrage zeitverzögert zu verkaufen. Auch kann die Absicherung riskanter Positionen durch entsprechende Gegengeschäfte (Hedging) notwendig werden. Bislang wurde ein aufwendiger Nachweis gefordert, dass entsprechende Transaktionen nicht unter das Verbot fallen. Aufgrund der bürokratischen Anforderungen haben viele Finanzinstitute auf diese Transaktionen daraufhin verzichtet.

Viertens sollen die Banken zukünftig von der Aufstellung so genannter ‚Testamente' entlastet werden. Hierin mussten die Institute die Abwicklung einzelner Bankenteile im Falle einer Insolvenz vorausplanen. Dies ist durchaus aufwendig für die Banken, sichert aber ein schnelles Handeln der Aufsichtsbehörden im Krisenfall. Die Aufhebung dient deshalb nicht der Finanzstabilität.

Weitere Deregulierungen betreffen den Energie- und Umweltbereich. So sollen Umweltverträglichkeitsprüfungen bei Großprojekten beschleunigt und erleichtert werden. Konkret ist die Wiederaufnahme des Pipeline-Projektes der Keystone XL-Pipeline von den kanadischen Teersandgebieten zu den amerikanischen Raffinerien in Illinois und Texas geplant. Dies könnte auch die Pipeline von North-Dakota nach

Illinois betreffen, die bereits zu 90 % fertiggestellt ist. Entgegen der vorherrschenden wissenschaftlichen Lehrmeinungen zum Klimawandel wird von Präsident Trump eine andere Einschätzung vertreten. Insofern sind deshalb seitens der Administration keinerlei Einschränkungen der CO_2-Emmissionen zu erwarten. Risiken einer weniger nachhaltigen Umweltpolitik – beispielsweise auch des Frackings – bleiben langfristig nicht ausgeschlossen.

Eine de facto-Aufkündigung des Pariser Klimaschutzabkommens zur Senkung der Treibhausgase vom Dezember 2015 stellt die Revision des von Obama erlassenen „Plans für sauberen Strom" dar, die Trump per Dekret im März 2017 veranlasst hat.[51] Sowohl die Zielvorgabe einer Senkung der Kohlendioxidemission der Kraftwerke bis zum Jahr 2030 um 32 Prozent, als auch das Verbot, Bundesland an Kohleförderer zu verkaufen oder zu verpachten, wurden aufgehoben. Ob die damit angestrebten neuen Ziele erreichbar sind, den Kohlebergbau wiederzubeleben, um verlorene Arbeitsplätze zu regenerieren und die Energiesicherheit zu erhöhen, scheint zweifelhaft. Zwar ist der Rückgang der Beschäftigung von 180 Tsd. (1985) Arbeitsplätzen über knapp 90 Tsd. (2012) auf aktuell 53 Tsd. Kumpel in West Virginia, Ohio, Pennsylvania und Kentucky eindrucksvoll. Die zunehmende Automatisierung im Kohlebergbau sowie die Konkurrenz durch kostengünstiges Fracking und staatlich geförderte Windenergie stehen dem allerdings entgegen.

Fazit

Die Trump'sche wirtschaftspolitische Agenda bricht mit dem Mainstream der Globalisierungsvorteile. Die Fokussierung auf nationale Kosten- und Verteilungswirkungen des Freihandels stellt eine protektionistische Handels- und Währungspolitik in Aussicht. Auf die kurze Frist hin mögen für Amerika durch diese Maßnahmen Vorteile hinsichtlich alter bzw. gefährdeter Industriestandorte und Einkommenssteigerungen für Industriearbeitsplätze sowie unqualifizierte

51 Vgl. von Petersdorff (2017d).

Tätigkeiten im Dienstleistungssektor möglich werden. Die langfristigen Wirkungen durch den unterlassenen Strukturwandel, eines möglichen Handelskrieges, schuldenfinanzierter Steuersenkungen und Infrastrukturausgaben sowie Umweltkosten dürften außerhalb der laufenden Amtsperiode Präsident Trumps liegen. Damit wird ein klassischer Fall der politischen Ökonomie deutlich: Kurzfristige, pointiert sichtbare Erträge werden zulasten langfristiger, diffus und unbestimmt vorliegender Kosten erkauft.

Literatur

Autor, David H., Dorn, David u. Hanson, Gordon H. (2016): The China Shock: Learning from Labor Market Adjustment to large Changes in Trade, National Bureau of Economic Research, NBER Working Paper 21906, Cambridge/USA, Januar 2016, http://economics.mit.edu/files/11675 (Abrufdatum 09.02.17).

Beckworth, David u. Crowe, Christopher (o.J.): The Great Liquidity Boom and the Monetary Superpower Hypothesis, http://people.wku.edu/david.beckworth/savinglut.pdf (Abrufdatum 20.02.17).

Bollmann, Ralph (2017): Ein Land ist kein Unternehmen, in: Frankfurter Allgemeine Sonntagszeitung, Frankfurt, 12.02.2017, S. 17.

Braunberger, Gerald (2017): Das deutsche Problem, in: Frankfurter Allgemeine Zeitung, Frankfurt, 11.02.2017, S. 29.

Deutsche Bundesbank (2017): Anleihekäufe des Eurosystems und der Wechselkurs des Euro, in: Monatsberichte, Januar 2017, S. 13–40, https://www.bundesbank.de/Redaktion/DE/Downloads/Veroeffentlichungen/Monatsberichte/2017/2017_01_monatsbericht.html?submit=Suchen&searchIssued=0&templateQueryString=wechselkurs&searchArchive=0 (Abrufdatum 25.01.2017).

Downs, Anthony (1957): An Economic Theory of Democracy, New York 1957.

Kirchner, Thomas (2017): Weitreichende Folgen – US-Politik: Donald Trump will mit einer Steuerreform Industriearbeitsplätze retten/Gefahr für Deutschland?, in: Junge Freiheit, Berlin, Nr. 7/17 v. 10. Febr. 2017, S. 10.

Krugman, Paul R. u. Obstfeld, Maurice (2009): Internationale Wirtschaft – Theorie und Politik der Außenwirtschaft, München 2009, 8., aktualisierte Aufl.

Meck, Georg (2017): Geht's auch ohne Amerika?, in: Frankfurter Allgemeine Sonntagszeitung, Frankfurt, 29.01.2017, S. 21.

Meyer, Dirk (2017): Great Again? – Zur protektionistischen Wirtschaftsagenda von US-Präsident Donald Trump, in: Orientierungen zur Wirtschafts- und Gesellschaftspolitik, 20. April 2017, http://www.ludwig-erhard.de/orientierungen/great-again-zur-protektionistischen-wirtschaftsagenda-von-us-praesident-donald-trump/.

Meyer, Dirk (2016): Scheitert die europäische Integration? – Die Flüchtlings- und Eurokrise als Gefahr für Rechtstaat, Demokratie und Gewaltenteilung, in: List Forum, 41. Jg. (2016), H. 4, S. 411–430, http://dx.doi.org/10.1007/s41025-016-0026-6.

Meyer, Dirk (2015): Flüchtlingskrise versus Eurokrise – ein Vergleich der politischen Handhabung, in: IFO-Schnelldienst, 68. Jg. (2015), H. 21, S. 18–26.

o.V. (2017): Neuberechnung der Handelsbilanz, in: Frankfurter Allgemeine Zeitung, Frankfurt, 21.02.2017, S. 16.

Schäfer, Wolf (2012): Die Eurozone leidet unter intern verzerrten Wechselkursen, in: Frankfurter Allgemeine Zeitung, Frankfurt, 27.08.2012, S. 10.

Schubert, Christian (2017): Paris will auf Trump mit mehr Staat antworten, in: Frankfurter Allgemeine Zeitung, Frankfurt, 09.02.2017, S. 17.

Schumpeter, Joseph Alois (1928): Art., Unternehmer, in: Handwörterbuch der Sozialwissenschaften, Bd. 8, Jena 1928, 3. Aufl., S. 476–487.

Trump, Donald (2016): Great Again – Wie ich Amerika retten werde, Kulmbach 2016, 3. Aufl. (Crippled America – How to Make America Great Again, 2015).

von Petersdorff, Winand (2017a): Trump wirkt, in: Frankfurter Allgemeine Zeitung, Frankfurt, 18.02.2017, S. 19.

von Petersdorff, Winand (2017b): Wie die ‚Gringos' sich mal schwer verrechnet haben, in: Frankfurter Allgemeine Zeitung, Frankfurt, 28.02.2017, S. 17.

von Petersdorff, Winand (2017c): Trump will die Steuern radikal senken, in: Frankfurter Allgemeine Zeitung, Frankfurt, 27.04.2017, S. 17.

von Petersdorff, Winand (2017d): Trump will Amerikas Kohlekumpel retten, in: Frankfurter Allgemeine Zeitung, Frankfurt, 29.03.2017, S. 15.

Wöhe, Günter, Döring, Ulrich u. Brösel, Gerrit (2016): Einführung in die Allgemeine Betriebswirtschaftslehre, München 2016, 26., überarb. u. akt. Auflage.

Falsche Freunde des Freihandels

Frank Schäffler

Sorge treibt in diesen Tagen die deutsche Automobilindustrie um über die wirtschaftliche Entwicklung auf der Welt. Ihr Präsident Matthias Wissmann hat sich jetzt in einem bemerkenswerten Interview in der *FAZ* „tief besorgt wegen der protektionistischen Tendenzen" nicht nur in den Vereinigten Staaten, sondern auch in Großbritannien gezeigt. Es ist gut, wenn die heimische Industrie und ihre Verbandsvertreter für Freihandel in der Welt eintreten. Nicht nur, weil sie davon profitieren, sondern auch, weil es guter Wirtschaftspolitik entspricht, wenn der Handel nicht nur im Inland möglichst ungehindert stattfinden kann, sondern auch grenzüberschreitend. Der Kunde soll entscheiden, ob er sich lieber einen Toyota, einen Mercedes, einen Chevrolet oder einen Fiat kaufen will. Wenn ein Land diese Entscheidung durch Einfuhrzölle beeinflusst, dann ist das nicht nur für den Kunden schlecht, der plötzlich mehr für dieses Auto bezahlen muss, sondern es nimmt auch der heimischen Industrie den fortwährenden Anpassungsdruck und macht sie träge und satt.

Schon heute ist es unverständlich, dass Autoimporte aus Amerika in der Europäischen Union mit einem zehnprozentigen Einfuhrzoll belegt werden. Begründet wird das damit, dass auch europäische Hersteller in den USA Einfuhrzölle bezahlen müssen (freilich einen niedrigeren!). Doch das ist eine falsche Sichtweise. Einfuhrzölle der EU schaden direkt den Bürgern in der EU. Sie schaden den Bürgern in den USA nur mittelbar, wenn sie bei dem dortigen Unternehmen arbeiten oder Aktien halten. Doch in der EU sind alle Bürger betroffen. Ihr Angebot am Markt ist unmittelbar verzerrt. Auf bestimmte Waren wird faktisch eine Sondersteuer erhoben, um sie unattraktiver gegenüber anderen zu machen. Das beschränkt und beeinflusst das Angebot für alle Bürger.

Letztlich kassiert die EU von den Bürgern ohne sachlichen Grund ab. Das ist nicht unerheblich. Sämtliche Zolleinnahmen gehen als sogenannte „Eigenmittel“ in den Haushalt der EU. Allein aus dem Warenverkehr mit den USA kassiert die EU so drei Milliarden Euro von amerikanischen Unternehmen und den europäischen Verbrauchern.

Was Wissmann der Trump-Administration vorwirft, formuliert er in der exakt selben protektionistischen Stimmlage in Richtung London. Einen unbeschränkten Zugang von Unternehmen aus Großbritannien in die Europäische Union will er den Briten nicht zugestehen. Sein Bekenntnis zum Freihandel ist daher so glaubwürdig wie das von Donald Trump. So wie Donald Trump seine neu gewonnene Macht gegenüber kleineren Staaten wie Mexiko, Japan und Deutschland ausspielt, so will Wissmann die Macht der EU gegenüber dem kleineren Großbritannien durchsetzen. Die Autohersteller hätten „auch eine europapolitische und staatspolitische Verantwortung“ lässt er sich zitieren. Und noch deutlicher: „Ein freier Handel mit Großbritannien ist für uns sehr wichtig. Aber noch wichtiger ist für uns Europa als Ganzes, und dass der EU-Binnenmarkt nicht beschädigt wird.“ In Trump-Sprech würde das heißen: America First. Mehr „Verkumpelung“ mit der Politik geht nicht.

Die Automobilindustrie macht einen fundamentalen Fehler. Sie macht sich zum Büttel der Politik. Sie verteidigt ein System, das sie bei anderen kritisiert. Selbst wenn man sich in die Niederungen der Exportbilanz deutscher Unternehmen begibt, kann ein Lobbyverband eigentlich kein Interesse daran haben, für Abschottung zu plädieren. Der Anteil deutscher Exporte in Schwellenländer hat sich in den letzten 10 Jahren fast verdoppelt und auch in die übrigen Industrieländer außerhalb der EU signifikant erhöht. Und wenn nur der gemeinsame Währungsraum betrachtet wird, dann findet seit der Euro-Einführung 1999 ein ständiger Niedergang der Exportrate in die übrigen 17 Euro-Staaten statt. Aus Eigeninteresse müsste die Automobilindustrie eigentlich für den Abbau von Handelshemmnissen der EU sein.

Nur wer glaubhaft die Idee der Marktwirtschaft vorlebt, kann andere davon überzeugen. Vielleicht sollte sich der ehemalige Bundesverkehrsminister Matthias Wissmann am ersten Bundeswirtschaftsminister Ludwig Erhard ein Beispiel nehmen. Erhard wäre am vergangenen Samstag 120 Jahre alt geworden. An die Adresse des ersten BDI-Präsidenten und heftigen Gegenspieler Erhards, Fritz Berg, Anfang der 1950er Jahre sagte der Wirtschaftsminister: „Es gibt keinen freien Markt ohne freie Preise und freien Wettbewerb. Der Marktpreis ist der einzig faire. Er lässt sich nicht errechnen, weder von Vertretern des Staates noch der Industrie.“

„Bildung wird zum Fetisch“

Der Historiker Thomas Frank über die Fehler der US-Demokraten und ihre Deals mit der IT-Branche

Interview: Matthias Kolb

Lange Zeit hat sich der Bestsellerautor Thomas Frank, 51, am konservativen Amerika abgearbeitet. In „What's the matter with Kansas“ untersuchte er, wieso die weiße Unterschicht die Republikaner wählt, obwohl diese den Staat zusammenkürzen. „Arme Milliardäre“ beschrieb, wie die Konservativen die Finanzkrise zu ihrem Vorteil umdeuteten. In „Listen, Liberal“ (Metropolitan Books) knöpft er sich nun die Demokraten vor und kritisiert deren Bildungsbesessenheit. Diese Polemik ist nicht ohne Ironie: Das Interview mit dem promovierten Historiker findet in seinem Haus in Bethesda statt – jeder neunte Bewohner dieses Washingtoner Vororts besitzt einen Doktortitel.

SZ: In „Listen, Liberal“ kritisieren Sie die Demokraten scharf: Die Partei von Obama und den Clintons habe Amerikas Arbeiter verraten.

Thomas Frank: Nach dem Vietnam-Krieg reformierten sich die Demokraten, Gewerkschaftsfunktionäre verloren ihre Sitze in der Führung und damit die Chance, ihre Anliegen vorzubringen. Trotzdem taten sie 1992 alles, um nach zwölf Jahren wieder einen Demokraten ins Weiße Haus zu bringen. Als Dank hat Bill Clinton ihnen das Messer in den Rücken gerammt und das Freihandelsabkommen Nafta mit Mexiko und Kanada durchgedrückt. Die Abgeordneten und Funktionäre wussten, dass ihnen die Gewerkschaften treu bleiben...

Bei den Republikanern finden sie noch weniger Gehör.

Ja, die Konservativen würden Gewerkschaften am liebsten abschaffen. Sie waren entscheidend für Obamas Wiederwahl, doch geholfen hat er ihnen anschließend nicht. Die Partei identifiziert sich nun mit anderen Gruppen, umwirbt die Kreativwirtschaft und IT-Experten. Kurzum: die reichen Leute mit Uni-Abschlüssen. Bildung wird zum Fetisch erhoben.

Sie bezeichnen diese Obsession in Ihrem Buch als Ideologie.

Für die Demokraten ist Bildung die Lösung aller Probleme. Umverteilung ist unnötig, weil theoretisch jeder studieren kann. Die Ideologie ist so wunderbar, weil sie diesen Eliten alles erklärt: Sie sind so wohlhabend, weil sie die besten Hochschulen besucht haben. Amerikas Konservative definieren sich über ihren Kontostand, die Liberalen berechnen den Wert ihrer Mitmenschen nach der Uni, die besucht wurde. Wenn die Arbeiter etwas vom Reichtum abhaben wollen, dann sagen sie: Wärt ihr mal aufs College gegangen. Wenn sie das getan haben, heißt es: Ihr habt das falsche Fach studiert. Zur Not war die Uni nicht gut genug, es kann nicht jeder nach Harvard.

Ein weiteres Wort, von dem die Demokraten besessen sind, ist Innovation.

Ich nenne sie gern „Inno-crats". Obama spricht ständig in einem Atemzug von Innovation und Zukunft: Nur so lasse sich Amerikas Wohlstand sichern. Unübersehbar sind die Verbindungen zu Google: Dessen Chef Eric Schmidt berät Obama seit 2008, und er hat ihm geholfen, Big Data für seine Wiederwahl zu nutzen. Google-Mitarbeiter bildeten 2012 auch die drittgrößte Gruppe an Spendern für Obama.

Beim SXSW-Technikfestival in Austin hat Obama zuletzt die Nerds aufgefordert, der Regierung zu helfen, die Effizienz des Staates zu erhöhen.

Das ist typisch für ihn. Sein Vertrauen in Branchenprofis und Absolventen der Elite-Unis ist ungebrochen. Als es um die Bewältigung der Finanzkrise ging, holte er Leute von der Wall Street. Jeder würde sagen: Die haben das Problem ausgelöst, jemand anders soll hier aufräumen. Früher spottete man, Goldman Sachs müsste „Government Sachs" heißen, weil so viele Angestellte zwischen Bank und Regierung hin und her wechseln. Zum Ende von Obamas Amtszeit sollte man von „United States of Google“ sprechen. Momentan hilft Schmidt übrigens Hillary Clinton dabei, potenzielle Wähler zu identifizieren – sie hat sich als Außenministerin stets für das „Grundrecht auf Internet-Zugang“ eingesetzt. Eric Schmidt ist heute der Lieblingsmilliardär der liberalen Elite und Beleg dafür, dass das Silicon Valley deutlich mehr Einfluss hat als die Wall Street.

Dabei hat das Silicon Valley eigentlich den Ruf, libertär zu sein: Die Regierung soll sich möglichst wenig einmischen.

Nein, die Gruppen verstehen sich heute prächtig. Die Top-Berater des Präsidenten versilberten ihre guten Kontakte früher an der Wall Street. Nun arbeitet David Plouffe, der Kopf hinter Obamas Wahlsiegen, für Uber. Und Jay Carney, der Ex-Sprecher des Weißen Hauses, hat bei Amazon angeheuert. Auch sie werben ständig für mehr Innovation – das ist ein hohles Wort, gegen das niemand etwas sagen kann. Wissen Sie, was Schmidt bei seinen Auftritten als Beispiel nennt?

Womöglich das fahrerlose Auto?

Richtig, das Lieblingsprojekt von Google. Dass nach dessen Einführung Millionen Amerikaner, die heute Taxis, Lastwagen oder Busse fahren, arbeitslos würden – das scheint weder Eric Schmidt zu stören noch die Demokraten, die sich früher um die kleinen Leute sorgten.

Die soziale Ungleichheit wird so wohl nicht abnehmen.

Die wachsende Schere zwischen Arm und Reich ist das größte Problem der USA, und sie wird durch moderne Technologien noch schlimmer. Im Silicon Valley tut man so, als könne Technik Armut reduzieren. Dort denkt man ebenso wie die „Inno“-crats: Die USA sollten eine Meritokratie sein, wonach die kompetentesten Leuten die wichtigsten Ämter bekleiden. Natürlich haben beide Gruppen kein Problem damit, dass die US-Oberschicht so extrem gut verdient – sie gehören ja schließlich beide zur Elite. Es ist wie mit dem Freihandel: IT-Experten haben davor genauso wenig Sorge wie Anwälte, Banker oder Lobbyisten. Es sind ja nicht ihre Jobs, die nach Mexiko oder China verlagert werden.

Warum sind die Amerikaner so sauer auf die Politiker?

Die Leute haben gute Gründe, wütend zu sein. Die große Mehrheit hat sich von der Wirtschaftskrise nicht erholt, das Einkommen der Durchschnittsfamilie liegt unter dem Niveau von 2007. Die Bürger spüren, dass der Wohlstand nicht zurückkommt, weil sich etwas Strukturelles ändert: Die Mittelklasse schrumpft, und das erschüttert unsere Identität als Amerikaner. Als ich in den Siebzigern aufwuchs, gehörten alle zur Mittelklasse oder waren auf dem Weg dorthin. Ein Haus, Autos, gute Ausbildung für die Kinder – das ließ sich mit fast jedem Job erreichen. Heute sehen die Arbeiter, dass ihr Land auseinanderfällt. Sie wissen, dass Großkonzerne Milliardengewinne einfahren, aber ihnen hilft niemand.

Obwohl die Wirtschaft wächst, glaubt die Mehrheit der US-Bürger, dass Rezession herrscht. In ihrem Alltag sehen sie die Fortschritte nicht, von denen die Medien und Obama sprechen.

Dieses Phänomen gibt es seit Jahren. In den Küstenmetropolen und hier in Washington boomt die Wirtschaft. Was mich ärgert: Wenn Experten über die Umfragen reden, dann stellen sie die Bürger als dumm dar: Wissen die nicht, wie hoch der Dow-Jones-Index steht? Obama klagt oft, dass die Regierung ihre Erfolge nicht gut genug vermarktet. Für ihn ist dies das einzige Versagen. Kritikern wirft er vor, von einer „Parallelwelt des wirtschaftlichen Niedergangs“ zu sprechen – doch genau das erleben Millionen Amerikaner.

Sie haben bei der Vorwahl für Bernie Sanders gestimmt, der sich für eine Umverteilung des Wohlstands ausspricht. Kommt seine Popularität überraschend?

Ja, diesen Erfolg hätte ich ihm nicht zugetraut. Sanders hat unglaublich viel erreicht, wenn man bedenkt, dass er vor einem Jahr völlig unbekannt war und aus einem Mini-Staat kommt.

Warum wird der 74 Jahre alte Sanders besonders von der Generation der Millennials so verehrt?

Amerikaner unter 35 fühlen sich verraten, und das Wort „Sozialismus“ schreckt sie nicht ab. Krankenversicherung für alle, Mutterschutz, kostenlose Unis – das klingt für sie nicht radikal, sondern vernünftig. Hier versinkt eine Generation in Schulden, weil sie getan hat, was ihr eingetrichtert wurde: Sie hat studiert. Die jungen Leute merken, dass diese Bildungsbesessenheit Bullshit ist. Bei Bernie-Events schreien sie, wie hoch sie verschuldet sind. 90 000 Dollar! 150 000 Dollar! Auch ich habe eine Menge Schulden, denn ich musste eine Hypothek aufnehmen, um dieses Haus zu kaufen. Der Unterschied ist nur: Ich könnte es bei Bedarf morgen verkaufen und wäre sofort schuldenfrei.

Hilft Bernie Sanders nicht dem Republikaner-Kandidat Donald Trump, weil er nicht aus dem Rennen ausgestiegen ist und den Weg für Hillary Clinton frei gemacht hat?

Ich glaube nicht, dass ihr diese Extrarunde schadet. In einer Demokratie geht es nicht darum, einen Kandidaten zu stärken. Alle Bürger sollen ihre Meinung äußern dürfen, und gerade in Kalifornien zieht Bernie Zehntausende an. Für mich illustriert die ganze Diskussion aber, dass der Clinton-Flügel das Konzept der Demokratie gar nicht mag. Sie haben kein echtes Interesse daran, Leute von ihren Ideen überzeugen – sie wollen lieber im Konsens regieren und mit anderen bestens ausgebildeten Leuten einen Deal suchen.

Auch wenn Prognosen riskant sind: Wer wird Nachfolger von Obama?

Clinton wird gewinnen, wenn es keinen Börsencrash oder Terroranschläge gibt. Auch wenn es kaum Begeisterung für sie gibt, hat sie den Sieg wohl sicher, weil Trump für die Mehrheit dieses Landes nicht vermittelbar ist. Es ist schon ironisch: Am Ende dieses Jahres der Unzufriedenheit landet wohl genau die Politikerin im Weißen Haus, die am langweiligsten und am vorhersehbarsten ist.

Dann geht mit einer Präsidentin Hillary Clinton alles so weiter wie bisher?

Sie wird nichts Grundlegendes ändern. Also wird die soziale Ungleichheit noch mehr zunehmen, alles wird ein bisschen schlimmer, und in vier Jahren sind die Leute noch wütender. Clinton ist fraglos qualifiziert und vielleicht wird sie eine großartige Präsidentin. Aber sie glaubt eben, dass alles durch Bildung zu lösen ist und eine Umverteilung nicht nötig ist. Nun herrscht jedoch eine andere Zeit: Es geht nicht mehr darum, dass die Talentierten in Yale oder Princeton studieren dürfen. Es geht um die Leute, die nicht so begabt sind. Sie sind noch immer Amerikaner, sie sind produktive Menschen. Sie wollen Teil der Mittelschicht sein und sie haben ein Recht darauf.

Süddeutsche Zeitung Feuilleton 07.06.2016

München Seite 13, Bayern Seite 13, Deutschland Seite 13

Henry Kissinger: „Trump muss sich erst mal informieren“*

Bastian Berbner, Amrai Coen

Wahlkampf sei nicht Regieren, sagt der ehemalige US-Außenminister zu den Ängsten nach Trumps Wahlsieg. Deutschland sieht Henry Kissinger nun in der Verantwortung.

Henry Kissinger, 93, empfängt in seinem New Yorker Büro an der Park Avenue. 26. Stock, Blick über Manhattan, auf Regalen und Fenstersimsen stehen dicht gedrängt Fotos, alle schwarz gerahmt, Kissinger mit Obama, Kissinger mit Bush, mit Clinton, Johannes Rau, Nelson Mandela, John Kerry, Frank-Walter Steinmeier. Die Mächtigen der Welt – seit Kissinger nicht mehr selbst Politik macht, suchen sie seinen Rat. Der ehemalige Außenminister gilt noch immer als einer der gewieftesten Außenpolitiker überhaupt, als so etwas wie das außenpolitische Gedächtnis der jüngeren amerikanischen Geschichte. Auch Donald Trump will davon anscheinend profitieren. Vergangene Woche trafen sich die beiden zu einem Gespräch im Trump Tower, keine zehn Gehminuten von Kissingers Büro entfernt.

ZEIT ONLINE: Herr Dr. Kissinger, Sie haben vergangene Woche *Donald Trump* getroffen. Worüber haben Sie gesprochen?

Henry Kissinger: Ich habe mich über Gespräche mit Präsidenten nie im Detail geäußert. Das mache ich auch jetzt nicht. Was ich sagen kann: Wir haben umfassend über internationale Politik diskutiert.

ZEIT ONLINE: Viele Republikaner haben sich von Trump abgewendet. Sie wollen ihm helfen?

Kissinger: Wenn Donald Trump mir Fragen stellt und ich habe etwas zu sagen, dann antworte ich. Zumindest solange ich das Gefühl habe,

* Henry Kissinger © Amrai Coen für DIE ZEIT

damit Gutes zu bewirken. Ich werde keinen Titel und keine Position annehmen.
ZEIT ONLINE: Wen haben Sie gewählt?
Kissinger: Warum sollte ich Ihnen das sagen? Obwohl Hillary Clinton eine persönliche Bekannte von mir ist, war ich über keinen der beiden Kandidaten enthusiastisch.
ZEIT ONLINE: Wie gefällt Ihnen das Ergebnis?
Kissinger: Wir haben ein Ergebnis und jetzt sollten wir das Beste daraus machen. Natürlich auf Basis der Werte, an die wir glauben.
ZEIT ONLINE: Sie klingen sehr vorsichtig. Viele Menschen haben Angst.
Kissinger: Die Angst um die körperliche Sicherheit halte ich für unangebracht. Aber natürlich müssen wir besorgt sein um die Zukunft unseres Landes und die der westlichen Welt. Wir in Amerika müssen verstehen, dass du nicht auf Dauer die sozialen Werte der Mittelschicht beleidigen kannst, ohne irgendwann dafür bestraft zu werden. Niemand weiß das besser als Deutschland.
ZEIT ONLINE: Ist die amerikanische Demokratie stabiler als die Weimarer?
Kissinger: Trump hat etwas Historisches geschafft. Er hat das amerikanische System durchgeschüttelt. Wenn so viele Menschen gegensätzlich zu dem wählen, was fast alle Medien empfehlen, unter ihnen viele führende Republikaner, dann ist das sehr ungewöhnlich. Eine Demokratie kann nicht funktionieren, wenn nicht alle Seiten ihrem politischen Gegner wenigstens gute Motive unterstellen. Wenn es nur noch darum geht, die andere Seite zu zerstören, zu erniedrigen, sich über sie lustig zu machen, dann ist die Demokratie gescheitert. Man braucht einen Konsens darüber, wie man miteinander spricht.
ZEIT ONLINE: Im Moment ist dieses Land weit weg von so einem Konsens.
Kissinger: Ja.
ZEIT ONLINE: Wie kann man ihn herstellen?

Kissinger: Die Führer müssen miteinander über mehr Zurückhaltung reden – und zwar ernsthaft.

ZEIT ONLINE: Der Außenpolitiker Eliot Cohen twitterte vor einigen Tagen: „Nachdem ich mit dem Trump-Übergangsteam gesprochen habe, habe ich meine Meinung geändert. Haltet euch fern. Die sind sauer, arrogant, schreien: Ihr habt verloren! Es wird hässlich werden.“ Wenn das schon ein Republikaner sagt, wie soll da ein Dialog mit Demokraten, mit dem Establishment möglich sein?

Kissinger: Man wird Probleme nur lösen, wenn man miteinander redet.

ZEIT ONLINE: In manchen Streitfragen lassen sich schwer Kompromisse vorstellen, vor allem bei Themen wie Abtreibung, Homo-Ehe, Krankenversicherung.

Kissinger: Ich sage ja nicht, dass man sich immer in der Mitte treffen muss.

Welche Konflikte können die USA allein lösen?

ZEIT ONLINE: Wir wollen mit Ihnen über Außenpolitik sprechen. Viele Europäer haben Angst vor einer neuen Autokratenachse Trump-Putin.

Kissinger: Ich glaube nicht, dass es zwischen den beiden eine strategische Verbindung gibt. Ich denke, Folgendes ist passiert: Putin hat Trump gelobt und der hat sich auf seine Art bedankt. Man sollte sich da nicht in Hysterie hineinreden, sondern Trumps Russlandpolitik abwarten. Der Wahlkampf ist vorbei.

ZEIT ONLINE: Derzeit scheint niemand Trumps außenpolitische Agenda zu kennen. Können Sie uns weiterhelfen?

Kissinger: Nein, ich nehme an, dass er die ersten sechs Monate brauchen wird, um die Probleme zu begreifen und Beziehungen zu den anderen Führern der Welt aufzubauen. Trumps Regierung muss drei Fragen beantworten: Welche Probleme sind so wichtig, dass Amerika sie lösen muss, zur Not allein? Welche Probleme sind von so universeller Bedeutung, dass Amerika sie nur mit seinen Verbündeten lösen kann? Und von welchen Problemen halten wir uns fern? Wir können nicht alles lösen. Das ist für Amerika eine neue Erfahrung.

ZEIT ONLINE: Zu welcher der drei Kategorien gehört Syrien?
Kissinger: Das ungelöste Problem in Syrien ist die Frage, wie man in einer multiethnischen und multireligiösen Gesellschaft, die kein Nationalbewusstsein kennt, eine legitime Staatsstruktur schaffen kann. Mit „legitim" meine ich einen Staat, den genug Menschen unterstützen und den nicht genug Menschen mit Gewalt einreißen wollen.
ZEIT ONLINE: Nicht notwendigerweise eine Demokratie.
Kissinger: Aber auch nicht unbedingt eine Diktatur.
ZEIT ONLINE: Zu welcher Kategorie gehört also Syrien?
Kissinger: Amerika kann den Konflikt nicht allein lösen.
ZEIT ONLINE: Trump hat gesagt, er will die Terrormiliz „Islamischer Staat" in Grund und Boden bomben. Er hat auch angekündigt, isolationistischer sein zu wollen. Außerdem unterstützt er Putin, den wichtigsten Verbündeten der syrischen Regierung. Deren Machthaber Baschar al-Assad dürfte sich über Trumps Präsidentschaft freuen wie wenig andere.
Kissinger: Wahlkampf ist nicht Regieren. Sie haben korrekt beschrieben, welche Tendenzen man in das hineinlesen könnte, was Trump im Wahlkampf sagte. Ich halte das für nutzlos. Was soll das heißen: den IS in Grund und Boden bomben? Ich denke, Trump muss sich erst mal informieren, erst über die Details, dann über die Strategie. Aber wir sollten ihm Zeit dafür geben.
ZEIT ONLINE: Das könnte eine Weile dauern.
Kissinger: Er hat schon angefangen. Jeder Botschafter in Washington will jetzt einen Termin mit Trump, viele Staatsführer sowieso. Ich hoffe, dass er die wichtigsten treffen kann, bevor er von irgendeinem Ereignis zum Handeln gezwungen wird. Die Außenpolitik war in den vergangenen neun Monaten in einem Schwebezustand. Wichtige Entscheidungen wurden wegen der amerikanischen Präsidentschaftswahl vertagt. Spätestens ab dem Frühjahr wird sich die internationale Politik beschleunigen. Die Führer der Welt haben nur die Wahl, diese Entwicklung zu lenken oder das Chaos wachsen zu lassen.

ZEIT ONLINE: Könnten die russisch-amerikanischen Beziehungen, bisher eine große Konfliktlinie internationaler Politik, unter Trump und Putin freundlicher werden, vielleicht sogar kooperativ?
Kissinger: Ich mag es nicht, Außenpolitik mit Begriffen aus der Psychiatrie zu beschreiben. Am Ende spielt Freundschaft keine Rolle. Als Außenpolitiker handelst du im nationalen Interesse.
ZEIT ONLINE: Aber hat nicht Trump einen Wahlkampf gemacht, der nur auf Persönlichkeit und Emotion gesetzt hat? Viele glauben, er sei gar nicht in der Lage, ein nationales Interesse zu definieren, geschweige denn, es fokussiert zu verfolgen. Halten Sie es nicht für möglich, dass er ein ganz neuer Typus Außenpolitiker wird? Einer, dem es wichtiger sein könnte, mit jemandem gut klarzukommen, als ein wie auch immer definiertes nationales Interesse zu verfolgen?
Kissinger: Ich würde das nicht ausschließen, aber das würde ihm große Schwierigkeiten bereiten.
Ist Angst vor Trump voreilig?
ZEIT ONLINE: Ist Angst vor Trump voreilig?
Kissinger: Ich sage ja nicht, dass alle, die sich Sorgen machen, falsch liegen. Vielleicht haben sie ja recht. Dennoch ist meine Empfehlung, abzuwarten. Europa sollte einen Dialog mit Trump suchen und offen sein.
ZEIT ONLINE: Was würden Sie Angela Merkel empfehlen?
Kissinger: Merkel und Trump, aber auch die Beamten auf den Arbeitsebenen, müssen sich schnell zusammensetzen und entscheiden: Was wollen wir gemeinsam erreichen? Was wollen wir verhindern? Deutschland befindet sich in einem historischen Dilemma. Niemals in der Geschichte hatte Deutschland wirklich effektive multilaterale Beziehungen. Im Kaiserreich fühlte es sich belagert, unter Versailles diskriminiert, unter Hitler dominant und nach dem Krieg schuldig. Nie war eine Partnerschaft auf Augenhöhe möglich, aber Deutschland hat diese Albträume hinter sich gelassen, ist jetzt frei von Fesseln. Und es gibt niemanden, der besser ausgerüstet wäre, mit dieser Freiheit gut umzugehen

als Angela Merkel, die in Ostdeutschland gelebt und den Kommunismus erlebt hat.

ZEIT ONLINE: Muss Deutschland eine internationale Führungsrolle übernehmen?

Kissinger: Meine Generation hat sich an ein dominantes Amerika gewöhnt, vor allem Deutschland hat beim großen Verbündeten Schutz gesucht. Das war bequem, wird sich aber ändern. Also ja, Deutschland muss mehr tun, jetzt muss die Bundesregierung nur definieren, was das heißt. Man wird ja keine Führungsnation, indem man sagt, man sei eine. Man wird es, indem man etwas tut, dem andere folgen. Deutschland muss seine Rolle finden und das wird ein Prozess der Selbsterziehung sein. Deutschland muss sich jetzt fragen: Was wollen wir für die Welt? Wie Amerika übrigens auch.

ZEIT ONLINE: Nachdem Merkel Trump am Telefon gratuliert hatte, soll sie gesagt haben: „Ich freue mich darauf, Sie beim G20-Gipfel in Hamburg im nächsten Juli zu sehen." Das könnte bedeuten, dass sie ihn nicht vorher nach Berlin eingeladen hat, was eigentlich üblich wäre.

Kissinger: Man darf erste Telefonate nicht überbewerten. Die werden meistens aus innenpolitischen Gründen geführt. Alles, was man in diesen Anruf hineinlesen kann: Die Deutschen sind so besorgt über Trump, dass die Kanzlerin mit einer Einladung nichts zu gewinnen hat. Ich wäre erstaunt und enttäuscht, wenn es vor Hamburg nicht substanzielle Treffen zwischen Merkel und Trump beziehungsweise ihren außenpolitischen Beratern geben würde.

ZEIT ONLINE: Sie haben Trump vorige Woche getroffen, im Wahlkampf haben Sie ihn in Ihre Wohnung eingeladen. Wie gut kennen Sie sich?

Kissinger: Die Umstände dieser Treffen sind zu komplex, um sie in einem Interview zu erklären. Wir sind beide Yankee-Fans. Einige Male habe ich ihn in der VIP-Loge im Stadion getroffen. Wir haben immer nur einige Minuten Smalltalk gemacht, ich kann nicht mal mehr sagen, worüber. Über die anderen beiden Treffen möchte ich nichts sagen. Sehen Sie, meine Meinung ist folgende: Ich bin als Flüchtling in die USA gekommen und weiß, wie wichtig dieses Land sein kann. Ich habe miterlebt, wie Amerika mit großem Enthusiasmus fünf Kriege begonnen hat, ohne zu wissen, wie man sie beendet. Ich weiß, was Krieg mit Menschen macht. Mein Interesse ist Versöhnung, auch hier in den USA. Ich will Menschen zusammenbringen, anstatt in einen Bürgerkrieg abzugleiten.

Trumps Wahlkampf: Rebellion gegen die Profis der Politikberatungsindustrie?

Marco ALTHAUS

Donald Trump verstand seine Kandidatur als Kampfansage an Amerikas politisches Establishment. Er wetterte gegen ein gezinktes Wahlsystem („rigged system"). Er versprach, Washingtons Sumpf trockenzulegen („drain the swamp"). Seine Slogans richteten sich gegen Eliten-, Einfluss- und Expertenkartelle aller Art. Ein Teil davon ist die Politikberatungsindustrie Amerikas, und dazu gehört die Branche der Wahlkampfberater. Die Political Consultants sind ihrem Selbstverständnis nach und nach vorherrschender Meinung quasi unverzichtbar für Politikerkarrieren und Wahlerfolg in den Vereinigten Staaten. Trumps Aufstieg schien das Gegenteil zu beweisen. Er spielte, so schien es, gegen alle professionellen Konventionen und Regeln der Kunst – und gewann.

Trump legte auf Berater und Dienstleister keinen besonderen Wert, um sein Kompetenzprofil, seine Überzeugungen, seine Wahl- und Regierungsziele festzulegen und dem Wahlvolk in kohärenter Weise zu vermitteln. Trumps Wahlkampf-Mix aus persönlichem Instinkt und scheinbar ideologisch entkernter Ad-hoc-Politik setzte sich während seiner ersten 100 Tagen im Weißen Haus fort. Bei der Besetzung von Kabinett und Schlüsselpositionen gab Trump wenig auf Insider. Das Desinteresse an Politikkompetenz, Expertise und professionellem Rat, ja blanke Ablehnung jedes Expertentums, hat offenbar Methode. Der Wahlkampf war Blaupause für die Regierung.

Aus gutem Grund gilt eine Präsidentschaftskampagne als Test für Führung und Management im Weißen Haus. Eine typische Kampagne ist sehr komplex strukturiert. Sie erstreckt sich geographisch über einen halben Kontinent. Sie kommuniziert mit 250 Millionen Wahlberechtigten direkt und indirekt über ein fragmentiertes, pluralistisches Mediensystem in einer multikulturellen Gesellschaft. Eine typische Kampagne ist ein mit jahrelangem Planungsvorlauf von erfahrenen Fachleuten parallel zur Parteistruktur aufgebautes, Hunderte von Millionen bis zu einer Milliarde Dollar verschlingendes Unternehmen, das erst in die parteiinterne Vorwahl- (Januar-Juni) und dann in die Hauptwahlphase (Juni-November) mündet. Teurer sind, länger dauern Wahlkämpfe nirgendwo. Sie brauchen Profis, und diese sind weit seltener als in Europa feste Mitarbeiter der Parteien, sondern Unternehmer.

Trumps erfolgreiche Kampagne war nicht nur im Vergleich zu Hillary Clinton, sondern auch zu allen US-Präsidentschaftswahlkämpfen der letzten Jahrzehnte unterfinanziert, unterkommerzialisiert, untertechnisiert, unterbesetzt und unterprofessionalisiert. Trump verweigerte sich dem Diktum, dass Kampagnenfähigkeit einen Söldnerkader aus Political-Consulting-Firmen erfordert: Wahlkampfmanager, Spendensammler, Sprecher, PR- und Werbeagenturen, Telemarketing- und Online-Spezialisten, Redenschreiber, Umfrageforscher, Datenanalysten, Zielgruppen- und Organisationsexperten. Die Berufswahlkämpfer, raunten schon in den Achtzigerjahren Politologen, machten Amerika zur „Consultant democracy“. Ihre Institutionalisierung und ihr Professionalismus sind Ergebnis einer 80-jährigen Geschichte aus Parteienschwäche, Medienwirkung, Technisierung sowie amerikanischen Eigenarten in Wahlrecht und Wahlkampffinanzierungssystem.[52]

Eine „trotzig anti-professionelle Kampagne“ nannte *US News* Trumps Wahlkampf im Rückblick.[53] Schon beim langen Anlauf zu

---

[52] Auswahl Branchenstudien: Althaus, M. (1998). Wahlkampf als Beruf: Die Professionalisierung der Political Consultants in den USA. Frankfurt: Lang; Johnson, D. (2016). Democracy for hire: a history of American political consulting. New York: Oxford Univ Pr; ders. (2015). Political consultants and American elections: hired to fight, hired to win. New York: Routledge; Johnson, J. (2015). Political consultants and campaigns: one day to sell. Boulder: Westview; Sheingate, A. (2016). Building a business of politics: the rise of political consulting and the transformation of American democracy. New York: Oxford Univ Pr.

[53] Alle Zitate aus dem englischen Original vom Autor übersetzt. Milligan, S.

den Vorwahlen meinte Branchenforscher Adam Sheingate, Trump sei „ein Albtraum für die Politikberatungsindustrie".[54] Trump heuerte aus dem hochklassigen US-Beraterpool keine einzige namhafte Firma an. An Geldmangel lag es nicht. Er setzte auf Vertraute aus seiner Firma und Familie. Er gab stets kund, er selbst sei sein bester Berater, Stratege, Medien- und Kampagnenexperte. Er schien die Mittelsmänner ausschalten und vorführen zu wollen, dass sie „Schlangenölverkäufer sind, die Politikern das Liefern von Wählerstimmen berechnen, die sie sowieso erhalten hätten".[55]

Auch Trump kam nicht ganz ohne Profiberater aus. Aber er verschliss sie und gab ihnen nie das typische Standing. Sie klagten über einen Kandidaten, der „nicht zu managen" sei.[56] Amateur Trump war das Gegenmodell zu Clinton, einer Berufspolitikerin, die perfekt zu einer beratergetriebenen Kampagne passte. Sein rudimentärer Apparat war das Gegenmodell zu Clintons hochgezüchteter Wahlkampfmaschine, die unter schwierigen Umfeldbedingungen zwar kritische Fehler machte, aber jedem professionellen Anspruch genügte. Trumps Triumph und Clintons Niederlage stellten „den Status einer Multi-Milliarden-Dollar-Branche in Frage. Wenn Trump das Weiße Haus ohne teuren Werbekrieg oder datengetriebenen Häuserkampf gewinnen kann, brauchen Kandidaten überhaupt Politikberater?", rätselte Consulting-Experte Sheingate nach der Wahl.[57]

(18. Nov 2016). Underestimating the unconventional. Abgerufen am 2. Mai 2017 von US News: http://bit.ly/2qFYB7R

54 Sheingate, A. (30. Dez 2015). The political consultant racket. Abgerufen am 3. Apr 2017 von New York Times: http://nyti.ms/2rpkwxa

55 McArdle, M. (26. Aug 2016). Why Trump needs a real campaign apparatus. Abgerufen am 7. Apr 2017 von BloombergView: https://bloom.bg/2qFP3Kj

56 Sherman, G. (2016, Okt). Final days. Abgerufen am 2. Mai 2017 von New York Magazine: http://nym.ag/2eGcSKM

57 Sheingate, A. (21. Nov 2016). Trump exposed the limits of political consulting. But the industry will continue to thrive. Abgerufen am 4. Apr 2017 von Vox: http://bit.ly/2qG36iK

Trump in den Vorwahlen der Republikaner

Bei den Vorwahlen 2015–16 bot die Republikanische Partei mit 17 Bewerbern ein ungewöhnlich breites Feld prominenter und erfahrener Talente, darunter fünf Senatoren und neun Gouverneure. Hinter ihnen marschierte die Elite der republikanischen Kampagnenmacher auf. Jeder Kandidat nahm namhafte Profis unter Vertrag, um überhaupt glaubwürdig ins Rennen starten zu können. Der Vorwahlkampf begann als Rüstungswettlauf der Consulting-Firmen und endete bei den Verlierern mit Rekordausgaben von mehr als $700 Mio. Trumps $76-Mio.-Etat wurde von vier Rivalen überboten, drei (Jeb Bush, Ted Cruz, Marco Rubio) gaben jeweils weit über $100 Mio. aus.[58] Trump verzichtete weitgehend auf die den Vorwahlkampf sonst prägende Fernsehwerbung, den Aufbau regionaler Büros und einer Spendenakquise-Organisation („Super-PAC"), und sein Personaltableau war amateurhaft und winzig. Nach herkömmlichen Profi-Maßstäben hatte Trump bestenfalls eine Außenseiterchance. Doch binnen weniger Monate dominierte er. Sein größtes Startkapital war – neben dem Firmenjet und der Infrastruktur seines Konzerns – die über Jahrzehnte aufgebaute Bekanntheit, die die Menschen zu seinen Großkundgebungen trieb und zum Einschalten und Zuhören brachte, erstklassiger Zugang zu populären Rechts-Medien wie Fox News und Talkradiostationen sowie sein schon etablierter Twitter-Kanal. Im März 2016 zeigten Studien Erstaunliches: Bis dahin hatte Trump für TV-Spots nur $10 Mio. ausgegeben, damit lag er auf Platz sechs der republikanischen Bewerber. Auf Platz eins stand der frühe Favorit Jeb Bush, er kaufte für $82 Mio. Fernsehwerbung. Aber rechnet man die über Presse- und Öffentlichkeitsarbeit („earned media") generierte Medienpräsenz in Anzeigenäquivalente („paid media") um, lag sein Gegenwert bis März bei $1,8

[58] CRP. (Feb 2017). Also-rans: 2016 presidential race. Abgerufen am 2. Apr 2017 von Center for Responsive Politics, OpenSecrets.org: http://bit.ly/2qG2GZU

Mrd. im Vergleich zu $214 Mio. bei Bush.[59] Trumps Amateur-PR zog an allen vorbei.

„Twitter-Kandidat" Trump gelang das besonders dank Online-Publicity. Die Kernidee war, Fans und Medien zu geben, was sie von Trump wollten – Kontroverse, Konfrontation, Provokation. Mehrmals am Tag wurde über „@realDonaldTrump" getweetet, nicht nur zur Politik, sondern zu allem, was „trending" war. Hohes Tempo und spontane Tweets vom Chef persönlich wurden ebenso zum Markenzeichen wie das Einspielen von 15-Sekunden-Videos über Instagram und Experimente mit neuen Plattformen.[60] Das Politikmagazin *Salon* staunte: „Trumps Meisterschaft in den Sozialen Medien ist seine wirkliche Tür-zu-Tür-Kampagne".[61]

Trump machte sich bald über die Nutzlosigkeit der teuren Gurus lustig, die das Geld seiner Rivalen verbrannten. „Ich bin angetreten gegen ein paar der raffiniertesten Teams, die jemals mit Geld ohne Ende zusammengeholt wurden", sagte er stolz während der Vorwahlen. „Profis der ersten Liga. Jetzt führe ich mit Millionen Stimmen und Hunderten Delegierter. Ich denke, das sagt etwas aus." Es sagte in der Tat etwas aus. Sein Vorwahlsieg blamierte einen ganzen Berufsstand. Es war – so *The Atlantic* – „für die Politikberatung ein Kaiser-ohne-Kleider-Moment".[62]

---

59 Confessore, N. & Yourish, K. (2016, 15. März). $2 billion worth of free media for Donald Trump. Abgerufen am 4. Apr 2017 von New York Times: http://nyti.ms/2kljxK1

60 Nonas, B. (8. Feb 2016). The secret sauce behind Donald Trump's social media success. Abgerufen am 9. Apr 2017 von Huffington Post: http://bit.ly/1Rkk245

61 Roussi, A. (18. Feb 2016). The Twitter candidate: Donald Trump's mastery of social media is his real ground game. Abgerufen am 8. Apr 2017 von Salon.com: http://bit.ly/1ordzbT

62 Ball, M. (Okt 2016). „„There's nothing better than a scared, rich candidate" How political consulting works – or doesn't. Abgerufen am 2. Apr 2017 von The Atlantic: http://theatln.tc/2qFLlQW

Turbulenzen im Wahlkampfmanagement

Trumps Vorwahlkampf sei „eher Konzerttournee als Präsidentschaftskampagne“ gewesen, befand die *New York Times*.[63] Würde Trump im selben Modus fortfahren können, wenn es nun gegen Clinton ging und um die Wechselwähler der Mitte? Die Parteigranden der Republikaner wurden unruhig, und zahllose Politiker setzten sich öffentlich von Trump ab. Pannen und Unfälle häuften sich. Nach dem Regiedesaster des Parteitags in Cleveland, Entlassungen und Rücktritten an der Wahlkampfspitze, war jeder Zweifel berechtigt, dass er Clintons Profimannschaft schlagen könnte. Schon der Unterschied bei der Personalstärke war groß: Im Juli 2016 gingen für Clinton 700 Mitarbeiter im Hauptquartier Brooklyn und Hunderten Ortsbüros zu Werk; Trumps Stab wuchs nur langsam von 80 auf 200.[64] Ihm fehlte bis zum Sommer ein verlässlich arbeitsfähiger Unterbau, der nicht nur an der relativ schmalen konservativen Parteibasis, sondern in der ganzen Nation wirken würde. „Trump ist ein furchtbarer Wahlkämpfer. Er ringt immer noch damit, die Grundbestandteile einer Wahlkampfoperation aufzubauen“, kommentierte die Nachrichtenagentur Bloomberg drei Monate vor dem Wahltag Trumps Versäumnisse: „Vielleicht ist er das Beste, was dem Wahlkampfapparat der Republikaner je passiert ist, denn er bebildert in Technicolor, was geschieht, wenn man es ohne ihn versucht.“[65]

Die breite Kritik an Wahlkampfstil und Logistikdefiziten verunsicherten Trump. Eine Zeitlang hielt er sich bei Reden und Auftritten vorübergehend eng ans Skript, um Konsistenz und Kohärenz seiner Botschaft zu erhöhen. Das fiel mit dem Rauswurf des Wahlkampfmanagers Corey Lewandowski zusammen, der aus der erzkonservativen Organisation der Koch-Brüder rekrutiert worden war. Den Chefpos-

---

[63] Confessore, N., & Shorey, R. (21. Aug 2016). Donald Trump, with bare-bones campaign, relies on G.O.P. for vital tasks. Abgerufen am 8. Apr 2017 von New York Times: http://nyti.ms/2st4vWq

[64] Schouten, F., & Schnaars, C. (21. Aug 2016). Hillary Clinton outspends Trump in White House showdown. Abgerufen am 4. Apr 2017 von USA Today: https://usat.ly/2rJpVSP

[65] McArdle a.a.O.

ten übernahm im Mai 2016 der lange mit Lewandowski rivalisierende Wahlkampfveteran Paul Manafort, der die Kampagne in konventionelle Bahnen lenkte. Er versuchte Trump mit strategisch-rationalen Argumenten darauf zu verpflichten, präsidialer auf- und aus dem Rampenlicht zurückzutreten, um den Medienfokus auf Clintons Probleme zu lenken. Das aber vertrug sich offenbar nicht mit Trumps Ego und Show-Ambitionen. Das seriöse Experiment endete im August.

Manafort trat zurück, als seine Beratermandate in der Ukraine ruchbar wurden. Ihn ersetzten der Chef des Rechtsaußen-Internetdienstes Breitbart, Steve Bannon, und die etablierte Strategieberaterin und Demoskopin Kellyanne Conway. Das neue Spitzenduo kehrte zurück zu Lewandowskis Motto „Lasst Trump Trump sein" – er müsse sich in seiner Haut wohlfühlen und spontan agieren, darin liege seine Stärke und Attraktivität als Wahlalternative.[66] Bannon stützte Trumps Neigung zu Krawallreden, nationalistischer Demagogie und Verschwörungstheorien. Conway verstand: Der Schlüssel, um Trump zu managen, war, in ihm das Gefühl zu erzeugen, er selbst habe Kontrolle über alles und treffe Entscheidungen selbst.[67] Vor allem hatten Conway und Bannon stets das Vertrauen der wahren Machthaber der Kampagne: Schwiegersohn Jared Kushner und Tochter Ivanka. Sie verteilten hinter den Kulissen den Einfluss der Berater oder demontierten sie.[68]

Auf Manaforts Drängen holte Trump mit dem respektierten Altstar Tony Fabrizio endlich einen Demoskopen an Bord – ein Jahr nach offiziellem Kampagnenstart. Auch Conways Firma und andere Demoskopen erhielten Aufträge für Umfrageforschung, Statistikanalysen, Tests von TV-Spots und Werbemitteln in Fokusgruppen. Bis dahin galt die in einem Fernsehinterview stolz vorgetragene Position: „Ich verschwende kein Geld für Meinungsforscher." Er meinte, bereits veröffentlichte

[66] Gass, N. (18. Aug 2016). Trump's new campaign manager vows to let Trump be Trump. Abgerufen am 5. Apr 2017 von Politico: http://politi.co/2aZbulR

[67] Sherman, a.a.O.

[68] McCaskill, N. D., Isenstadt, A., & Goldmacher, S. (2016, 19. Aug). Paul Manafort resigns from Trump campaign. Abgerufen am 3. Apr 2017 von Politico: http://politi.co/2brkh0t

Umfragen seien ausreichend; darunter verstanden er und seine Leute allerdings auch Online-Surveys zweifelhafter Quellen. Eigene brauche er nicht. Außerdem fand er, Demoskopie verbiege Kandidaten: „Ich will nicht unecht sein. Ich will ich sein. Ich muss ich sein.“[69] Trumps Skepsis verschwand nie. Sein Verhältnis zu Demoskopen, Daten- und Medienanalysten blieb schwierig. Trump frustrierte sie offenbar regelmäßig durch barsches Verwerfen ihrer Daten und Empfehlungen.[70] Es gehört zu den Kuriositäten des Wahljahrs 2016, dass der Sieger Millionen Dollar mehr für Fanmützen ausgab als für Meinungsforschung, die für Profis stets Entscheidungsbasis ist.[71]

Die Parteizentrale, das Republican National Committee (RNC), nahm die öffentlichen und eigene Umfrageergebnisse ernster. Täglich drängte RNC-Chef Reince Priebus Trump zu mehr Disziplin und Professionalität in der Kampagne sowie Verantwortungsbewusstsein für die Partei. Priebus geriet unter Druck: Im August forderten ihn mehr als 100 republikanische Politiker, Funktionäre und RNC-Mitarbeiter in einem offenen Brief auf, alle Geld-, Organisations- und Technikleistungen für Trump in Kongresswahlkämpfe umzuleiten.[72] „Wir glauben, dass Donald Trumps Spaltungspolitik, Leichtsinn, Inkompetenz und rekordbrechende Unpopularität es riskieren, dass diese Wahl zum Erdrutschsieg für die Demokraten führen wird“, hieß es in dem Brief. „Nur sofortiges Umlenken aller verfügbaren RNC-Ressourcen in verwundbare Wahlkreise des Senats und Repräsentantenhauses wird verhindern, dass die Partei mit einem Trump-Logo-geschmückten Anker um ihren

---

69 Caputo, M. (2016, 16. Mai). After resisting for months, Trump hires top pollster. Abgerufen am 4. Apr 2017 von Politico: http://politi.co/27u5lST

70 Sherman, a.a.O.; Isenstad et al., a.a.O.

71 Bump, P. (2016, 25. Okt). Donald Trump's campaign has spent more on hats than on polling, Abgerufen am 2. Mai 2017 von Washington Post: http://wapo.st/2ePj vbt

72 Stokols, E. & Vogel, K. P. (2016, 14. Aug). RNC considers cutting cash to Trump. Abgerufen am 4. Mai 2017 von Politico: http://politi.co/2bfQGqJ

Hals absaufen wird."[73] Das RNC ging Trump zwar nicht von der Fahne, aber die Eskalation zeigte: Den Sommer hatte Trump verspielt.

Hillary Clinton umgab sich derweil nicht nur mit den besten Politikmanagern und Beraterfirmen (Medienberatung: GMMB, Digitalmedien: Bully Pulpit Interactive, Direktmarketing: Chapman Cubine Adams + Hussey, Umfragen: Benenson Strategy Group) – sie hielt sich auch eng an das Drehbuch ihres Generalstabs. Ihr Feldzug versuchte, Obama-Konzepte von 2008 und 2012 zu adaptieren. Mit all ihrem persönlichen Ballast war Clinton nicht Obama, und das Meinungsklima hatte sich sehr stark gewandelt. Indes folgte ihre Kampagne der Logik des Normalfalls, dass sich die finanziell stärkste Kampagne den Sieg durch Profileistungen in allen Portfolios sichert: durch pannenfreie Inszenierung, die meiste Werbung auf allen Kanälen, Feinsteuerung auf Umfrage- und Datenbasis, High-Tech-Kommunikation und flächendeckende Organisation für Mobilisierung im Tür-zu-Tür-Häuserkampf der Zielregionen (im Jargon: das „ground game"). Dafür gab das Clinton-Lager bis zum Wahltag $1,2 Mrd. aus, Trump dagegen mit $647 Mio. nur knapp die Hälfte.[74]

Kontraste im Medien-Wahlkampf

Clintons TV-Werbung kam wie erwartet früh und flächendeckend. Trump reagierte nicht im selben Medium. Erst Ende August schaltete er seinen ersten TV-Spot. Präzedenzlos und unorthodox hielt sich Trump wie im Vorwahlkampf bei Fernsehwerbung bis in die heiße Phase sehr zurück. So zeigte er zum ersten Mal, dass ein Präsidentschaftskandidat den TV-Werbeausgaben des Rivalen nicht einmal nahe kommen muss, um ins Weiße Haus zu gelangen. Diese Erkenntnis hat kritische

---

73 Bobic, I. (2016, 16. Aug). More than 100 Republicans urge RNC to drop Donald Trump. Abgerufen am 4. Mai 2017 von Huffington Post: http://bit.ly/2aSmt0e

74 Allison, B., Rojanasakul, M., Harris, B., & Sam, C. (9. Dez 2016). Tracking the 2016 presidential money race. Abgerufen am 2. Apr 2017 von Bloomberg Politics: https://bloom.bg/2hG9ApH

Relevanz für das Beratergeschäft. Denn jeder Werbedollar enthält Produktionshonorare und Vermittlungsprovisionen.

Erste Analysen zeigen, dass Trump ein Drittel weniger für Spots ausgab als Republikaner-Kandidat Mitt Romney 2012.[75] Trump lag im Trend: Bei den TV-Ketten brachen die aus der Politik erwarteten Einkünfte spürbar ein. Alle Wahlebenen, Kandidaten und Parteien zusammengerechnet, sank bei den Fernsehsendern 2016 der Wahlspot-Umsatz um 20 Prozent: Dafür wurden nur $4,4 Mrd. (2012: $5,45 Mrd.) ausgegeben, die Gesamtausgaben für Wahlwerbung aller Art stiegen wenig auf $9,8 Mrd. (2012: $9,4 Mrd.). Die Zehn-Milliarden-Grenze wurde 2016 entgegen aller Erwartungen nicht überschritten.[76] Rund 70 Prozent der Wahlwerbung wurden ins Fernsehen investiert. Bezogen auf die Reichweitenkosten pro Kopf ist das rechnerisch effizient. Medien- und Politikwissenschaften belegen allerdings, dass TV-Spots vor allem Bekanntheit steigern – was für Trump wenig Mehrwert erbracht hätte – und in früheren Präsidentschaftswahlen wenig bewirkten, selbst wenn man berücksichtigt, dass es auf die Ränder des Wählerspektrums ankommt, also auf unentschlossene Wechselwähler.[77]

Trumps Alternativrezept blieb, bezahlte durch unbezahlte TV-Präsenz zu ersetzen und die Kameras durch einen Strom von Interviews, Massenveranstaltungen und Social-Media-Wellen anzuziehen. Weil er stets den Konflikt schürte, wurde es nie langweilig. Das Vorgehen wirkte auf den ersten Blick chaotisch, wenn der impulsive, oft aggressive Trump von Thema zu Thema sprang, bombastische Versprechen ab-

75 Stewart, R. (4. Jan 2017). US political ad spend hit record high in 2016 but TV lost momentum thanks to Donald Trump. Abgerufen am 2. Apr 2017 von The Drum: http://bit.ly/2qKKo4E

76 Kaye, K. (3. Jan 2017). Data-driven targeting creates huge 2016 political ad shift: broadcast TV down 20%, cable and digital qay up. Abgerufen am 9. Apr 2017 von Advertising Age: http://bit.ly/2ihhcTE

77 Vgl. Ridout, T. N., & Franz, M. M. (2015). The persuasive power of campaign advertising. Philadelphia: Temple Univ Pr.; Sides, J., & Vavreck, L. (2013). The gamble: choice and chance in the 2012 presidential election. Princeton: Princeton Univ Pr.; Hillygus, D. S., & Shields, T. G. (2009). The persuadable voter: wedge issues in presidential campaigns. Princeton: Princeton Univ Pr.

gab, Beleidigungen und Schmähreden ausstieß und sich dabei oft selbst überholte. Aufmerksame Beobachter stellten allerdings früh fest, dass Trump und seine Helfer disziplinierter und methodischer vorgingen, als es den Anschein hatte. Hinter dem scheinbaren Chaos wurden durchaus Muster erkennbar, die der Nachrichtenlage Richtung, Themen und Tonlage aufdrückten: Trumps Botschaften wurden – auch spontan – in vielen Variationen auf Echo, Zustimmung und Reichweitenpotential getestet; selbst die wüstesten Behauptungen enthielten einen Wahrheitskern, so dass sie sich nicht einfach widerlegen ließen; der Zyklus aus Attacken und Konterattacken wurde kunstvoll vorangetrieben; und das systematische Re-Tweeten der Fan-Reaktionen festigte den Rückhalt und in der Online-Fangemeinde.[78]

Angesichts der dauerhaften Online-Erfolge könnte man meinen, Trump sei – wie zuvor Obama – mit einer ausgefeilten Digital- und Datenstrategie gestartet. Doch dem war nicht so. Zwar hatte Trump lange vor seiner Kandidatur eine Social-Media-Präsenz aufgebaut und sie als Publicity-Motor für seine Markenfirmen entwickelt. 2011 rekrutierte er dafür den blutjungen Digitalstrategen Justin McConney, der später im Wahlkampf die Twitter-Taktik, das Programm der Kurzvideos (YouTube, Vine, Instagram) und Plattformexperimente lenkte.[79] Auch Digitalmarketingberater Brad Parscale und seine Web-Firma Giles-Parscale in Texas kamen aus Trumps kommerziellen Diensten. Bis zum Parteitag arbeitete für Trump nur ein sehr kleines, politisch unerfahrenes Team, das mit eng begrenzten Mitteln arbeitete. Das Fachblatt *Advertising Age* meinte: „Intern hatte die Kampagne keine echte Dateninfrastruktur – nichts, was auch nur in die Nähe der Anforderungen für gezielten Wählerkontakt eines modernen Präsidentschaftswahlkampfs gelangte“.[80]

---

78 Schwartzman, P., & Johnson, J. (9. Dez 2015). It's not chaos. It's Trump's campaign strategy. Abgerufen am 8. Apr 2017 von Washington Post: http://wapo.st/2rpkyFr

79 Schreckinger, B. (1. Okt 2015). Meet the man who makes Donald Trump go viral. Abgerufen am 8. Apr 2017 von Politico: http://politi.co/1KUxYdn

80 Kaye, K. (14. Dez 2016). How the Trump camp's data inexperience helped propel his win. Abgerufen am 9. Apr 2017 von Advertising Age: http://bit.ly/2rfKKEe

Trumps Schwiegersohn Jared Kushner wird eine Schlüsselrolle dabei zugesprochen, ab Juni die digitale Zielgruppenkampagne rasch auf ein professionelles Niveau zu heben. Er holte sich Hilfe von seinen Silicon-Valley-Kontakten und besorgte die Mittel, um Parscales Digitalmarketing-Firma in einen 100-Mitarbeiter-Apparat zu verwandeln – quasi ein zweites Hauptquartier in San Antonio, weit weg vom New Yorker Trump Tower und von den Medien relativ unbeachtet. In Texas liefen Daten zusammen, mit denen Reisen, Kundgebungen, Redethemen, Spendenakquise, Tür-zu-Tür-Canvassing, Online- und TV-Werbung präziser und schneller gesteuert werden konnten.[81] Geschickt setzte man Facebook ein – die Profis kannten alle Marketingfunktionen des sozialen Netwerks und steuerten sie aus.[82] Beim Aufbau der Datenbank „Project Alamo" wurden von Facebook-Datenhändlern und Marketingpartnern gewaltige Mengen Online-Verbraucherdaten eingekauft und zusammengeführt, bis 220 Millionen Wählerprofile mit Tausenden Faktoren auf den Servern lagen. Die aus Europa stammende Firma Cambridge Analytica lieferte mit Wählerpsychogrammen einen Beitrag.[83]

Für Parscale lag der größte Wert des Facebook-Netzwerks in der Skalierbarkeit der breiten Online-Kleinspendenakquise (Ertrag $250 Mio.): „Unser größter Brutkasten für Spenden war Facebook", sagte er nach der Wahl. „Facebook und Twitter waren die Gründe, warum wir dieses Ding gewonnen haben. Twitter für Mr. Trump. Und Facebook für das Spendensammeln".[84] Allerdings erlaubte das Facebook-Microtargeting auch einen Negativ-Wahlkampf zur aktiven Demobili-

81 Bertoni, S. (2016, 22. Nov). How Jared Kushner won Trump the White House. Abgerufen am 3. Mai 2017 von Forbes: http://bit.ly/2qKHooZ

82 Halpern, S. (2017, 8. Juni). How he used Facebook to win. Abgerufen am 18. Mai 2017 von The New York Review of Books: http://bit.ly/2qQZn0M

83 Confessore, N., & Hakim, D. (6. Mrz 2017). Data firm says „secret sauce" aided Trump; many scoff. Abgerufen am 9. Apr 2017 von New York Times: http://nyti.ms/2rgfeG3

84 Lapowsky, I. (15. Nov 2016). Here's how Facebook actually won Trump the presidency. Abgerufen am 2. Mai 2017 von Wired: http://bit.ly/2gd8MfE

sierung – „voter suppression", also Wählerunterdrückung, nannten es Trumps Digitalmanager offen. Es ging darum, drei für Hillary Clinton wichtige Zielgruppen vom Wahlgang abzuhalten: liberale Weiße, junge Frauen und Schwarze. Ihnen servierte Trumps Team mit einem $150-Mio.-Etat sehr gezielt Facebook- und Instagram-Anzeigen mit aggressiver Anti-Clinton-Werbung, einschließlich so genannter „dark posts", die nur für den einzelnen User, aber nicht öffentlich sichtbar sind.[85] Wie groß der Erfolg war, lässt sich nicht direkt messen. Aber Tatsache ist, dass 2016 die Wahlbeteiligung Schwarzer spürbar sank und Clinton auch bei jüngeren Frauen weniger punktete als erhofft.[86]

Der Sprung aufs Profi-Niveau kam nach der Nominierung. Ab diesem Zeitpunkt hatte Trump Zugriff auf die Parteizentale: Das Republican National Committee hatte drei Datenfirmen (TargetPoint, Causeway Solutions, Deep Root Analytics) unter Vertrag und seit 2013 als Reaktion auf Obamas Sieg eine völlig neue Wahlkampfarchitektur aufgebaut. RNC-Chef Reince Priebus investierte $175 Mio. in Wählerdatenbanken, Analyse- und Prognosemodelle, Online-Werbetestprogramme, Spendentools und ein Tür-zu-Tür-Mobilisierungsprogramm, in dem Hunderttausende Wahlhelfer per Smartphone-App Echtzeitdaten zum Wählerkontakt in die Zentrale übermitteln würden. Es sollte sich als Vorteil erweisen, dass Trumps Team – ganz anders als Clintons – nicht allein auf das eigene System festgelegt war, sondern mit dem RNC eine Digital-Symbiose einging.[87] Das erlaubte nicht nur bei Online-Kommunikation eine Aufholjagd, sondern auch beim „ground game": Bis zum Wahltag organisierten die 7600 Angestellten in 315 RNC-Ortsbüros ein Freiwilligenheer, das an 24 Millionen Türen klopfte und 26 Millionen Telefonate führte.

85 Green, J. & Issenberg, S. (2016, 27. Okt). Inside the Trump bunker, with days to go. Abgerufen am 2. Mai 2017 von Bloomberg Business Week: https://bloom.bg/2fxAGll

86 Luhby, T. (2016, 10. Nov). How Hillary Clinton lost. Abgerufen am 9. Mai 2017 von CNN: http://cnn.it/2fClMrz

87 Martin, R. (6. Dez 2016). How Trump waged an under-the-radar ground game. Abgerufen am 9. Apr 2017 von NPR: http://n.pr/2h3q6me; Kaye (2016), a.a.O.

Trumps Digitalchef Parscale gab nach dem Sieg zu, Infrastruktur, Werkzeuge und Dienstleistungen aus dem RNC seien entscheidend gewesen: „Ohne sie wären wir niemals hierher gekommen.“[88] Trumps schlanke Selbstbau-Organisation begab sich de facto technisch und finanziell in die Hände des Washingtoner Partei-Establishments und der dort angedockten Beraterfirmen.

Massenversammlungen: Ein „europäischer“ Kampagnenstil

Trumps medienwirksame Kundgebungen mit langen Kandidatenreden in Stadt- und Sporthallen, Hotels, Stadien und unter freiem Himmel waren ein weiteres ungewöhnliches Markenzeichen. Eine solche Dichte und Medienpräsenz von Massenveranstaltungen ist für Amerikas Politikkultur – anders als in Europa – nicht üblich. In der heißen Phase bestritt Trump täglich mehrere in unterschiedlichen Regionen. Für Profis gelten sie gemeinhin als Traditionsüberbleibsel, das als Kulisse für Fototermine und TV-Kurznachrichten herhält. Trumps Spektakel aber zogen ein Massenpublikum und die Medien in neuartiger Weise an und wurden oft vom Kabelfernsehen live von Anfang bis Ende übertragen. Trump erwies sich nicht als begnadeter Rhetoriker, doch seine zusammenhangslosen Reden wurden enthusiastisch gefeiert. In Interaktion mit dem Redner ließen die Fans in Sprechchören Zustimmung für seine Versprechen („Bau die Mauer! Bau die Mauer!“) oder ihren Hillary-Hass („Sperrt sie ein! Sperrt sie ein!“) los. Es kam oft zu witzigen Szenen, aber auch zu ruppigen Zwischenfällen und Gewalt. All das lockte Reporter an, auch wenn sie sich oft beschimpfen und bedrohen lassen mussten.

Der erste Wahlkampfmanager Lewandowski hatte im Herbst 2015 in solchen Veranstaltungen großes Potenzial gesehen, nachdem Trump in gewagten Versuchen bewiesen hatte, dass er ein Stadion füllen konnte. Von da an buchte Lewandowski so viele Groß-Events wie möglich.

[88] Vogel, K. P. (2016, 10. Nov). Reince Priebus‘ moment. Abgerufen am 2. Mai 2017 von Politico: http://politi.co/2sj9BFI

Sie überdeckten die Schwäche der Feldorganisation. Zugleich waren die Kundgebungen gut geeignet für den Improvisator Trump, der die Energie der Anhängermasse genoss, das Sofort-Feedback seines Publikums spielerisch sammelte und daraus lernte. „Die Monster-Kundgebungen waren nicht Teil der Trump-Kampagne, sie machten sie aus. Sie waren Quelle seiner Kraft und Schaufenster für das abschweifende Genie des Kandidaten, zudem arenagroße Fokusgruppen für seine Botschaften und Testläufe für Trumps typische Beleidigungen“, stellte das Insider-Magazin *Politico* fest. „Trumps Massenkundgebungen wurden das Herzstück der Kampagne.“[89] Seine zum Schluss täglich wiederholten Events boten eine emotionale, massenpsychologische Gemeinschaftserfahrung aus Begeisterung und Faszination oder Wut und Hass, aufgeputscht von einer Führerfigur, als Show einfach orchestriert, aber TV-gerecht inszeniert.[90]

Die Massenveranstaltungen waren offenbar auch ein Grund dafür, warum Trump lange kaum eigene Aufträge an Meinungsforscher vergab. Trump sah die entscheidende Messlatte für Wahlkampferfolg in Teilnehmerzahlen, Enthusiasmus und Atmosphäre seiner Kundgebungen.[91] Geradezu besessen von der Größe des Live-Publikums (was sich bis zu seiner Amtseinführung fortsetzte), thematisierte Trump die Zahlen ständig. Stur lehnte Trump jedes Expertenargument ab, dass anekdotische Evidenz dieser Art empirisch unzuverlässig und nicht repräsentativ sei. Sanken seine Umfrageprozente, konterte er mit Prahlereien wie „Ich habe die größten Menschenmengen. Niemand hatte je größere“ und polterte über die Medien, wenn sie seine (meist weit übertriebenen) Zahlen nicht bestätigten.[92] Die umfrageorientierte Profiwelt schüttelte die Köpfe – akzeptierte jedoch den Strategiebonus, Menschenmengen

---

89 Thrush, G. (9. Dez 2016). 10 crucial decisions that reshaped America. Abgerufen am 9. Apr 2017 von Politico: http://politi.co/2ghWNIi

90 Sheingate (2016), a.a.O.

91 Schreckinger, B. (2015, 25. Sep). Donald Trump's size fixation. Abgerufen am 9. Apr 2017 von Politico: http://politi.co/1FmWJ5V

92 Lemire, J. (2016, 17. Aug). Trump brags about crowd size but will it turn into votes? Abgerufen am 4. Apr 2017 von AP News: http://apne.ws/2rfX5YV

in den Fokus zu rücken, um in Bild und Ton den Eindruck einer begeisterten Fan-Bewegung zu erzeugen und TV-Teams zu locken.

Die Massenversammlungen sah Wahlkampfberater Rick Ridder in der Wahlnachlese im Profimagazin *Campaigns & Elections* als Element einer „Kampagne europäischen Stils". Auch den geringen Umfang bezahlter TV-Werbung, die auf Plakatsloganlänge gekürzten symbolische Botschaften, Konzentration auf gewinnbare Kerngebiete und ältere Wechsel- und Wutwähler sowie die emotionalisierte Social-Media-Zielgruppenkommunikation zählte Ridder zum „europäischen" Stil der Trump-Kampagne, die ihn insbesondere an die Strategien der Populistenführer in Europa erinnerte.[93] Auch *Newsweek* merkte an, mit der polarisierenden Wir-gegen-die-Rhetorik, dem postfaktischen Desinteresse am fachpolitischen Diskurs und dem jede Programmatik übertrumpfende Personen- und Führerkult „benutzt Trump das Drehbuch der radikalen Rechten in Europa" wie Front National, FPÖ und UKIP.[94]

„Authentisch unauthentisch" – Trump als Vorbild?

In der Schlussphase wurde Trump weder präsidialer noch ließ er sich auf einen Kompetenzwettstreit mit Clinton ein. Der Kontrast im Kommunikationsstil wurde während der drei Fernsehdebatten noch einmal besonders deutlich. Clinton beherrschte ihre Themen und ließ sich perfekt coachen – doch mit dem Effekt, dass sie roboterhaft wirkte, wo Trump, der sich nur halbherzig und selten trainieren ließ, spontan war, ungefiltert und undiszipliniert plapperte, blaffte und log. Sein unbekümmerter Umgang mit Details und Fakten änderte nichts daran, dass er glaubhaft wirkte: als einziger Kandidat, der „die Wahrheit" sagt – während sich Clintons Berater mühten, dem Wähler ihre Authenti-

---

93 Ridder, R. (3. Apr 2017). Donald Trump's European-style campaign. Abgerufen am 10. Apr 2017 von Campaigns & Elections: http://bit.ly/2rv609A

94 Cadei, E. (10. Mai 2016). Cult of personality: how Trump uses the playbook of Europe's far right. Abgerufen am 8. Apr 2017 von Newsweek: http://bit.ly/2siLN Bw

zität zu belegen. Es war paradox: Sie mochte eine glatte, opportunistische Berufspolitikerin sein, aber mit ihr stand eine inhaltlich engagierte, in Parteigrundwerten verankerte, von eigenen Gestaltungsideen getriebene Kandidatin zur Wahl. Trump dagegen, so der Politologe Dennis Johnson, sei „authentisch unauthentisch", nämlich jenseits seines Marken-Egos politisch-kulturell wurzellos – er stehe konkret für nichts.[95] Indes wirkte Clinton programmiert, Trump niemals. Genau das machte ihn wählbar.

Trump war als Person, Botschafter und Identitätsstifter ein Unikum, ähnlich wie es bei den Demokraten der überraschend erfolgreiche, eigensinnige Bernie Sanders war. Entsprechend lassen sich Sanders' Achtungserfolg und Trumps Wahlsieg auch verstehen: als legitime Abwehrreaktion der Bürger gegen Kampagnen, die rundum getestet, aber auch homogenisiert, fad und austauschbar sind und wohlkontrollierte Kandidaten wie Standardprodukte vermarkten – so argumentiert etwa *The Atlantic*.[96] Trumps Präsidentschaftswahlkampf machte dem Wähler zweifellos ein neues Angebot.

Kann Trumps Kampagne systematisches Vorbild sein? Hat Trumps Sieg eindeutig gezeigt, dass politische Leidenschaft und eine demokratische Bewegung, deren Zeit gekommen ist, der schalen Professionalität des Establishments überlegen sind? Trumps Kampagne war in Teilen innovativ, brach aus Konventionen aus und zeigte alternative Wege auf. Vor allem aber war sie siegreich. Gewinner schreiben Geschichte. Nach jeder Wahl prahlen Manager und Berater des Siegers mit ihrer überlegenen Planung, genialen Spielzügen, hoch präzisen Technik oder geheimnisvollen Schattenoperationen. Nicht alles muss man glauben. Bis heute ist nicht völlig klar, wie gut Trump und die Republikaner handwerklich waren, wer wie wieviel dazu beitrug und was entscheidend war.

Doch wahr bleibt auch: Das Gesamtbild, das sich aus eineinhalb Jahren Trump-Kampagne fügt, bleibt das eines instabilen, desorgani-

95 Johnson, D. (28. Sep 2016). Authenticity is great, but campaigns still need political consultants. Abgerufen am 2. Apr 2017 von Timeline: http://bit.ly/2rvbvor

96 Ball a.a.O.

sierten, dysfunktionalen, oft demoralisierten und orientierungslosen Unternehmens. Es ließ in Teilen hochwertige Expertise, Beratung und Steuerung zu, im Kern versagte sein Politikmanagement aber dabei, bei der Wähleransprache Kurs zu halten.

Ob bei Strategie, Personal, Technik, Logistik – Trumps Kampagne sei ein Paradebeispiel für Führungs- und Managementversagen gewesen, meinte *Time*-Politikexperte Fareed Zakaria kurz vor der Wahl: „Es ist unbestreitbar, dass Donald Trump die am schlechtesten ausgestattete, undisziplinierteste, chaotischste Wahlkampagne der modernen Politikgeschichte gefahren hat.“[97] NAch Trumps Sieg zog das Insider-Magazin *Politico* denselben Schluss: Die Kampagne sei „immer ein improvisiertes TV-Drama“ geblieben. Treiber der Kampagne sei Trumps Ego gewesen, sein Apparat vorrangig darauf ausgerichtet, dieses Ego zu bedienen – „uninteressiert an der ernsten, aber unglamourösen Arbeit“ des Aufbaus beständiger Strukturen und Funktionen. Trump habe gewonnen. Aber nicht, weil er und sein Team „irgendeine Funktionalität aus dem Chaos herausgequetscht hätten. Tatsächlich sah es aus wie ein Eisenbahnwrack, weil es eines war.“[98]

Hat Trump ohne Profiberater gesiegt? Nein. Seine Kampagne war semi-professionell: sicher keine hochgradig professionell gesteuerte Operation, aber ganz sicher auch keine Graswurzelbewegung reinster Güte. Hinter Trumps Anti-Establishment-Rhetorik steckte in der Wahlkampfpraxis viel Establishment. Nach dem Vorwahlsieg wurde der Druck erkennbar enorm, das Amateur-Chaos mit professionelleren Ansätzen zu bändigen. Die Trump-Kampagne entwickelte sich. Sie setzte Zug um Zug mehr Einzelberater und Dienstleistungsfirmen ein. Medien-, Werbe-, Digital-, Umfrage- und Spendenspezialisten sammelten sich um Trump, wie bei Clinton. In der Spätphase ge-

---

97 Zakaria, F. (2016, 28. Okt). Donald Trump has run the worst campaign in modern history. Abgerufen am 3. Mai 2017 von Washington Post: http://wapo.st/2fdLXYn

98 Isenstadt, A., Stokols, E., Goldmacher, S. & Vogel, K. P. (2016, 9. Nov). Inside Trump's stunning upset victory. Abgerufen am 9. Mai 2017 von Politico: http://politi.co/2fD59dJ

lang durch Rückgriff auf kommerzielle Digitalmarketingfirmen offenbar ein großer Sprung – zusammen mit den Profis der Partei allerdings. Trumps Kampagne blieb mangels Vorbereitung gar nichts anderes übrig, als durch sie die eigenen Defizite auszugleichen. Hätte die Partei nicht schon jahrelang in Daten- und Mobilisierungssysteme investiert, wäre Trumps Direktkontaktprogramm wohl am Boden zerschellt.

„Danke, Trump!", titelte das linksliberale Magazin *New Republic* nach der Wahl: Trump habe das von zu viel Geld, Werbung und Beratereinfluss übersteuerte US-Wahlkampfsystem mit seiner Kandidatur „sprengen" wollen und dieses Versprechen habe er gehalten – man müsse dies als den einzigen Vorteil für Amerikas Demokratie werten, der aus Trumps Sieg hervorgegangen sei.[99] Die Frage ist nun nicht nur, ob die nun folgende Regierungskunst Trumps den Amerikanern die Freude daran vergällt. Es gibt auch andere Fragen. Eine Frage ist, ob die populistischen Mittel, mit denen Trump das System „sprengte", gut für den demokratischen Prozess waren. Beispielsweise mag es für künftige Kandidaten in Partei-Vorwahlen ermutigend sein, dass man mit kleinem Apparat und (relativ) wenig Geld auch gegen scheinbar unschlagbare Favoriten die Nominierung gewinnen kann. Aber dass ein Außenseiter eine Partei dazu bringt, sich dabei fast selbst zu zerfleischen, stärkt weder den für Kampagne- und Regierungsfähigkeit nötigen Zusammenhalt der Partei noch das Vertrauen der Bürger in den Vorwahl-Ausleseprozess oder die Parteiendemokratie insgesamt. Beispielsweise mag man auch es begrüßen, dass die oft unsägliche TV-Wahlwerbung massiv abgesenkt wurde. Sie wurde aber auf den Bildschirmen nicht ersetzt durch bessere Information, gehaltvolle Diskurse und Qualitätsjournalismus. Donald Trump fand einfach billigere Wege, im Fernsehen schamlos absurde Propaganda zu streuen. Das war gut für seine Kasse und sonst für gar nichts gut.

---

[99] Baker, K. (11. Nov 2016). Thanks Trump! What he got right about American democracy. Abgerufen am 20. Apr 2017 von The New Republic: http://bit.ly/2rpmxJY

Eine Frage ist auch, ob dieses „Sprengen“ irgendjemandem hilft außer Trump. Was für ihn passte, funktioniert bei der Mehrzahl der Politiker vermutlich nicht (sie sind wohl einfach zu langweilig). Der erste Test dafür werden die Kongresswahlen 2018 und Wahlen in den Einzelstaaten sein. Die meisten Politiker werden weiter auf Dienste der Political Consultants vertrauen und angewiesen sein – und zwar gerade, weil die Unsicherheit gestiegen ist, was bei Wahlen passieren kann. Angst vor Risiken stärkt eher den Bedarf an Beratung und Dienstleistungen durch Profis. Insofern können Profis Trump zur seltenen Anomalie mit einem nicht kopierfähigen Modell erklären und sich dann dem üblichen Geschäft wieder zuwenden.[100]

Zudem ist unklar, ob und wie Präsident Trump in seine Wiederwahlkampagne gehen wird. Seine Partei, die Abgeordneten und große Geldgeber werden wohl versuchen, den dann 74-Jährigen zu einer Berater-kontrollierten Kampagne zu zwingen, um das Risiko mutwilliger oder zufälliger Selbstzerstörung zu begrenzen. Das Gegenteil ist ebenso möglich, obwohl der Präsident dann kein Außenseiter mehr ist und parallel regieren muss. Ein wilder Ritt mit der Wiederauflage des Mottos „Lasst Trump Trump sein“ ist für 2020 nicht auszuschließen.

---

[100] Milligan a.a.O.

Trump - Der Kommunikator

Nana Walzer

„Ich bin ein Berliner!" *John F. Kennedy, 1963*

„Yes, we can!" *Barack Obama, 2008*

„Grab them by the pussy!" *Donald Trump, 2005/2016*

The Winner Takes It All

Der 45. Präsident der USA, Donald Trump, zeichnet sich in kommunikativer Hinsicht besonders durch den Einsatz von lautstarker, „politisch unkorrekter" Provokation aus. Er hat sich im Wahlkampf als Vertreter des Anti-Establishments ausgegeben. Und sitzt mittlerweile demselben vor. Wie konnte diese Gratwanderung unter dem strengen Auge der Öffentlichkeit so schnell gelingen? Wie konnte er einen solchen Eindruck bei den Wählern machen, dass sie ihn tatsächlich zum „ersten Mann der Welt" kürten? Manchmal ist von digitaler Manipulation und kommunikativer Täuschung die Rede. Meistens kommt der „Populismus" ins Spiel. Genauso wie die geringe Bildung und die schwächelnde Wirtschaftslage ihm das „Abholen der einfachen Bürger" bei ihren Ängsten vor dem sozialen Abstieg und ihren Hoffnungen vom neuen Aufschwung Amerikas und ihrer eigenen Zukunft leicht machen würde. Andere sprechen von einer schwachen, weil viel zu wenig emotionalisierenden, nicht unbedingt sympathisch wirkenden Gegenkandidatin Hillary Clinton, die es nicht nur den republikanischen Wählern, sondern auch den Unschlüssigen und politisch Uninteressierteren erleichtert habe, ihr Kreuzchen bei „Trump" zu setzen. Einige sind der Ansicht, dass Trump durch die absichtliche Missachtung aller Regeln den Sieg davon trug. Durch seine furchtlose „Ihr könnt mich alle mal"-Haltung habe er das Zeug zum Helden all derer, die sich nicht gesehen, nicht gehört, nicht dazugehörig fühlen. Wie auch immer die Diagnose ausfällt, eines ist dabei völlig klar: Trumps Erfolg hat etwas mit Kommunikation zu tun. Mit seiner Persönlichkeit ebenso viel, wie mit den Drahtziehern und Geldgebern im Hintergrund, mit der wirtschaftlichen und sozialen Lage Amerikas ebenso, wie mit der von Unsicherheit und Komplexität gebeutelten globalisierten Welt, in der wir leben. Menschen sehnen sich in Zeiten der Instabilität und der geringen Aussicht auf eine blühende Zukunft nach einem „starken Führer", einem Mann, der für die eigenen Interessen kämpft. Dass Donald Trump für seine eigenen Interessen kämpft, macht ihn interessanterweise vertrauenswürdig. Er gibt gar nicht erst vor, sich nur für andere einzusetzen. Er will die Wirtschaft ankurbeln, Arbeitsplätze schaffen, indem die amerikanische Wirtschaft in Amerika gehalten werden soll. Er selbst will davon profitieren. Das glaubt ihm jeder. Und er verkauft Wahlkampf-Käppis *made in China*. Seinen Egozentrismus, seine Profitgier, seine Untergriffe – all das lassen ihm die Wähler nicht nur durchgehen, sie finden es sogar gut. Denn es steht für den Wahlspruch „America First". Und Trump ist nun Amerika. Trump ist stimmig mit seiner Wahlkampfaussage. Er will nun mal gewinnen.

Warum funktioniert diese Vorgehensweise? Was spricht Menschen so sehr daran an, dass sie ihm ihre Stimme schenken? Dieser Fragestellung widmet sich der folgende Beitrag. Dieser Artikel beleuchtet, welche kommunikativen Mittel Donald Trump einsetzt – und wie sie bei welcher Zielgruppe ankommen. Es werden dabei Inhalte und Emotionen, Körpersprache, Stimmeinsatz und Sprachführung ebenso betrachtet, wie seine Einstellung gegenüber Frauen, Menschen mit Migrationshintergrund, Medien oder Amerikas Gegenwart und Zukunft. Die Konzentration liegt in erster Linie auf den Ebenen der Kommunikation. Was sagt und zeigt Donald Trump über sich selbst, über seine Mitmenschen und über die Welt, in der er lebt? Ebenso im Fokus stehen der massive Einsatz von sozialen Medien, das Aushebeln „klassischer“ Medienmechanismen und die ausgefeilte Anwendung von etwa Datenanalysen, um mittels psychologischer Profile die richtigen Inhalte zur richtigen Zeit an die richtigen Menschengruppen zu senden. *Fake news*, *alternative news* und die Degradierung etablierter Medien zur „Lügenpresse“ zeigten eine enorme Wirkung. Doch im Zentrum des Umsturzes der Glaubwürdigkeit von Experten, Journalisten, Zahlen, Daten und Fakten steht seine Person. Sie verkörpert das Gesicht eines Siegers für all jene, die „Erfolg“ über Macht, Geld und gesellschaftliche Position definieren. Donald Trump „zeigt es denen da oben“. Bei vielen kommt er tatsächlich als reicher, erfolgreicher Macher an, als jemand, der den amerikanischen Traum lebt. Mit goldener Toilette, Privatflugzeugen und einem Model an seiner Seite lebt er ein Leben, das sich viele wünschen. Ungeachtet seines Erbes, seiner wirtschaftlichen Misserfolge, seiner vielen nachweislich unwahren Aussagen zählt, dass er sich nehmen kann, was er will. Und es auch tut. Er ist ganz er selbst. Viele wären wahrscheinlich gerne wie er. Viele können sich offenbar mit ihm identifizieren. Wohlstand schlägt Altruismus. Selbstsucht wirkt offenbar anziehend. Aber nicht bei allen. In der Folge werden auch jene Aspekte analysiert, die weniger gut ankommen.

Die von Trump erzielten Wirkungen bieten ein breites Spektrum. Sie reichen vom Eindruck der unverblümten Authentizität über jenen der unterhaltsamen Skurrilität bis zum ernsten Zweifel an seiner psychischen Gesundheit. Festzuhalten ist aber, dass er etwas hervorragend kann, nämlich Menschen zu *erreichen*. Trump lässt niemand kalt. Und Emotionen siegen über Inhalte, das ist selbst neurowissenschaftlich nachvollziehbar. Wer uns bedroht oder amüsiert, erzeugt eine unmittelbarere Wirkung, als es sachliche Argumentation vermag. So erzielt Trump - absichtlich oder unabsichtlich, einfach nur dadurch, dass er so ist, wie er ist - ständige Aufregung, Erheiterung oder Entsetzen. Die in höchstem Maß öffentlichkeitswirksamen „Aufreger“, die die klassischen Medien ebenso beherrschen wie die Regenbogenpresse und *social media*, können dann Trumps politische Hintermänner nutzen, um im Hintergrund etwa eine Gesetzesänderung nach der anderen durchzuwinken. Die Lautstärke Trumps ist für sie, die eigentlichen Politikmacher, schlichtweg praktisch. Er sorgt erfolgreich für Ablenkung und damit dafür, dass er in aller Munde ist. Währenddessen wird republikanische Politik gemacht. So wurden bis Mitte März 2017 dem Kongress über 2000 Gesetzesentwürfe vorgelegt. Deren Inhalte sind alles andere als belanglos. Hier ein Beispiel für eine solche Regierungsvorlage, die tatsächlich nur einen Satz lang ist: „*The Environmental Protection Agency shall terminate on December 21, 2018*" (HR 861[101]). Dieser Entwurf verlangt die ersatzlose Streichung der Umweltschutzbehörde mit Ende 2018. Ebenso soll das Bildungsministerium mit Ende 2018 seine Tätigkeit restlos einstellen (HR 899[102]). Es ist dabei völlig unklar, was mit Bildung oder Umwelt weiterhin geschehen soll. Und der öffentliche Diskurs fällt aus – weil er von lautstarken Ablenkungsmanövern Präsident Trumps dominiert wird. Das Fazit: Dominanz siegt. In den Medien zählt dabei die Aufmerksamkeit und in der Politik die Entscheidungshoheit. Warum dies so gut funktioniert und warum sich Menschen so gerne und so leicht täuschen lassen, wird in der Folge erörtert. Um die Erfolgsstrategien offenzulegen, beginnen wir dort, wo die Wahrnehmung von Erfolg beginnt: bei den Mechanismen erfolgreicher Kommunikation.

Wie Kommunikation Wirkung erzielt

In der Kommunikation gibt es drei Themen, die nahezu jeden Menschen interessieren – und die so gut wie immer Aufmerksamkeit erzeugen. Trump meistert sie alle drei. Er spricht davon, er schreibt darüber, er lebt sie vor: *Geld, Macht und Sex*. Warum diese Themen so wirksam sind, liegt an der menschlichen Natur und der Definition von „Erfolg" von Mensch und Gesellschaft. Wer Sex hat, ist biologisch gesehen erfolgreich, wer „jemand ist" in der Gesellschaft, ist sozial gesehen erfolgreich. Und „jemand" ist, wer sich kaufen kann, was – und wen – er

[101] https://www.congress.gov/bill/115th-congress/house-bill/861, 26. März 2017

[102] https://www.congress.gov/bill/115th-congress/house-bill/899, 26. März 2017

will (Geld hat), sowie, wer Entscheidungen über jeden und alles fällen kann (Macht hat). Der amerikanische Präsident ist das ultimative Karriereziel für Menschen, die Erfolg auf diese Weise definieren. Zur besonderen Zielgruppe, die sich von diesen Erfolgsbildern angesprochen fühlen, weiter unten.

Wo kommt dabei nun die Kommunikation ins Spiel? Alles, was Menschen, die auf solche Erfolgskriterien gepolt sind, mehr Geld, Sex und Macht verspricht, stellt „Erfolg" in Aussicht und schürt die Hoffnung auf persönliches Wohlgefühl, auf Karriere und Anerkennung, auf ein gutes Leben. Alles, was „mehr Erfolg" in diesem Sinne bedroht, schürt Angst. Die Angst vor Mangel, vor Verlust wirkt dabei fast ebenso effektiv wie jene vor drohender physischer Gefahr. Diese existenziellen Ängste zu schüren ist einfach. Man braucht dazu nur ein Feindbild. Seien es andere Menschen, die „vom Kuchen" scheinbar mehr abbekommen, als man selbst. Seien es Menschen, die andere Werte vertreten (etwa Bildung, Menschenrechte oder auf andere Kulturen bezogene Zielbilder eines „erfolgreichen Lebens"). Sei es die Vorstellung gewaltbereiter Menschen, die einem etwas wegnehmen wollen oder die Sicherheit bedrohen. Der Populismus macht sich diese Mechanismen zu Nutze: „Einfache Erfolgsversprechen" in Kombination mit „Abgrenzung und Abwertung von Andersdenkenden", sowie Stigmatisierung der selbigen als „Schuldige" im Sinne als verantwortlich für die eigenen Ängste funktioniert hervorragend. Dahinter steckt auch eine gehörige Portion „teile und herrsche": Teile die „herrschende Klasse" vom „Volk" und diskreditiere alle, die dagegen oder anders sind. Identifiziere Dich mit „dem Volk" (so divers es auch sein mag) und versprich eine schillernde Zukunft. Zeichne einfache Zielbilder („Make Amerika Great Again"), einfache Maßnahmen („The Wall"). Erkläre nichts Konkretes (das macht angreifbar), setze auf Überzeugungskraft, notfalls mit Hilfe von starken Emotionen.

Emotionen wirken stärker als sachbezogene Informationen, weil sie uns zu berühren vermögen. Inhalte werden vergessen, Gefühle bleiben in Erinnerung. Werden Informationen in ein emotionales Erlebnis gebettet, so werden die Inhalte quasi wie nebenbei „mittransportiert". Hoffnung auf Zugehörigkeit und Angst vor Bedrohungen sind die Gefühle, mit denen Populisten agieren. Beim Transport dieser Gefühle zählen Stimme und Körpersprache wesentlich mehr in Bezug auf die emotionale Überzeugungskraft als der sachliche Inhalt. Menschen bewerten etwa die Authentizität einer Person höher als ihr Wissen, wenn es um Glaubwürdigkeit geht. Viele beurteilen heute den Wahrheitsgehalt einer Aussage über den Eindruck der Echtheit einer Person. Auf diesem Weg schätzen sie nämlich die Vertrauenswürdigkeit eines Menschen ein. Dies geschieht vor allem über die Wahrnehmung von (der Abwesenheit von) kognitiver Dissonanz. Unterscheiden sich die Meinung, Einstellung und Absicht, die verbal ausgedrückt werden, von jenen, die Körpersprache oder Stimme transportieren, so irritiert dies und erzeugt einen unangenehmen Gefühlszustand im Rezipienten. Daher zählt für viele, die es nicht gewohnt sind, ihre ersten Eindrücke durch kritische Reflexion zu relativieren, Authentizität höher als sachlicher Inhalt. Und authentisch ist jemand, der sich selbst spürbar nicht widerspricht, der nichts verheimlicht, alles ungefiltert zeigt. Trump zeigt in jeder Minute, wer er ist und was er denkt. Er macht sich nichts daraus, was andere von ihm denken oder welche Konventionen er bricht. Er ist, so wie er ist. Er ist der erste Reality-Show-Star im *oval office*.[103]

Indem er sich selbst und seine Interessen stimmig darstellt, sich also auf den Ebenen der Stimme, Körpersprache und Sprache eindeutig auszudrücken weiß, hat er das Unterbewusstsein seines Publikums von seiner Ehrlichkeit, im Sinne eines Offenlegens seiner Absichten, überzeugt. Er meint tatsächlich, was er sagt. Ob er eine Ahnung von dem hat, was er sagt und verspricht, ist für viele offenbar zweitrangig. Warum? Weil Emotion die Kognition schlägt. Viele hören und glauben, was sie hören und glauben wollen. Wie dem Wahlergebnis zu entnehmen ist, haben jedoch über 50% der amerikanischen

[103] Siehe „The Apprentice", eine Reality-TV-Show (NBC) um Kandidaten für Trumps Unternehmen. D. Trump moderierte die Sendung, die 2004 startete und im „Trump Tower" gedreht wurde, bis 2015.

Bevölkerung gegen Trump gestimmt. Er konnte nur gewinnen, weil er die wahlergebnisrelevanten Bezirke für sich entschieden hat (Stichwort: Wahlmänner; amerikanisches Wahlsystem). Betrachtet man das Profil seiner Wähler, so treten folgende Unterscheidungsmerkmale zu Tage: Es waren vor allem Weiße, Männer, Ältere, weniger Gebildete und Protestanten/Katholiken, die für ihn gestimmt haben. Mit überwältigender Mehrheit waren es weiße Männer mit keinem College-Abschluss. Dies lässt durchaus einen Rückschluss zu, was sich diese Menschen wünschen und welche Erfolgsbilder sie im Leben haben: Geld, Macht, Sex. Etwas, was sie wahrscheinlich nicht (mehr) haben. Mindestens ebenso interessante Aussagen liefert die Statistik über jene, die Clinton gewählt haben: Frauen, unter 30-Jährige, alle anderen Ethnien (besonders Schwarze, und zu 70% je Latinos und Asiaten), Menschen ohne Bekenntnis oder jüdischen Glaubens, sowie jene mit höherer Bildung.[104]

Es ist für die bisherigen und weiteren Ausführungen essenziell, zu verstehen, auf welche Menschen Trump Eindruck macht und auf welche ganz und gar nicht. Erstere sind besonders weiße Männer mit geringer Bildung. Die weiteren Darstellungen von Trumps Kommunikationsstrategien fokussieren auf seine Erfolgsrezepte in Bezug auf seine Zielgruppe. Keinesfalls soll dabei vergessen werden, dass diese Methoden über die Hälfte der Amerikaner nicht nur nicht ansprechen, sondern von ihnen ganz im Gegenteil massiv verurteilt werden.

Wie Trump erfolgreich wirkt

Die weiteren Ausführungen gliedern sich in drei Teile. Zunächst geht es um Donald Trump als Individuum, sein Selbstbild und Weltbild, um zu klären, warum er auf die für ihn typische Weise kommuniziert. Danach folgt eine Darstellung seiner interpersonalen Kommunikation, also wie er mit anderen Menschen interagiert. Den Abschluss macht die

[104] http://derstandard.at/2000047211042/Alter-Bildung-Geschlecht-Wer-fuer-Donald-Trump-gestimmt-hat, 26. März 2017

öffentliche Kommunikation in Form seines Auftretens als Immobilientycoon, als Entertainer und Autor bis hin zur Wahlkampfkandidatur und Präsidentschaft.

Ego ergo sum

Über die Persönlichkeit Donald Trumps und die mutmaßlichen Störungen derselben wurde viel spekuliert. Selbstherrlichkeit, das Bedürfnis nach Bewunderung, Mangel an Kritikfähigkeit, wenig sichtbare emotionale Intelligenz oder soziale Kompetenz – all diese Komponenten weisen auf die sog. „Dunkle Triade“[105] hin. Darunter verstehen Psychologen eine Mischung aus bestimmten Persönlichkeitsanteilen, die viele „starke Führer“ auszeichnet. Die Dunkle Triade vereint Anteile von Narzissmus, Machiavellismus und Psychopathie in eine machtgierige, aber auch erfolgsversprechende Eigenschaftskombination. Will der Narzisst um jeden Preis bewundert werden, so manipuliert der Machiavellist ohne Rücksicht auf Verluste, um seine Ziele zu erreichen. Der Psychopath hingegen sieht andere als Objekte, hat keine Angst vor Konsequenzen, eine hohe Impulsivität und geringe Empathie. Das Problem mit hohen Werten im Sinne der Dunklen Triade ist, dass sie mit antisozialen Tendenzen wie Unehrlichkeit und Aggressivität einhergehen. Der Vorteil ist, dass solche Menschen, wiewohl in der Gesellschaft unerwünscht, hingegen beruflich oft erfolgreich sind, da sie durch keinerlei Rücksicht gebremst werden und Regeln einfach brechen, ohne sich um die Folgen zu kümmern. Für solche Menschen zählt nur siegen oder verlieren. Das Selbstbild des Siegers zelebriert Donald Trump schon seit Langem. Man sieht ihn in Machtposen und liest von ihm in seinen autobiographisch formulierten Büchern diverse Heldengeschichten. Alleine schon die Titel seiner Bücher zeugen von seiner Selbstwahrnehmung und der Ausrichtung seines Lebens auf Erfolg: „Die Kunst des Erfolgs“,

---

[105] Zum Begriff der Dunklen Triade vgl. Paulhus, Delroy L./Williams, Kevin M.: *The Dark Triad of Personality*. In Journal of Research in Personality. 36, 2002, S. 556.563.

„Surviving at the Top", „The Art of Comeback", „The America We Deserve" oder „Wie man reich wird".

Dass er überzeugend so tut, als hätte er etwa das erfolgreichste darunter selbst geschrieben, ist ebenso eine Aussage über seine Fähigkeit, die Unwahrheit zu sagen, wie es ein Zeichen von angewandtem Selbstbetrug sein könnte. Tony Schwartz, der tatsächliche Autor des Bestsellers von 1987 „The Art of the Deal" (4 Mio. verkaufte Exemplare, 48 Wochen auf der NY-Times Bestsellerliste) stellt über Trumps Aussage, er hätte das Buch selbst geschrieben, fest: „If he could lie about that on Day One – when it was so easily refutet – he is likely to lie about anything."[106]

Schwartz erzählt auch, wie er das Image von Donald Trump zu dem eines erfolgreichen Immobilientycoons aufpoliert habe, obwohl sich dieser als pathologisch impulsiv und selbst-zentriert zeigte. „I put lipstick on a pig"[107] schreibt er im Nachhinein und bereut seinen Beitrag zum „Mythos Trump", indem er geholfen hat, ihn einer breiten Öffentlichkeit als „charmant-unverschämten Unternehmer mit unfehlbarem Talent fürs business" vorgestellt zu haben.[108] Wenn er, Schwartz, dieses Buch heute schreiben würde, so würde er es „The Sociopath" nennen.[109] In Sätzen wie „Today I'm very proud of myself", „I'm worth many billions of dollars" oder „What a great honor it must be for you to honor me tonight!" und „if I decide to run, you'll have the great pleasure to vote for the man that will easily go down as the greatest president in the history of the United States: Me, Donald John Trump!" kommt Trumps Einstellung sich selbst und der Welt gegenüber klar und deutlich her-

---

106 Aus: Mayer, Jane: *Donald Trump's Ghostwriter Tells All*. In: The New Yorker. The Political Scene, 25. Juli 2016. http://www.newyorker.com/magazine/2016/07/25/donald-trumps-ghostwriter-tells-all

107 Mayer ebd.

108 Mayer ebd. im Original: „Many Americans, however, saw Trump as a charmingly brash entrepreneur with an unfailing knack for business – a mythical image that Schwartz had helped create."

109 Mayer ebd.

aus.[110] Der ehemalige US-Präsident Barack Obama selbst hingegen äußerte massive Zweifel, ob Trump überhaupt auch nur über das notwendige Grundwissen verfüge, um im Amt des Präsidenten funktionieren zu können. Er nennt hier dezidiert die fehlende Kenntnis Trumps über Normen und Regeln, fehlenden *common sense* und mangelndes diplomatisches Geschick, aber auch wesentliche Lücken im wirtschaftspolitischen oder außenpolitischen Verständnis und in der Kenntnis von Justizsystem oder Gesetzen. Diese Außensicht auf den damaligen Präsidentschaftskandidaten Trump fasst Obama so zusammen: „I think the Republican nominee is unfit to serve as a President".[111]

Zusammenfassend kann über die Persönlichkeit Trumps festgehalten werden, dass seine Selbstsicht die eines Gewinners ist. Alles und jeder, das und der dieses Siegerimage unterstützt, ist willkommen. Wer ihn hingegen kritisiert, wird gefeuert. Ein prominentes Beispiel dafür liefert die Entlassung der Justizministerin Sally Yates 2 Wochen nach Antritt seiner Amtszeit und in Folge ihrer Kritik am Einreiseverbot für Bürger aus sieben muslimischen Staaten unter dem Argument des „Verrats". Wer nicht für ihn ist, ist gegen ihn. Eine sachliche Debatte hat im Angesicht seines bedrohten Selbstbildes keinen Platz. Es gibt unzählige Nachweise dafür, dass Trump seinen eigenen Aussagen widerspricht und sich die Realität so zurecht legt, dass sie zu seiner momentanen Sicht der Dinge passt.[112] Was dieser, seiner Wirklichkeitsauffassung widerspricht, wird etwa als „Lügenpresse" diffamiert. Trotz alledem wird sein Versprechen von einfachen Lösungen in einer komplexen Welt von jenen positiv aufgenommen, die sich in ihrem Leben verunsichert fühlen oder verunsichern lassen. Das autoritäre Auftreten und die Inszenierung als Retter der Nation passen zu seinem Überlegenheitsgefühl und Machtanspruch und werden vom regelmäßigen Unterwerfen Schwächerer untermauert.[113] Solch ein Verhalten fördert

---

110 Vgl. https://www.youtube.com/watch?v=e7UcQcD9INI,27.03.2017

111 Vgl. die Pressekonferenz Obamas, veröffentlicht am 02.08.2016 etwa auf NBC news: https://www.youtube.com/watch?v=_pWCXu-eKqM,27.03.2017

112 Vgl. etwa die inkohärente Pressekonferenz vom 17. Februar 2017.

113 Vgl. Teuwsen, Peer: *Wir gieren nach Übervätern* In: NZZ, 14.03.2017.

letztendlich auch die Ausbreitung von Intoleranz in der Gesellschaft: „Wir haben es heute mit einem autoritären Pöbelcharakter zu tun, der kann ungebremst hervortreten, weil die Zivilisation verpöbelt. Das zeigt sich ja auch in den sozialen Netzwerken. Die Schamlosigkeit ist wieder attraktiv. Man kann schamlos lügen, alle wissen es, und man wird trotzdem gewählt“[114], meint Psychoanalytiker Jürg Acklin und analysiert Trumps Verhalten folgendermaßen: „... er benimmt sich wie ein trotziges, jähzorniges Kind. Er duldet keinen Widerspruch. Alles, was außerhalb seiner engen Vorstellungswelt geschieht, ist für ihn eine Bedrohung.“[115]

Das Trumpeltier

Eine dezidierte Beschreibung des Kommunikationsverhaltens Donald Trumps zeigt auf sprachlicher, stimmlicher und körpersprachlicher Ebene charakteristische Eigenheiten. Auf allen Ebenen signalisiert er den Willen zu Siegen und zelebriert sich als Selbstdarsteller. Mit Ausnahme der Argumentation. Es ist ihm nicht daran gelegen oder möglich, durch stringente Aneinanderreihung von Argumenten nachvollziehbare Aussagen zu treffen. Ein Vorteil ist, dass er dadurch inhaltlich nicht festgemacht werden kann. Der Linguist Geoffrey Pullum liest aus Trumps Sprache „zerfaserte Gedanken, eine kurze Aufmerksamkeitsspanne und eine Mangel an intellektueller Disziplin heraus“.[116]

Sofern Trump ohne Skript spricht, folgt er impulsiv seinen Gedankengängen, die ihn oft zu Seitensprüngen oder Unterbrechungen und neuen Satzanfängen führen. Er vermeidet zwar komplizierte Sätze, spricht aber dennoch nicht nachvollziehbar und klar. Indem er einfache Hauptsätze aus kurzen und eingängigen Worten aneinander reiht,

https://www.nzz.ch/feuilleton/autoritaerer-charakter-ein-riesiger-zerstoerungswille-ld.151708

114 Ebd., zitiert wird hier Jürgen Acklin

115 Acklin in Teuwsen, ebd.

116 Vgl. http://www.faz.net/aktuell/feuilleton/medien/rhetorik-von-donald-trump-politik-in-einfacher-sprache-14698769-p2.html, 26.03.2017

wirkt das Gesagte für kurze Zeit so, als hätte es einen Sinn. Aber insgesamt gesehen sind seine Ausführungen oft abschweifend und strotzen vor Seitenbemerkungen, die ins Nirgendwo führen. Er verwendet bis zu achtzig Prozent Einsilbenworte und verkörpert dadurch die „einfache Sprache des einfachen Mannes". Obwohl – oder gerade weil – er nichts Konkretes, Schlüssiges sagt, wirkt seine Rhetorik stark, was vor allem an den ständigen Wiederholungen von Schlüsselbegriffen (z.B. Parolen wie „America First!") liegt. Die Taktik der sprachlichen Verunklärung untermauert er, indem er sie als gewollten Vorgang darstellt, weil „die Zeit des Redens vorbei ist und es nur um Taten gehe."[117] Kurze Sätze (max. neun Wörter im Durchschnitt), einfache Wörter (im Durchschnitt 4 Buchstaben) und viele Wiederholungen (etwa das Wort „tremendous"/fantastisch) sind sein Erfolgsrezept. Sprach er vor der Wahl noch von „wir und sie", so stellt er sich als Präsident ungebremst selbst dar und verwendet hauptsächlich die ich-Kommunikation.[118] Trump verwende im Durchschnitt die Sprache eines Viertklässlers, analysiert Linguistin Elisabeth Wehling. Sie sieht darin einen Teil seines Erfolgs. Indem er Wertebotschaften in eingängige Begriffe packe, wirke er authentisch und komme mit dieser Form konkreter Aussagen gut bei seinem Publikum an.[119] Berühmte Beispiele sind Hillary Clinton als „Marionette", „Katastrophe" oder „korrupt". Seine rassistische und sexistische Sprache bedient die Vorurteile seiner Zielgruppe. Dazu gesellten sich im Wahlkampf wüste Beschimpfungen und abwertende Adjektive: „So sagte er etwa über mexikanische Einwanderer: ‚Sie bringen Drogen, sie bringen Kriminalität, sie sind Vergewaltiger, und einige, nehme ich an, sind auch nette Leute.'"[120] Ein anderes Beispiel liefert seine

---

117 Vgl. http://www.faz.net/aktuell/feuilleton/medien/rhetorik-von-donald-trump-politik-in-einfacher-sprache-14698769-p2.html, 26.03.2017

118 Vgl. http://www.sueddeutsche.de/news/kultur/sprache-neue-sprache-bei-donald-trump-dpa.urn-newsml-dpa-com-20090101-161203-99-404027

119 https://www.welt.de/politik/ausland/article156089909/Trump-spricht-die-Sprache-eines-Viertklaesslers.html

120 http://www.sueddeutsche.de/news/kultur/sprache-neue-sprache-bei-donald-trump-dpa.urn-newsml-dpa-com-20090101-161203-99-404027

Beschuldigung, der damalige US-Präsident Barack Obama wäre nicht in Amerika geboren und kein legitimer US-Bürger. Vorwürfe, mit denen er konfrontiert wird, verneint er entweder einfach („No, that's not true", „fake news") oder wirft sie 1:1 auf den anderen zurück („No, *you* did...!"). Eine sachliche Auseinandersetzung kommt dabei nicht zustande.

Vorgetragen wurde all dies im Wahlkampf mit verbissenem Blick, zusammengekniffenen Augen, einem rund nach vorne gestülpten trotzigen Mund, einer ärgerlich verstimmten Grundstimmung und lauter und aggressiver Stimme, die anklagend bis brüllend leidenschaftliche Anschuldigungen oder große Versprechen transportierte. Trump als Präsident hingegen spricht wesentlich ruhiger, entspannter, tiefer, langsamer und meist mit einem samtigen Hauch im Stimmklang. Er liest öfters vorgefertigte Reden ab und formuliert so längere Sätze, die eher in argumentativem Zusammenhang stehen. Er veränderte damit seine Rolle vom wahlkämpfenden anti-Establishment Oppositionellen zu jener des etablierten, anerkannten Präsidenten. Damit änderte er zugleich auch sein Selbstbild. Im Wahlkampf hielt Trump selbst sein Temperament für seine primäre Stärke. Diese drückt sich nun seltener über die laute und aggressive Stimmführung aus. In seiner Unberechenbarkeit ist er aber auch als amtierender Präsident laufend für Überraschungen gut. Damit bleibt sein hoher Entertainmentfaktor aufrecht und die Medienpräsenz ihm sicher. Auch seine orange Hautfarbe, die weißen Augenringe (beides weist auf intensiven Gebrauch von Sonnenbank bzw. Selbstbräuner hin), sowie sein wildes, unkontrollierbar scheinendes Haupthaar in undefinierbarem Blond-Orange-Ton unterstreichen den Eindruck eines skurrilen Menschen und haben sich seit Antritt der Präsidentschaft hin zu einem natürlicheren Auftreten gewandelt (normale Gesichtsfarbe und eher graues Haar). Skandale, Fehltritte, untergriffige Äußerungen, nachweislich falsche Behauptungen und unkontrollierte Ausbrüche sind vielleicht seltener geworden, brechen jedoch nach wie vor hervor, wenn ihm Zustimmung oder Anerkennung verwehrt werden.

Das von ihm am häufigsten eigesetzte direkte Kommunikationstool ist Twitter. Twitter erweckt das Gefühl, in nahem Kontakt mit dem Kommunikator zu stehen, es wirkt ähnlich einer SMS: Der Leser bekommt den Eindruck, einen direkten Draht zu den aktuellen Gedanken eines Menschen zu haben.

Analysiert man die von ihm besonders häufig verwendeten Worte, so sind dies sowohl während des Wahlkampfes als auch als Präsident durchwegs emotional aufgeladene und stark wertende Begriffe wie etwa „loser" (234 tweets) „dumb" oder „dummy" (222 tweets), „terrible" (204 tweets) „stupid" (183 tweets), „weak" (156 tweets), „dope" oder „dopey" (117 tweets), „dishonest" (115 tweets), „leightweight" (101 tweets). Zwischen 100–50 Mal verwendete er die Begriffe „incompetent" oder „incompetence", „boring", „fool", „pathetic", „haters and losers", „moron", „racist", „clown", „overrated", „disgusting", „goofy".[121] Zu unterscheiden sind dabei tweets, die seine Belegschaft sendet (erkennbar an einer positiveren Sprache, der Verwendung von hashtags, Bildern und Links, sowie ein anderes System, von dem gesendet wird) und jenen, die er von seinem eigenen Telefon aus sendet. Eine eingehende Datenanalyse zur Zeit des Wahlkampfes ergab, dass Trump selbst besonders oft morgens kommuniziert und dabei 40–80% mehr Worte verwendet, die mit den negativen Grundgefühlen von Wut, Ekel, Angst und Traurigkeit („Very sad!", „so sad!") in Zusammenhang stehen.[122] Tweets haben den Vorteil, dass starke Gefühle in aller Kürze ausgedrückt werden können und damit die Ereignisse des Momentes mit einem emotionalen Rahmen versehen werden, wodurch ihnen eine klare Bedeutung gegeben werden kann. Das Außergewöhnliche an dieser Kommunikationsart ist, dass sie den „mächtigsten Mann der Welt" persönlich zugänglich machen - und das quasi täglich, stündlich, jederzeit. Was die *real-time* Kommunikation betrifft, also die Kommunikation in Echtzeit, so ist Twitter unschlagbar. Rechnet man nun dazu,

---

[121] Diese Zahlen aus: http://www.trumptwitterarchive.com/,28.03.2017

[122] Diese Analyse vgl. Robinson, David: Text analysis of Trump's tweets confirms he writes only the (angrier) Android half. 06.08.2016. http://varianceexplained.org/r/trump-tweets/,28.03.2017

dass negative Meldungen stärker wirken als positive (im Vergleich zu Trump twitterte Clinton übrigens überwiegend positiv[123]), so wird seine Wirkmacht auf die Öffentlichkeit auch ohne die etablierten Medien im Rücken nachvollziehbar. Er erreicht nicht nur seine über 20 Millionen *follower* – die Aufregung, die seine emotionalen und oftmals als unpassend für einen Präsidentschaftskandidaten und Präsidenten empfundenen Meldungen verursacht, vereinnahmt letztendlich auch das restliche Mediengeschehen.

Körpersprachlich dominierten im Wahlkampf Siegerposen wie die beiden erhobenen Fäuste, das Victory-Zeichen (Zeige- und Ringfinder der rechten Hand sind zum V erhoben) oder der erhobene rechte Zeigefinger (Drohgebärde). Diese Posen zeugen von seinem Überlegenheitsanspruch.

Die Rolle von „The Don“ bzw. „The Donald“, dem überlegenen Magnaten, wurde ihm bereits in seiner Reality-TV-Show „The Apprentice“ auf den Leib geschneidert. Seit damals ist der Ausdruck (seine sog. *catch-phrase*) „You're fired!“, der schnell und kurz wie ein gnadenloser Pistolenschuss abgefeuert wird und von einer entsprechenden Geste mit ausgestrecktem Zeigefinger der rechten Hand, der nach vorne direkt auf den Kandidaten schnellt, unterstrichen wird, ein Synonym für seine Einstellung anderen Menschen gegenüber.[124] Eine Variation ist der ausgestreckte rechte Zeigefinger, der von oben nach unten saust, während er Anschuldigungen oder Kritik stoßweise, quasi im Stakkato äußert.

Besonders oft benutzt er auch eine Gestik des „erklärenden Besserwissens“, wobei die beiden Hände bis Schulerhöhe angehoben werden, die Handflächen sichtbar nach außen gewendet („seht her, ich habe nichts zu verbergen“), die Daumen und Zeigefinger zu einem Kreis geschossen (steht für Fingerspitzengefühl und Qualitätsanspruch) und deren restlich Fingerspitzen angehoben werden. Manchmal sind es auch

---

[123] Vgl. etwa die Analyse auf http://blogs.sas.com/content/sgf/files/2016/09/13550_Grover-Analytics-Conference-E_Poster-Final-Sid-Grover.pdf, 27.03.2017

[124] Vgl. etwa https://www.youtube.com/watch?v=75SEy1qu71I, 27.03.2017

Daumen und Ringfinger, die zu einem Kreis geschlossen werden, sodass der nach oben gereckte Zeigefinger den Anspruch aus „Rechthaben" noch unterstreicht. Er drückt dabei die Handflächen stoßartig nach vorne, entsprechend dem Inhalt drückt er damit seine *message* ins Publikum hinein – und hält sich so zugleich etwaige Feinde vom Leib. Eine weitere Leib- und Lieblingsgeste ist die offene rechte Handfläche, die abwechselnd nach oben oder unten gekehrt wird, und je nach Aussage dynamisch nach oben oder unten geschleudert wird, während der linke Arm leblos nach unten hängt. Trump signalisiert so zwei Dinge zugleich: seinen Kampfes- und Siegeswillen, seine klare Positionierung („so und nicht anders") und zugleich einen gelassenen, in seiner Rolle als Gewinner ruhenden Persönlichkeitsanteil. Dieser Widerspruch ist aber nur scheinbar einer und verleiht der Persönlichkeit etwas schillernde Abwechslung und scheinbare Tiefe durch Komplexität. De facto unterstreichen aber beide Kommunikationsweisen (aggressiv-dominant und souverän-dominant) seinen Überlegenheitsanspruch.

Diesen Anspruch auf absolute Deutungshoheit signalisiert er über Wortwahl und Körpersprache auch im direkten Kontakt anderen Menschen gegenüber. Prominente Beispiele dafür sind sein herablassendes Verhältnis zu Frauen, die nicht seinem Schönheitsanspruch genügen, wie etwa der publizistisch breitgetretene Disput mit Rosie O'Donnell („disgusting, slob, loser, terrible human being, looks bad and sounds bad,…"[125]). Aber auch seine sexistisch-dominante Einstellung Frauen gegenüber ist spätestens seit der Veröffentlichung eines „off-the-record"-Mitschnitts von der Washington- Post im Jahre 2005 öffentlich bekannt, in dem Trump stolz von seinem fehlgeschlagenen Versuch, eine verheiratete Frau zu verführen berichtet: „I did try and fuck her. She was married. (…) And I moved on her very heavily in fact I took her out furniture shopping. (…) I moved on her like a bitch, but I couldn't get there. (…) Then all of a sudden I see her, she's now got the big phony tits and everything. (…) I better use some Tic Tacs just in case I start kissing her. You know I'm automatically attracted to beautiful

[125] Vgl. etwa https://www.youtube.com/watch?v=3NXEaF-w2MY, 27.03.2017

– I just start kissing them. It's like a magnet. Just kiss. I don't even wait. And when you're a star they let you do it. You can do anything. (...) Grab them by the pussy. You can do anything."[126] In diesen Sätzen wird nicht nur die männlich-dominante Einstellung Trumps deutlich, sie zeugen auch von einer Respektlosigkeit, Nicht-Gleichstellung und Nicht-Gleichbehandlung von Frauen, sowie von völliger Ignoranz in Bezug auf den Straftatbestand der sexuellen Belästigung.

Trumps Verhältnis zu anderen Politiker hingegen wird an einer anderen Kommunikationsweise deutlich: Dem Handschlag (oder dem ausfallenden Handschlag). Für ihn liegt in der Geste des Begrüßens zugleich die Möglichkeit „leverage" zu beweisen, also seine Wichtigkeit und Macht zu demonstrieren. Bevor diese Methode der Einschüchterung medial breit getreten wurde, konnte er quasi unbemerkt über das ruckartige Heranziehen des Gegenübers (als „free-form arm wrestling" von einem Journalisten beschrieben) seine „hyperpotency" spürbar machen: „The Donald crushes the hands of lesser men in his extremely powerful and definitely not-small mitts. He pulls them into his orbit like a magnificent star, pulling their arm out of their sockets, breathing an ancient silent message down their necks: I am the boss. I am your boss."[127]

Alleine schon ob er einem anderen seinen Handschlag gewährt und wie dieser ausfällt, drückt seine Sichtweise zur Relevanz seines Gegenübers aus. Während er die Hand des japanischen Premierminister Shinzo Abe für 19 Sekunden lang in Beschlag nahm und mit den Worten „strong hands" positiv kommentierte, verweigerte er Angela Merkel den Handschlag für ein Pressefoto im *oval office* vollkommen.

---

[126] D. Trump im Gespräch mit „Access Hollywood"-Moderator Billy Bush, veröffentlicht am 07.10.2016: https://www.youtube.com/watch?v=WhsSzIS84ks, 27.03.2017

[127] Brown, Drew: *The Definitive Analysis of „the Handshake" Between Donald Trump and Justin Trudeau.* Veröffentlicht am 13.02.2017 auf: https://www.vice.com/en_ca/contributor/drew-brown, 27.03.2017

Gewinnen ist alles

In der öffentlichen Kommunikation stilisiert sich Trump seit Langem bereits zum erfolgreichen Wirtschafts- und Immobilienmogul. Selbst Pleiten (Fluglinie, Casinos, Vodka, die Trump-„Universität") werden positiv dargestellt oder schlicht wegignoriert. Zudem erlangte er durch Auftritte in Serien wie „Die Nanny", „Fresh Prince of Bel-Air", „Sex and the City" und Hollywood-Blockbustern wie „Home Alone 2", „Zoolander" oder auch Woody Allens „Celebrity" einen breiten Bekanntheitsgrad. Er spielte dabei übrigens durchwegs sich selbst, den „erfolgreichen Unternehmer". Viele Interviews in *late-night* Talkshows, seine medienwirksamen Auftritte bei diversen Schönheitswettbewerben und Wrestling Shows, sowie natürlich seine eigene Show „The Apprentice" haben ihn letztendlich auch im Internet auf unzähligen Videos verewigt. Dabei wurde sein Name bereits mit dem ersten Bestseller in den 1980ern als Marke positioniert: „Trump" galt lange Zeit als Synonym für neureichen Luxus, unglaubliche Immobilien, die Farbe Gold in Hülle und Fülle - für jene unbegrenzten Möglichkeiten, die eben nur Reichtum erschließen kann. In seinem Buch „Great Again", einer Art Wahlkampfprogramm aus dem Jahr 2015, erweitert er sein Image um jenes eines Führungswilligen, dem die Situation Amerikas nahe geht und der deshalb zur Aktion schreitet, nach geradezu schreiten muss: „Die Vorstellung von amerikanischer Größe, von unserem Land als Anführer der freien und unfreien Welt, ist verblasst. (...) Ich konnte es nicht ertragen, mit anzusehen, was unserem großartigen Land zustößt. Dieses Durcheinander erfordert dringend eine führende Hand. Gebraucht wird jemand mit gesundem Menschenverstand und Geschäftssinn, jemand, der Amerika wirklich zu dem zurückführen kann, das uns in der Vergangenheit groß gemacht hat."[128]

Sein Plan, dies zu erreichen, trägt konservative Züge: Einem deutlichen „Ja" zum Recht auf Waffen, zum Krieg („für den Frieden"), zu Mauern gegen die illegale Einwanderung, zur Unternehmerförderung

[128] Trump, Donald J.: *Great Again! Wie ich Amerika retten werde*. Plassen 2015, S. 9–10.

und zu „America First“ steht ein klares „Nein“ zu etablierten Medien, Gesundheitswesen oder Umweltschutz gegenüber. Geht es um die Analyse von Trumps Kommunikationsweise im Wahlkampf, so kommt man um eine Darstellung der Mechanismen des Populismus nicht herum. Populisten stellen sich als die „wahren“ Vertreter „des Volkes“ dar, die sich durch massive Kritik am System und an seinen Repräsentanten, den politischen, intellektuellen oder kulturellen „Eliten“, die Sympathie des „einfachen Mannes“ sichern. In Kombination mit Nationalismus wird der Populismus zur gefährlichen Waffe, da er nun die Ängste und Frustration, die Wut aus einer gewissen Ohnmacht heraus, nicht nur schürt, sondern auch eindeutige, zu bekämpfende Feindbilder schafft. „Die Fremden“, seien es Mexikaner oder chinesische Produktionsstätten, nehmen „den Amerikanern“ Arbeitsplätze weg und ziehen ihnen das Geld aus der Tasche, hinein in fremde Länder. Das völlige Verweigern des realwirtschaftlich existenten Globalisierungsprozesses ist ein weiterer Bestandteil moderner populistischer Argumentation. Trumps Drohungen, bestehende oder in Verhandlung befindliche Handelsabkommen und Sicherheitsvereinbarungen zu kündigen bzw. massiv nach amerikanischem Vorteil auszurichten, gehen in diese Richtung. Hinter diesen Schritten steht das Versprechen, dass ein Rückzug auf die eigene Grenzen die Situation überschaubarer und kontrollierbarer macht. Dass dies in komplexen Zeiten nicht funktionieren kann, sondern im Gegenteil zu mehr Chaos führt, ist vorprogrammiert. Ein weiterer Faktor des populistischen Handelns ist das Setzen massenwirksamer Zeichen, ohne die Konsequenzen zu bedenken. Um solche „Maßnahmen“ (Stichwort: „The Wall“) aber als Erfolg verkaufen zu können, werden weder Beweise vorgelegt, noch wird diskutiert, vielmehr schamlos gelogen bzw. werden Parolen wiedergegeben. So etwa der Vorwurf, die US-Medien seien unehrlich und arbeiteten nicht im Interesse des amerikanischen Volkes. Ganz im Gegensatz zur heftigen Kritik aus allen politischen Lagern zieht Trump knapp vier Wochen im Weißen Haus eine überaus positive Bilanz über seine bisherige Amtszeit, obwohl seine Zustimmungswerte unter den US-Bürgern nachweisbar historisch schlecht sind: „Er habe alle Wahlversprechen gehalten und umgesetzt, sagte der Republikaner am Donnerstag. Vermutlich sei noch nie ein US-Präsident in so kurzer Zeit so erfolgreich gewesen wie er, verkündete Trump. Er erfahre überall große Zustimmung, und es gebe eine Welle des Optimismus in der Arbeitswelt.“[129] Konfrontiert mit anderen Sichtweisen auf seine Person und Leistung gibt es zweierlei Antwortmöglichkeiten für Trump. Seine Meinung wird schlicht zu seinen Fakten. Seither – und in Kombination mit Ereignissen wie dem Brexit oder dem Aufschwung von Rechtspopulisten in Europa spricht die westliche Welt vom „postfaktischen Zeitalter“ oder von einem vermeintlichen „Pluralismus der Fakten“[130]. Das Problem dabei ist, dass Trump tatsächlich an (s)eine Realität jenseits der Fakten glaubt: „Trumps Lügerei erklärt sich immer noch am besten aus der Tatsache heraus, dass Trump als Populist zur Wahl antrat – und offenbar auch entschlossen ist, als Populist zu regieren. Wie jeder Populist behauptet Trump, er und nur er repräsentiere das wahre Volk, ergo: Wenn Trump regiert, regiert das Volk. (...) Deshalb deklarierte Trump den 20. Januar zum Tag, an dem die Macht dem Volk zurückgegeben worden sei. Symbolisch ist es für den Populisten enorm wichtig, dass die Realität seinen moralischen Alleinvertretungsanspruch gegenüber dem Volk nicht völlig infrage stellt. (...) Und es kann auch nicht sein, dass der Populist an den Urnen keine Mehrheit errungen hat. Schon deshalb ist es nachvollziehbar – wenn auch in keiner Weise zu rechtfertigen –, dass Trump ein ums andere Mal behauptet, er habe am 8. November die „popular vote“ gewonnen.“[131]

Nun ist es vielleicht einerlei, wenn sich der Präsident der Vereinigten Staaten von Amerika etwas einreden will und keinen Widerspruch duldet. Dieses Vorgehen zieht allerdings Kreise und beeinflusst das Verhalten anderer massiv, denn wir erinnern uns: wer nicht für ihn ist, ist gegen ihn. Dabei gibt es nicht einmal mehr eine „neutrale Mitte“: „In

---

[129] http://mobil.derstandard.at/2000052750088/Trump-nutzt-Pressekonferenz-fuer-Angriff-auf-Medien vom 17.02.2017

[130] Vgl. Müller, Jan-Werner: *Wahrheit? Welche Wahrheit?* Aus: NZZ, https://nzz.at/feuilleton/wahrheit-welche-wahrheit, 27.03.2017

[131] Müller ebd.

dieses Bild passt die Aussage von Donald Trumps Chefstrategen Stephen Bannon, die Medien seien „Oppositionspartei". Anders gesagt: Sogar halbwegs objektive Berichterstattung gibt's gar nicht. So lässt sich Kritik leicht diskreditieren. Sowohl Trump als auch sein grösster Fan bei Fox News, der Moderator Sean Hannity, reagieren auf politisch unangenehme Sendungen beispielsweise von CNN schlicht mit der Anschuldigung „Das sind Fake News!"[132]

Folgerichtig schließt Trumps Pressesprecher dann auch Trump-kritische Medien wie die New York Times oder CNN von Pressekonferenzen aus. Trump verunglimpft etablierte, kritische Medien auch als „Feinde des Volkes", die „keine Quellen" hätten, sondern Falschnachrichten über seine Regierung erfänden.[133] Ein solches Vorgehen bedeutet, dass Trumps Führungsart nicht nur die eines Autokraten (Autokratie: griechisch für „Selbstherrschaft") ist, sondern zudem jene eines Demagogen (Demagogie: „Volksverführung", „Volksverhetzung"): „Darüber hinaus gibt es eine weitere machtpolitische Dimension der Trumpschen Lügen – und hier werden in der Tat Klassiker zum Thema „totalitäre Herrschaft" wieder erschreckend aktuell. Es ist ja nicht nur Trump, der lügt, sondern seine Mitarbeiter, allen voran sein Pressesprecher, tun es ihm nach. Man kann davon ausgehen: Trump weiß, dass er lügt; seine Leute wissen auch, dass sie lügen; und die Medien, die über die Sache berichten, wissen es sowieso. Dann wird die Wiederholung einer Lüge von Trump-Untergebenen zum Loyalitätsbeweis – und zur Machtdemonstration des Präsidenten. (...) Trump ist also nicht nur Bullshitter, sondern auch Bully: Er kann Menschen dazu bringen, die Unwahrheit zu sagen und es ist entscheidend für den Bully, dass alle wissen, dass es die Unwahrheit ist. Aber die USA sind kein Land, in dem man per Propaganda und ein paar Dekreten die Meinungen aller Bürger gleichschalten kann. Hinter der Lügerei verbirgt sich deswegen wohl noch eine weitere Strategie. Wer wie die Trump-Mitarbeiterin Kellyan-

[132] Müller ebd.

[133] Vgl. http://mobil.derstandard.at/2000053178833/Trump-vor-FansIch-repraesentiere-nicht-den-Globus, 24.02.2017

ne Conway von „alternativen Fakten“ spricht, verwischt bewusst die Grenze zwischen Tatsachenwahrheiten und Meinungen.“[134]

Das Problem dabei liegt tatsächlich darin, dass reine Fakten jene Meinungen, die sich bereits emotional etabliert haben, kaum zu ändern vermögen. Eindrücke, die sich "wahr anfühlen", können alleine mit dem Intellekt nicht wegdiskutiert werden. Und was wir als „wahr“ empfinden, sind „Fakten“, die unseren Erwartungen entsprechen. Menschen haben die Tendenz, besonders jenen Informationen Glauben zu schenken, die ihre bisherigen Annahmen und Eindrücke unterstützen (sog. „confirmation bias“).[135] Dabei neigen wir dazu, die eigene Position als gegeben und „richtig“ anzunehmen und etwaige widersprechende Informationen als „falsch“ zu verurteilen. Haben wir also tendenziell positive Erwartungen an die Zukunft, so lassen sich diese zum einen positiv verstärken und zum anderen beunruhigen uns negative Nachrichten nicht allzu sehr. Ein derartiger Vertrauensvorschuss hat nicht nur mit der Lebenssituation von Menschen (Wohlstand, Jobaussichten, körperliches Wohlgefühl etc.) zu tun, sondern auch mit der Ausbildung der Überzeugung, selbstverantwortlich und selbstbestimmt das eigene Leben meistern zu können. Dieses Selbst-Vertrauen entsteht durch positive Erfahrungen in der Kindheit ebenso wie durch Erfahrungen vom erfolgreichen Bewältigen des Lebens (etwa: Ausbildung, Karriere, Familie etc.). Populismus und Angstmache kann dann an Attraktivität gewinnen, wenn ein guter Teil der Bevölkerung kein Vertrauen in eine positive zukünftige Entwicklung des eigenen Lebens entwickelt hat oder durch enttäuschende Erfahrungen so frustriert ist, dass es dieses nicht mehr aufbringen kann. Dieser Teil der Bevölkerung versucht dann seine Ängste zu bestätigen, um sich dadurch ein Gefühl der Sicherheit zu verschaffen. Was zunächst paradox anmutet, erklärt sich daraus, dass die Sicherheit dort generiert wird, wo der Eindruck entsteht, mit seiner Sichtweise nicht alleine dazustehen. Eine Masse an Gleichgesinnten

---

[134] Müller ebd.

[135] Vgl. Kolbert, Elizabeth: *Why Facts Don't Change Our Minds*. In: The New Yorker, 27.02.2017: http://www.newyorker.com/magazine/2017/02/27/why-facts-dont-change-our-minds, 27.03.2017

und ihr Wille, sich gegenseitig zu bestätigen, gibt Halt in unsicheren Zeiten.

Um also negative Glaubenssätze zu verändern, braucht es keine positiven oder neutralen Argumente, sondern noch stärkere Empfindungen. Für Kommunikationsstrategen bedeutet dies, dass, wer die stärksten negativen Emotionen wecken kann und sich selbst zugleich auf die „richtige“ Seite stellt, nämlich die des „leidenden Volkes“ und seine Entrüstung so zeigt, indem es Opfer von Tätern und Schuldigen unterscheidet, es schafft, dass sich Menschen mit negativer Einstellung mit ihm identifizieren. Mutiert der Kommunikator nun vom Ankläger zum Retter, so erhält er in diesen Menschen Unterstützer. Verpflichtet er sie in weiterer Folge zum Mitmachen, sonst „sind sie draußen“, also ausgeschlossen von Erfolg, Geld und Macht und werden diskreditiert, so spaltet er die Gesellschaft weiter zu seinen Gunsten. Dies gelingt solange, wie sich die Verunsicherten, Frustrierten oder Wütenden gegenseitig versichern können, dass sie eine erfolgsversprechende Masse sind. Hier kommen nun die sozialen Medien ins Spiel. Zum einen konnten über das gezielte Versenden personalisierter Wahlkampfinhalte auch Unschlüssige so emotional angesprochen werden, dass sie sich der Trump'schen Wählerschaft anschlossen. Die *likes* und *shares* auf Facebook sind ebenso effiziente Datenquellen wie das Sammeln der Anzahl und Art der Aufrufe von Seiten im Internet und die jeweilige Verweildauer oder die Eingaben in Suchmaschinen wie Google. Es gibt Firmen, die sich auf das Sammeln dieser Daten spezialisieren und entsprechende Zielgruppen definieren, die je nach ihrem psychologischen Profil für bestimmte Inhalte offen sind, weil sie ihre Voranname bestätigen. Der Milliardär Robert Mercer ist nun nicht nur der größte einzelne finanzielle Unterstützer des Wahlkampfes Trumps. Er ist auch an Firmen wie *Cambridge Analytica* beteiligt, die sich auf die Datensammlung spezialisiert haben: „Cambridge Analytica worked for the Trump Campaign. (...) On its website, Cambridge Analytica makes the astonishing boast that it has psychological profiles based on 5,000 seperate pieces of data on 220 million American voters – its USP is to use this data to understand people's deepest emotions and then target them accordingly. The system (...) amounted to a ‚propaganda machine'".[136] Mercer ist ebenso Financier der berüchtigten rechten „Breitbart News". Und er ist an Firmen beteiligt, die Algorithmen zur Vorhersage von Marktentwicklungen erstellen. Steve Bannon, Trumps Kampagnen-Manager und später Chefstratege im Weißen Haus, ist Mercers Businesspartner und dirigierte Breitbart von 2012–2016. Er selbst definiert Breitbart als Medium für Menschen, die „gegen die Globalisierung, sehr nationalistisch und gegen das Establishment"[137] seien. Der Schluss liegt nahe, dass der Sieg Trumps zu einem hohen Maß auf dem gezielten Ausnutzen der Mechanismen sozialer Medien und die zeitlich und inhaltlich abgestimmte Verbreitung von *alternative news* zurückzuführen ist. Soziale Medien suggerieren einen menschlichen Nahkontakt. So entsteht der Eindruck von Glaubwürdigkeit. Wenn „Freunde" oder viele Menschen im Umkreis dieser Freunde von etwas überzeugt sind, dann kann es nicht völlig falsch sein – so der Trick hinter der Manipulation von Einstellungen durch soziale Medien. So konnte es zum einen durch psychologisch abgestimmtes Adressieren gelingen, Menschen anzusprechen und zur Wahl zu überzeugen, die nicht von vorneherein dem Kandidaten zugeneigt waren. Diese Vorgangsweise wird mittlerweile „cognitive warfare"[138] genannt, kognitive Kriegsführung. Dadurch, dass Medien und Menschen im digitalen Zeitalter hauptsächlich mit Menschen derselben Meinung kommunizieren (Stichwort: „bubble", zu Deutsch: „Blase"), kann der Eindruck verstärkt werden, dass zunächst buchstäblich Unglaubliches doch der Wahrheit entsprechen könnte. Je öfter solche Aussagen dann wiederholt werden, umso eher bestärken sie die Glaubenssätze der Menschen. Wird die Infor-

---

[136] Aus: Cadwalladr, Carole: *Robert Mercer; the big data billionare waging war on mainstream media.*, 26.02.2017. https://www.theguardian.com/politics/2017/feb/26/robert-mercer-breitbart-war-on-media-steve-bannon-donald-trump-nigel-farage, 27.03.2017

[137] https://de.wikipedia.org/wiki/Stephen_Bannon - Der Wikipedia-Eintrag bezieht sich hier auf: Heike Buchter: *Im Griff der Eule* In: *Die Zeit*, 1. März 2017.

[138] Vgl. Cadwalladr ebd.

mationsstruktur komplett verstanden, so kann sie dazu benutzt werden, Wirklichkeit zu kreieren und Meinungen zu manipulieren. Der Schritt, viele „schlafende" fake (etwa Facebook-) Profile zum richtigen Zeitpunkt „aufzuwecken", um dann eine unglaubliche Anzahl von *likes* und *shares* zu generieren, verstärkt den Effekt noch wesentlich. Was hat dies alles mit Trump zu tun? Phil Howard, Direktor der Abteilung für Computational Propaganda am Oxford Internet Institute, erklärt den Vorgang, wie Trump gewinnen konnte, indem zum richtigen Zeitpunkt unzählige websites gleichzeitig einige wenige pro-trumpsche Links und Artikel versendet haben, folgendermaßen: „This is being done by people who understand information structure, who are bulk buying domain names and then using automation to blast out certain messages. To make Trump look like a consensus. (...) That requires organisation and money. And if you use enough of them, of bots and people, and cleverly link them together, you are what's legitimate. You are creating truth."[139]

Trump: Irritator, Manipulator, Devastator?

„Einfach, sicher und stabil" – so wünschen sich viele Menschen die Welt. Angenehm soll die Gegenwart und vielversprechend die Zukunft sein. Wer dies verspricht, auf laute und weithin wahrnehmbare Art und Weise, bekommt die Aufmerksamkeit vieler. Und wer die Bedrohung dieser Hoffnungen und Wünsche lautstark kommuniziert, bekommt noch mehr Aufmerksamkeit. Genau „deshalb ist die Rolle der Medien so zwiespältig. Die blasen Trump jeden Tag noch mehr zum Dämon auf. Und er lebt davon sehr gut. Solche Leute müsste man sehr nüchtern betrachten. Wenn man denen die Aufmerksamkeit entzieht, nimmt man ihnen das Benzin. Aber ihr Faszinationsgrad ist enorm. Sie gehen direkt ans Herz, arbeiten mit Emotionen."[140] Das Prinzip der Spaltung der Gesellschaft funktioniert deshalb so gut, weil es Menschen

[139] Cadwalladr, ebd.

[140] Acklin in Teuwsen, ebd.

gibt, die sich spalten lassen, die den Unterschied und die Abgrenzung brauchen, um sich selbst zu definieren. Wichtig für die Zukunft wird der Dialog zwischen den „Blasen“ und der Aufbau von Vertrauen für und in realistische Lösungen, statt in lautstarke Versprechen, sein. Doch kann dies ein Präsident Trump leisten, der mehr Chaos als Ordnung verspricht? Oder ist der Eindruck von Chaos pure Berechnung und ein Ablenkungsmanöver für all jene, die nun eigentlich im Hintergrund die Geschicke der USA lenken? „Ist dieser Präsident zu blöd, um gefährlich zu sein?“[141] wie im „Spiegel“ zu lesen ist? Oder begann mit ihm der Dritte Weltkrieg, wie ihn Marshall McLuhan, der große Medien- und Kommunikationstheoretiker in den 1970ern prophezeite: „World War III is a guerilla information war with no divisions between military and civilian participation“[142]. Die Zeit wird es uns zeigen.

[141] Augstein, Jakob: *Donald Trump: Der kleine Diktator*. Aus: http://www.spiegel.de/politik/ausland/donald-trump-der-kleine-diktator-kolumne-a-1134885.html#spRedirectedFrom=www&referrrer=http://m.facebook.com/, 27.03.2017

[142] McLuhan, Marshall: *Culture Is Our Business*. 1970, S. 66.

Die Teufelsaustreibung

Wer gewinnt? Donald Trump oder die Medien? Wahrscheinlich Twitter.

Markus Somm

In den letzten drei Monaten des Jahres 2016 hat die *New York Times* 276 000 neue Kunden gewonnen, die ihre Digitalausgabe abonniert haben, und zwar nur diese allein, also ohne eine Version aus Papier. Das ist ein beispielloser Rekord für die Zeitung, die 2011 eine sogenannte Paywall eingeführt hat, das heißt, sie verlangt ab einer gewissen Anzahl von Artikeln, die umsonst zu lesen sind, eine Zahlung. Beispiellos ist diese Zunahme, weil das Blatt noch nie in so kurzer Zeit so viele neue Digitalkunden anzuziehen vermochte, im gesamten Jahr 2015 etwa waren es bloss 184 000 gewesen. Ob die *New York Times* das allein Donald Trump zu verdanken hat, der sie seit Monaten angreift – oder je nach Standpunkt sich gegen sie verteidigt, wird nie ganz zweifelsfrei zu klären sein, doch immerhin geht die Zeitung selber davon aus. Manche Indizien sprechen dafür. Fest steht: Der selbst für amerikanische Standards heftige Wahlkampf muss geholfen haben – und Trumps Wahl, welche die *New York Times* auf eine ebenso beispiellose Art und Weise zu verhindern versucht hatte, dürfte der Zeitung all jene zugetrieben haben, die das nicht verstehen wollten und denen es bis heute schwerfällt, das zu akzeptieren.

Am schwersten fällt es wohl den Journalisten der *New York Times* selber, wie die fortwährende, fast grotesk einseitige Berichterstattung und Kommentierung gegen die Administration Trump belegt, sodass diese phänomenale Steigerung der Onlinekunden womöglich ein ambivalenter Trost ist. Denn was gilt nun? Sind die Medien nach wie vor wichtig, hört man auf uns – und ich schliesse die Basler Zeitung hier ein – oder verrät Trumps Wahl nicht eher das Gegenteil?

Wie ohnmächtig müssen sich die Journalisten fühlen, wenn es ihnen nicht gelingt, diesen aus ihrer Sicht so problematischen Mann vom Weißen Haus fernzuhalten? Tatsächlich war die mediale Übermacht spektakulär: Kaum eine amerikanische Zeitung war für Trump, ob lokal oder national, ob Boulevard oder seriös, selbst das *Wall Street Journal*, das sonst immer zuverlässig für jeden republikanischen Kandidaten eingetreten war, blieb kühl, wenn nicht ablehnend; desgleichen gab es kaum eine Fernsehstation, die Trump unterstützt hätte; derweil sogar im konservativen Sender *Fox News* ein Bürgerkrieg wütete, zwischen Never-Trumpern und Trump-Anhängern. Trump verwirrte alle, Trump brachte alle gegen sich auf, Trump triumphierte.

Wer ist schuld?

Wenn die Journalisten in diesen finsteren Nächten wach liegen und sich fragen, warum man ihnen nicht mehr zutraut, besser zu wissen, wer der richtige Präsident für Amerika ist, als die übrigen über hundert Millionen Wähler, dann wäre es vielleicht Zeit, in sich zu gehen. Dass so viele Bürger das Gegenteil dessen tun, was ihnen die Medien empfehlen, weist auf einen sensationellen Vertrauensverlust hin – und dieser ist weitgehend selbst verschuldet. Ironischerweise zeigt sich das nirgends deutlicher als im Kampf der Journalisten gegen Trump. Es wirkt zuweilen, als wollten die Medien auch noch die dümmsten und bösartigsten Vorhaltungen, die ihnen Trump im Twitter-Takt macht, bestätigen. Wenn Trump die Medien als „dishonest", als unehrlich kritisiert, wenn er sie gar (angeblich) zu „Feinden des Volkes" erklärt, dann wechseln die Journalisten sofort in einen Sturmschritt, der sich bald zum Amoklauf beschleunigt.

Einfachste handwerkliche Regeln, minimalste Anforderungen an Fairness bleiben auf der Strecke: „Donald Trump escalates conflict with media: ‚They are the enemy of the people'", meldete etwa der Fernsehsender ABC; – eine irreführende, bloss halb richtige Titelzeile, denn ursprünglich hatte Trump folgenden Tweet geschrieben: „The FAKE NEWS media (failing *New York Times, NBC News, ABC, CBS, CNN*) is not my enemy, it is the enemy of the American People!" – „Die Fake-News-Medien (die scheiternde *New York Times, NBC News, ABC, CBS, CNN*) sind nicht meine Feinde, sie sind die Feinde des amerikanischen Volkes."

Im Gegensatz zu dem, was die Medien sogleich verkürzend berichteten, hatte Trump eben nicht alle Medien pauschal angegriffen und zu Feinden erklärt, sondern nur jene, die ihm nicht passten. Das alles mag schlimm genug sein, überzogen auf jeden Fall, bestimmt auch unter dem Niveau eines Präsidenten, doch darum geht es nicht: Trump wurde (einmal mehr) falsch zitiert, um ihm maximalen Schaden zuzufügen. Man war ungenau, was immer heikel ist, wenn man auf dem Ungefähren eine maximale Empörungseskalation begründet.

Da alle seiner Anhänger (und viele darüber hinaus) inzwischen Trumps Twitter-Meldungen selber im Originalton lesen – was manche erhitzte Journalisten zu übersehen scheinen –, fiel jedem Leser auf, wie einseitig die Medien überspitzten und in Kauf nahmen, dass das Publikum sich maximal aufregte – ob über Trump oder die Medien, bleibt dabei eine offene Frage.

Für deutschsprachige Leser kam noch eine Verfälschung hinzu: Selbstverständlich übersetzten die meisten deutschsprachigen Medien Trumps Wendung „the enemy of the American People" fast instinktiv mit „Volksfeind", was in unserer Sprache ganz spezielle Assoziationen nach sich zieht: Ursprünglich ein römischer Begriff, mit dem der römische Senat etwa den blutrünstigen Kaiser Nero verurteilt hatte, benutzten die Jakobiner in der Französischen Revolution das Label gerne für ihre Gegner (ennemis du peuple), bevor sie ihnen mit der Guillotine den Kopf abtrennten. Gerne bediente sich natürlich auch Lenin der Formel, um all jene zu bekämpfen und zu töten, die sich gegen seine Revolution wandten, und dass schliesslich auch die Nazis bald von „Volksfeinden" sprachen, wenn sie Menschen umbrachten, hat geradezu etwas Zwangsläufiges: Mit anderen Worten, kaum ein Begriff ist im Deutschen mehr belastet. Wer als Politiker irgendeinen Journalisten zum Volksfeind erklärt, teilt ihm ein Todesdatum mit und stellt sich so in eine der übelsten Traditionen der westlichen Geschichte.

Im Krieg

Aber hat Trump das gemeint? Ich habe nicht die Absicht, mich hier als Exeget Trump'scher Beschimpfungen zu profilieren, dennoch scheint es mir nicht allzu plausibel, dass Trump, ein Bauunternehmer, an diesen toxischen Sprachgebrauch gedacht hat – zumal im Amerikanischen der Begriff „Volksfeind" kaum geläufig ist. Die römische Wendung kennt man zwar, übersetzte sie aber mit Public Enemy und versteht darunter etwas anderes: Schwerverbrecher, in der Regel Gangster aus Chicago, wurden als solche bezeichnet; die politisch-historischen Sinnzusammenhänge unseres Begriffs sind den Amerikanern also viel weniger vertraut.

Die amerikanischen Medien – und viele europäische – haben Trump den Krieg erklärt und fast zwanghaft untersuchen sie jede seiner vielen impulsiven und unvorsichtigen Äußerungen, als handelte es sich um Wortmeldungen aus der Hölle. Man glaubt, so den Teufel zu entlarven, den man in Trump sehen will. Was aber, wenn man dabei scheitert? Die *New York Times* mag viele neue Leser gewonnen haben, doch die insgesamt an die drei Millionen Abonnenten, die sie inzwischen anspricht, reichen nicht, um die nächsten Wahlen zu gewinnen.

Trump könnte länger im Weißen Haus ausharren als erwünscht: Denn was die Medien ebenfalls übersehen, ist die Tatsache, dass viele Amerikaner von Trumps unsympathisch anmutender Persönlichkeit nicht viel halten und dennoch seine Politik gutheißen. Die Wähler haben oft ein besseres Sensorium für die Stärken und Schwächen eines Politikers als die Journalisten, die sich von Worten und Gesten hinreissen lassen – ob im Positiven (Obama) oder Negativen (Trump). Wenn die Medien Trump wirksam zur Rechenschaft ziehen wollten, müssten sie auf seine Argumente eingehen – da das offenbar schwerer fällt, als die Empörung jener zu befeuern, die ohnehin empört sind, sobald Trump den Mund öffnet, widmet man sich lieber der regelmäßigen Messung des Schwefelgeruchsgehaltes im Weißen Haus.

Der Preis aber, den die Medien bezahlen, dürfte hoch ausfallen. Aus lauter Leidenschaft, oft aus blindem Hass vermeinen die Journalisten, der gute Zweck heilige alle Mittel. Was handwerklich nicht überzeugt und faktisch nicht stimmt, überzeugt auf lange Sicht auch keine Leser. Der Vertrauensverlust, den die Medien erlitten haben, könnte so große Dimensionen erreichen, dass am Ende alle nur noch Trumps Twitter-Meldungen lesen, um zu wissen, was er wirklich gesagt hat.

276 000 neue Leser. Gleichzeitig dauert der wirtschaftliche Niedergang der *New York Times* an: Im gleichen vierten Quartal verlor die Zeitung 20 Prozent ihrer Inseratseinnahmen und der Reingewinn sank im gesamten Jahr 2016 um 54 Prozent von 65 auf 29 Millionen Dollar. 29 Millionen: In Anbetracht eines Umsatzes von rund 1,5 Milliarden ist das ein extrem bescheidenes Ergebnis. Man kann durchaus von einer „scheiternden" *New York Times* sprechen.

Trump oder die mediale Erregungsspirale

Roland Tichy

Weltuntergang ist erst wirklich schön, wenn alle gleichzeitig und gemeinsam hysterisch schluchzen, kreischen und Schlimmeres tun – vielleicht erklärt das die kollektive Absenz von Vernunft und Maß in der deutschen Medienlandschaft.

Deutsche Medien haben derzeit erhöhten Unterhaltungswert mit einem deutlichen Ausschlag ins Bizarre. Man muss sie nur lesen. „In jedem Leben kommen die Momente, in denen es gilt. Dann zeigt sich der Charakter, Wichtiges trennt sich vom Unwichtigen, und bald fallen jene Entscheidungen, die den weiteren Weg bestimmen [...] ein solcher Moment nähert sich", schreibt beispielsweise Klaus Brinkbäumer, Chefredakteur des SPIEGEL.

Mein Gott, was ist passiert? Schwere Erkrankung oder fehlt ein Punkt beim NC? Der rundum versorgte Kollege blickt in den Abgrund. Aber es geht noch mehr: Marschieren SA und SS durch die Straßen der USA und werfen die Scheiben von jüdischen Geschäften ein? Werden KZs eröffnet? Ziemlich weit weg, also rein geografisch, was aber im Jet-Zeitalter nicht so viel ausmacht. Wird die Bundeswehr mobilisiert? Die letzten Leoparden der Bundeswehr mit dem letzten Tropfen Sprit betankt für die erneute Weltverbesserung Made in Germany? Das fragt sich, wer die Sprüche liest.

Denn: In den USA wurde ein neuer Präsident ins Amt gewählt, und der heißt Donald Trump. Geht seither die Welt unter? Jedenfalls beim Spiegel und in anderen Redaktionen. Nur völlig abgebrühte Uraltkollegen denken: Den mag man mögen, blöd finden, verabscheuen, bitteschön jeder, wie er will. Ich mag ihn auch nicht – finde Vieles kritisch wie fragwürdig. Aber gleich so?

Was soll dieses Trump-ante-Portas-Trompeten?

Brinkbäumer: „Deutschland wird sich gegen den 45. Präsidenten der USA und dessen Regierung stellen müssen.“ Das klingt doch, und wie! Kriegserklärung, Schwarz gegen Weiß, Gut gegen Böse. Endlich mal Ernst beim Spiegel, endlich groß, endlich tiefschürfend, Wagner spielt und Schicksal dräut zum Latte Macchiato?

Ehrlich gesagt: Da möchte ich nicht dabei sein. Und deshalb, Lieber Herr Kollege, möchte man fragen, was haben Sie denn geraucht beim Schreiben? Schicken wir jetzt U-Boote gen New York oder wenigstens gegen England, das uns verraten hat, dieses perfide Albion? Das den Brexit wagte und Händchen hält mit dem bösen, bösen Trump? In der taz sehen sie wohl Mord als neuerdings wieder legitimes Mittel der Politik, wenn sie in einem Beitrag über Möglichkeiten der Amtsenthebung übergangslos „Mord als wirksamstes Mittel“ anführen. Ja, der gute Tyrannenmord. Habt ihr schon mal einen echten Tyrannen gesehen, liebe Kinder von der taz? Ich könnte Euch da ein paar nennen.

Die Erklärung liefert die WirtschaftsWoche, da muss diese frühere liberale Stimme auch gleich noch was drauflegen wg. Benchmark SPIEGEL, was zugegebenermaßen gar nicht so einfach ist: Einer in der Chefredaktion zieht da gleich die Parallele von Trumps Wahl zu Hitlers Machtergreifung, wo „Andersgläubige“ aus dem Land gejagt wurden.

Junge, Junge, „Andersgläubige“? Es waren Juden, und es ging nicht um Religion, sondern Rassenwahn. Es ging damals nicht wie heute um auf 90 (!) Tage (!) befristete Einreiseverbote für Staatsangehörige einiger Staaten in kritischem Zustand, sondern um sechs Millionen vergaste Juden, Sinti und Roma. Bei so viel Geschichtsvergessenheit und Holocaust-Verniedlichung schämt man sich der eigenen Biographie bei der WirtschaftsWoche, deren Chefredakteur ich vor vielen, vielen Jahren mal war, darauf muss ich aus Gründen der Selbstachtung bestehen.

Und so geht es Blatt auf, Blatt ab. Das Handelsblatt, das Abitur von Kanzlerkandidaten fordert, aber nicht Verstand von Herausgebern, bemüht Tiervergleiche, die seit Stürmer-Zeiten tabu sind und stellt die Analogie zum Gorilla her. Die Süddeutsche Zeitung stellt auf Seite Eins die Frage, wie man Trump jetzt stoppen könnte – endlich ist Journalismus aktiv, ergreift nicht nur verbal Partei, sondern ruft zur Tat. Junge, Junge, denkt ihr noch oder schreibt ihr bloß? Und wart ihr in Sachen Trump schon früher so hellsichtig?

Neuerdings dürfen also Superwutbürger im Namen der Chefredakteure in „Mainstream"-Medien schreiben, und diese „superbesorgten Bürger" bäumen sich wegen einer Wahl auf – und greifen in ihrer Geschichtsgrabbelkiste aber so was von daneben. Man merkt zu schnell, wie dünn das Brett ist, das sie bohren. Und wie verengt ihr Horizont.

Man könnte ja lachen, aber man sollte trotzdem die Frage stellen: Was geht da ab in den Kleinhirnen? Was schreibt ihr eigentlich, wenn es wirklich mal ernst wird? Muss jetzt raus, was sich in eurem Seelengehäuse aufgestaut hat an Wut und Frust, weil ihr so schweigsam wart bei all' den kleinen Demontagen der Demokratie und des Rechtsstaats, den Attentaten, den ganzen Schwindeleien? „Lügenpresse" passt nicht: Das setzte Vorsatz voraus, absichtsvolles Schreibhandeln. Bei dem, was hier passiert, spiegelt sich nur dumpfes Nicht-Wissen. Es ist Lach-Presse.

Aber klar, nachdem jeder, der anderer Meinung ist, als „Nazi", „besorgter Bürger" oder „Neu-Rechter" abgetan werden musste, sind die Schimpfwörter aufgebraucht. In der Meute versucht jeder den anderen zu überheulen. Weil die Erregungskurven immer steiler ansteigen und immer schneller abfallen, braucht es offensichtlich immer neues, noch überzogeneres Erregen. Unter „Drittes Reich" und „Nazi" geht gar nicht mehr; immerhin hat der Spiegel ja mit seinem Titelbild von Trump als zerstörerischem Kometen einen Weltuntergang schon erfolgreich überlebt.

Erregung ist lächerlich, wenn man sich alleine aufregt, wie man an all den Weltuntergangspredigern sieht, die in Fußgängerzonen gelegentlich auftauchen: Weltuntergang ist erst wirklich schön, wenn alle gleichzeitig und gemeinsam hysterisch schluchzen, kreischen und schlimmere Dinge tun – vielleicht erklärt das die kollektive Absenz von Vernunft und Maß in der deutschen Medienlandschaft.

All den Weltuntergangsdramatikern, ängstlichen Schreiberlingen und seufzenden Sonnenuntergangsrührselighanseln sei ein Gedicht von Heinrich Heine anempfohlen, der schon wusste: Heute geht mit Trump die Sonne unter – aber morgen wieder auf.

Das Fräulein stand am Meere
Und seufzte lang und bang,
Es rührte sie so sehre
Der Sonnenuntergang.
Mein Fräulein! sein Sie munter,
Das ist ein altes Stück;
Hier vorne geht sie unter
Und kehrt von hinten zurück.

Lesen wir Heine. Es hilft bei der Dimensionierung. Und, lieber SPIEGEL, die Kollegen von der BILD sind da schon weiter mit dem Erregungsmanagement. Gehen Sie da mal in die Lehre.

Eine letzte Bemerkung: Die Frankfurter Allgemeine Sonntagszeitung vermutet neuerdings, dass Trump-Bashing eine auflagesteigernde Strategie für schwächelnde Print-Objekte sei. Ganz schön abgebrüht.

Trump: Man konnte es wissen

Wilhelm Hopf

Wahlprognose

Etwas über die Zukunft zu wissen, verschafft einen Vorteil. Wenn Sie sich mit welcher Fragestellung auch immer beschäftigen und Ihnen bekannt wird, dass jemand seit 30 Jahren richtige Prognosen stellt, würden Sie dies ignorieren? Wenn Sie ein Auto kaufen und Sie lesen, dass jemand seit 30 Jahren hinsichtlich der Zuverlässigkeit immer richtige Aussagen trifft, so würden Sie dies als halbwegs rational entscheidender Mensch in Ihre Überlegungen miteinbeziehen.

Der Ausgang der amerikanischen Präsidentschaftswahlen wird von einem Mann seit über 30 Jahren korrekt vorausgesagt. Es handelt sich um den amerikanischen Historiker Allan Lichtman. Umso erstaunlicher ist es, dass allgemein behauptet wurde, dass Trump die Wahl nicht gewinnen würde. Lichtman hatte lange vor dem Wahlergebnis Trump als Sieger prognostiziert. Es wirft ein eigenartiges Licht auf die politisch Verantwortlichen. Diese hatten es nicht nur in Deutschland für opportun gehalten, ihn zu beschimpfen. Dabei hätten sie wissen müssen, dass die Präsidentschaft Trumps durchaus im Bereich des Wahrscheinlichen liegt. Über die Medien lässt sich nichts Besseres sagen. Noch peinlicher ist es für die Wissenschaft. Keiner seiner Kollegen aus dem Bereich Geschichte oder Politikwissenschaft hat offensichtlich seine Arbeiten berücksichtigt. Dabei ist sein System kein Geheimnis. Er hat dies in mehreren Publikationen offengelegt. Es besteht im Wesentlichen aus 13 Fragen. Diese lassen sich mit „ja“ oder „nein“ beantworten. Sie beruhen auf einer, wie es sich für einen Historiker gehört, Auswertung der US-amerikanischen Wahlen. In seinem Buch „Predicting the next

President: The keys to the White House 2016" formuliert er die Schlüsselfragen wie folgt:

1. Party Mandate: After the midterm elections, the incumbent party holds more seats in the U.S. House of Representatives than after the previous midterm elections.
2. There is no serious contest for the incumbent party nomination.
3. Incumbency: The incumbent party candidate is the sitting president.
4. Third party: There is no significant third party or independent campaign.
5. Short-term economy: The economy is not in recession during the election campaign.
6. Long-term economy: Real per capita economic growth during the term equals or exceeds mean growth during the previous two terms.
7. Policy change: The incumbent administration effects major changes in national policy.
8. Social unrest: There is no sustained social unrest during the term.
9. Scandal: The incumbent administration is untained by major scandal.
10. Foreign/military failure: The incumbent administration suffers no major failure in foreign or military affairs.
11. Foreign/military success: The incumbent administration achieves a major sucess in foreign or military affairs.
12. Incumbent charisma: The incumbent party candidate is charismatic or a national hero.
13. Challenger charisma: The challenging party candidate is not charismatic or a national hero.

Nach Lichtman sind nun die Fragen 1, 3, 4, 7, 11 ebenso wie 12 mit „nein" bzw. „falsch" zu beantworten. Sechs, das ist zu wenig für die den Präsidenten stellende Partei, also für Hillary Clinton.

Lichtman setzt also auf langfristige, tieferliegende soziale Trends. Er hat deshalb nicht viel für die Umfragen übrig, diese bezeichnet er als „unwissenschaftlich".

Selbstverständlich ist der Autor sich darüber im Klaren, dass er Prognosen erstellt und diese immer Unsicherheiten beinhalten – insbesondere bei einem Kandidaten wie Trump. Gleichwohl ist sich Lichtman auch während des Wahlkampfs trotz aller realen und vermeintlichen Rückschläge des Kandidaten ziemlich sicher gewesen, wie die Wahlen ausgehen. Um es mit Walter Laqueur zu sagen: „Man wollte das Offensichtliche nicht sehen." Dabei hätte die Entwicklung dem aufmerksamen Beobachter, sei er nun Journalist, Politiker oder Wissenschaftler, nicht entgehen können. (siehe den Beitrag Frank in diesem Band)

Ein Grund ist der weitverbreitete Antiamerikanismus hierzulande. Seinem Buch „Feindbild Amerika" stellt Dan Diner ein Zitat von Hannah Arendt vorweg: „Das Unverständnis der Deutschen, für angelsächsische Traditionen und amerikanische Wirklichkeit ist eine alte Geschichte." Die negativen Reaktionen in Europa waren zunächst Vorrecht der Aristokratie. Diese fühlte sich gegenüber den den Amerikanern zugeschriebenen Aktivitäten wie Handel, Geld, Erwerb und Börse überlegen. Die Verbindungen „Amerika" und „Geld", „Business" und „Wall Street" sind gängige Klischees – und das nicht nur unter den Linken. Trump bedient dieses Bild vorzüglich. Da nützt ihm auch seine Gegnerschaft zu TTIP nichts.

In der Tradition des Antiamerikanismus war es eine Erleichterung nach G.W. Bush, der all diese Vorurteile zu repräsentieren schien, Obama erblicken zu dürfen. Über diesen wurde ein erkenntnisreiches Buch veröffentlicht: „Der schwarze Messias Barack Obama und die gefährliche Sehnsucht nach politischer Erlösung". Sein inhaltsloses „Yes, we can" wurde nie als populistisch gebranntmarkt, im Gegenteil. Es sei an Obamas Auftritte in Berlin erinnert. Der schwarze Messias beglückte auch Deutschland. Man verehrte ihn, weil er nicht das „etablierte Amerika" zu repräsentieren schien. Fast alles, was man an Trump kritisiert, war bei Obama kein Problem: Der Einsatz der sozialen Medien wurde als fortschrittlich gepriesen; Obama hat sich als Twitterweltmeister erwiesen. Er stammt, auch das hat ihm nicht geschadet, aus den schmutzigen Verhältnissen der Chicagoer Demokraten, wurde von zwielichtigen

Personen gefördert. Er fiel als Senator nie auf, hatte nie ein Regierungsamt. Seine Ziehmutter, Clinton, wurde von ihm, auch das sah man ihm nach, mit der Gegenkandidatur überrascht. Auch seine Nähe zum Kapital des Silicon Valley war bedenktlich - oder der völkerrechtswidrige Drohneneinsatz, der unter ihm erst richtig ausgebaut wurde. Der Friedensnobelpreisträger (nach 60 Tagen im Amt) durfte dies sogar auf einem Kirchentag rechtfertigen. Es hätte viel zu kritisieren gegeben. All dies geschah nicht.

Von Waldenfels stellt die Frage (2010!) „ob Obama just mit der hoch emotionalisierten Art seines Wahlkampfes nicht doch auch Geister gerufen hat, die die amerikanische Politik so schnell nicht wieder los werden wird. Möglicherweise hat er Tendenzen verstärkt, die später einmal, wenn er selber schon lange nicht mehr im Amt ist, schlimme Folgen zeitigen; möglicherweise hat er einer Art Populismus den Weg bereitet, der sich die Methoden von ihm abschaut, ohne aber dieselben hohen Ziele wie Obama zu verfolgen“ Eine wahrhaft prophetische Bemerkung.

Nun war der Obama-Populismus kein Populismus, weil es ihm um „das Gute“ ging. Und so folgte auf den „schwarzen Messias“ ein Populist, ein „weißer Teufel“.

In seiner distanzierten Art, die für jeden Wissenschaftler selbstverständlich sein sollte und die Hans Joachim Friedrichs als journalistisches Selbstverständnis formuliert hat, „sich nicht mit dem Guten gemein zu machen“, hat Lichtman sowohl den Messias als auch den Teufel richtig vorausgesagt.

Impeachment

Lichtman hat jüngst jenseits seines erfolgreichen Systems bezüglich Trump eine weiter Voraussage gewagt: „He will be impeached“.

Im Gegensatz zu den üblichen „Skandalen“ (zu denen jüngst die Weitergabe von Informationen an Russland zählt, dies obwohl der allseits geschätzte Sicherheitsberater McMaster erklärt hat, dass nichts Relevantes dazuzählte), die ihm nicht zuletzt die deutsche Presse vorwirft, stützt Lichtman sich auf zwei Problemkreise. Zum Einen ist bekannt, dass „throughout his life [Trump] has played fast and loose with the law." Zum Zweiten ist das Verhältnis der Republikaner seit der Kandidatur Trump gegenüber ein zwiespältiges. Die Republikaner können ihn nicht kontrollieren. Von daher wäre es für nicht wenige Republikaner ein verführerischer Gedanke, ihn durch den Vizepräsidenten Mike Pence zu ersetzen.

Literatur

Diner, Dan: Feindbild Amerika – Über die Beständigkeit eines Ressentiments, Berlin 2002

Klein, Edward: The Amateur, Washington 2012

Lichtman, Allan: Predicting the Next President: The Keys to the White House 2016, New York 2016

Lichtman, Allan: The Case For Impeachment, New York 2017

Von Waldenfels, Rudolf: Der schwarze Messias Barack Obama und die gefährliche Sehnsucht nach politischer Erlösung, Gütersloher Verlagshaus, Gütersloh 2010

Biographien

Prof. Dr. Marco Althaus ist Politikwissenschaftler. Er studierte an der Freien Universität Berlin wie an der George Washington und der Capella University. Seine Promotion verfasste er an der Universität Göttingen. Seit 2008 ist er Professor für Sozialwissenschaften und Wirtschaftspolitik an der Technischen Hochschule Wildau.

Prof. Dr. Russell A. Berman studierte in Harvard, promovierte an der Washington University und ist heute Professor für Germanistik und vergleichende Literaturwissenschaften an der Stanford Faculty. 2004 wurde er zum Herausgeber des vierteljährlich erscheinenden Journals „Telos", einer Zeitschrift zur Kritischen Theorie.

Dr. Thomas Frank, amerikanischer Journalist. Spezialisiert auf Analysen der aktuellen US-Politik und -Kultur. Zu diesen Themen u.a. die Bücher: „What's the Matter with Kansas? How Conservatives Won the Heart of America" (2004) und „Listen, Liberal: Or, What Ever Happened to the Party of the People?" (2016).

Prof. Dr. Heinz Gärtner ist Professor für Politikwissenschaft und Lektor an der Universität Wien und der Diplomatischen Akademie in Wien; er ist Autor zahlreicher Bücher über die USA. Er hat regelmäßige Forschungsaufenthalte an nordamerikanischen Universitäten (z.B. Stanford, John Hopkins, Vancouver).

Dr. Wilhelm Hopf studierte Sozialwissenschaften. Im Jahr 1980 gründete er den LIT Verlag.

Prof. Dr. Henry Alfred Kissinger, geboren in Fürth 1923, war von 1973–1977 Außenminister der Vereinigten Staaten von Amerika unter den Präsidenten Richard Nixon sowie Gerald Ford und ist Mitglied der Denkfabrik 'Council of Foreign Relations'.

Prof. Dr. Dirk Meyer ist Professor für Volkswirtschaftslehre an der Helmut-Schmidt-Universität/Universität der Bundeswehr Hamburg und hat den Lehrstuhl für Ordnungsökonomik inne. Seine Forschungsschwerpunkte sind Ordnungspolitik, Wettbewerbspolitik, Sozialpolitik, Europäische (Währungs-)Union, Technischer Fortschritt und Arbeitsmarkt.

Prof. Dr. Manfred Prisching ist Professor am Institut für Soziologie der Universität Graz, Korr. Mitglied der Österreichischen Akademie der Wissenschaften und Mitglied des Österreichischen Wissenschaftsrates. Er hat Arbeiten zu den Themenbereichen Wirtschaftssoziologie, Politiksoziologie, Kultursoziologie, Gegenwartsanalyse sowie zur sozialwissenschaftlichen Ideengeschichte verfasst.

Prof. Dr. Hans-Peter Rodenberg ist Professor für Amerikanistik und Medienwissenschaft an der Universität Hamburg. Studium der Bildenden Kunst, Philosophie, Kunstwissenschaft, Amerikanistik. 1986–1994 Redakteur NDR-Fernsehen. Gastprofessuren in Vietnam und Kambodscha.

Frank Schäffler war von 2005 bis 2013 Mitglied des Deutschen Bundestages. In dieser Zeit stemmte er sich vehement gegen die sogenannte Eurorettung. 2015 gründete er die Denkfabrik „Prometheus – Das Freiheitsinstitut" in Berlin, dessen Geschäftsführer er ist.

Dr. Robert Schediwy, geboren 1947 in Wien. Tätigkeit an der Universität Wien und Leiter des Referats für Konsumgenossenschaften und Gemeinwirtschaft der Wirtschaftskammer Österreich (WKÖ). Publizierte zahlreiche Artikel zu politischen, wirtschaftlichen und kulturellen Themen.

Markus Paul Somm studierte Geschichte in München, Bielefeld und Zürich sowie Politikwissenschaft an der Harvard University. Er war unter Anderem Bundeshauptkorrespondent des „Tages Anzeigers" und stellvertretender Chefredaktor der „Weltwoche". Außerdem publizierte er Biographien über Henri Guisan und Christoph Blocher. Seit 2010 ist er Chefredaktor der „Basler Zeitung", 2014 wurde er zudem Verleger der Zeitung.

Roland Tichy, Publizist, 2015 Gründer der Zeitschrift und des Internetportals „Tichys Einblick". Erhielt u.a. den Ludwig-Erhard-Preis für Wirtschaftspublizistik (2008). Seit 2014 Vorsitzender der Ludwig-Erhard-Stiftung.

Dr. Nana Walzer ist Kommunikationswissenschaftlerin und als Autorin, Trainerin, international Vortragende und Moderatorin tätig. Sie ist Senior Researcher beim DRI – Human and Global Development Research Institute und tritt regelmäßig als Expertin für Kommunikation im ORF auf.

Prof. Dr. Erich Weede ist diplomierter Psychologe, promovierter und habilitierter Politikwissenschaftler (mit dem Schwerpunkt Kriegsursachenforschung) und emeritierter Professor für Soziologie (mit einem Schwerpunkt auf international vergleichenden Analysen zu Aufstieg und Niedergang von Nationen) an der Universität Bonn. Er hat 11 Bücher und über 250 Aufsätze in deutscher und englischer Sprache veröffentlicht.

Quellennachweis

Russel Berman

mit freundlicher Genehmigung des Standards

Interview mit Thomas Frank

mit freundlicher Genehmigung des Dokumentations- und Informationszentrum (DIZ) München GmbH – Content Vermarktung zentral

Interview mit Henry Kissinger

mit freundlicher Genehmigung des Zeitverlags Gerd Bucerius

Der Beitrag von Frank Schäffler erschien zunächst in „Tichys Einblick“

mit freundlicher Genehmigung des Autors

Markus Somm

mit freundlicher Genehmigung der Basler Zeitung

Bei den übrigen Beiträgen handelt es sich um Originalbeiträge.

Wer ist Twitter König?

Screenshots von twitter.com, erstes Quartal 2017